Ernst Friedel

Die Gründung preussischdeutscher Kolonien im indischen und grossen

Ozean

mit besonderer Rücksicht auf das östliche Asien - eine Studie im Gebiete der Handels und

Wirtschafts-Politik

Ernst Friedel

Die Gründung preussischdeutscher Kolonien im indischen und grossen Ozean
mit besonderer Rücksicht auf das östliche Asien - eine Studie im Gebiete der Handels und Wirtschafts-Politik

ISBN/EAN: 9783743429185

Hergestellt in Europa, USA, Kanada, Australien, Japan

Cover: Foto ©Suzi / pixelio.de

Manufactured and distributed by brebook publishing software (www.brebook.com)

Ernst Friedel

Die Gründung preussischdeutscher Kolonien im indischen und grossen Ozean

Die Gründung

preußisch-deutscher Colonien

im

Indischen und Großen Ocean

mit besonderer Rücksicht auf das östliche Asien.

———

Eine Studie

im Gebiete der Handels- und Wirthschafts-Politik

von

Ernst Friedel.

„Vom Fels zum Meer.“

Berlin.

Verlag von Albert Eichhoff.

1867.

Vorwort.

Als der Begründer des Zollvereins, Friedrich List, den selbst einer seiner gelehrtesten Gegner den unläugbar genialsten wirth= schaftlichen Denker der Deutschen nennt, vor etwa 40 Jahren mit seinen nationalen, wirthschaftlichen und politischen Refor= men hervortrat, ward er nicht nur in Deutschland vielfach ein Abenteurer und unpractischer Träumer gescholten, sondern bald absolutistisch reactionärer, bald radical revolutionärer Tendenzen bezüchtigt. Die sechs Cardinal=Forderungen List's waren:

1. ein deutscher Zollverein;
2. ein deutsches Eisenbahnnetz und deutsche überseeische Dampfschiffslinien;
3. eine Kriegsflotte;
4. ein allgemeines Consulatswesen;
5. Gründung deutscher Colonien und
6. Concentrirung der überseeischen deutschen Auswande= rung mit Erhaltung der deutschen Sprache und Ober= herrschaft —

alles Dies unter preußischer Führerschaft.

Zwei Drittel dieses Programms sind zum Vortheile Deutsch= lands bereits erfüllt. Jetzt, wo wir die Wohlthaten des Zoll= vereins länger als ein Menschenalter genießen, scheint die Ver= kennung und Anfeindung, unter welcher der große Patriot zu leiden hatte, fast unglaublich. Wurden doch selbst gegen Eisen= bahn und Dampfschiff seitens gebildeter Männer Einwendungen erhoben, welche heut kein Schulknabe mehr ohne Erröthen vor= brächte. Auch eine Kriegsmarine haben wir; desgleichen in Folge der glorreichen jüngsten Veränderungen ein allgemeines preußisch=deutsches Consulatswesen. Aber noch kurz vor dem

dänischen Kriege von 1864 schüttelten gute und aufrichtige
Vaterlandsfreunde über unsere Flottenpläne unzufrieden und
bedenklich den Kopf. Jedoch, nachdem inzwischen die Marine
ihre Bluttaufe erhalten und ihre Nützlichkeit wiederholentlich
erwiesen hat, ist auch sie ein selbstverständliches nationales
Postulat geworden, welches selbst die Engländer als solches
anerkennen.

Gerade so wird man — wir prophezeien es — in Kurzem
über das Colonialwesen in ganz Deutschland denken.

Daß sich gegen dasselbe noch vor nicht langer Zeit Bedenken erheben ließen, leugnet Verfasser, der sich mit der
Colonial-Wissenschaft seit mehreren Jahren unter Anleitung
der besten Gewährsmänner beschäftigt hat, nicht im Mindesten.
Im Gegentheil, er will — zur Ehre des deutschen Namens —
nicht glauben, daß einige Persönlichkeiten, welche jeden Vorschlag selbstständiger deutscher Colonisation bisher mit leiden-
schaftlicher Rücksichtslosigkeit angegriffen haben, offen oder heimlich im Solde gewisser Colonialregierungen stehende Auswan-
derungsagenten waren; ja, Verfasser weiß aus Erfahrung, daß
die wenigstens in ein anständiges, mehr oder minder wissen-
schaftliches Gewand gekleideten Expectorationen gegen preußisch-
deutsche Colonisation zum Theil von wohlmeinenden Männern
herrührten, welche vielleicht nur eine gewisse doctrinäre Einsei-
tigkeit oder das hoffnungslose Verzweifeln an einer endlichen
Einigung Deutschlands, sei sie mit preußischer Spitze oder ohne
solche, zu absprechenden Urtheilen veranlaßte. Seit dem Ende
des Jahres 1866, wo die reichen Seeprovinzen Schleswig-
Holstein, Hannover und Ostfriesland einverleibt und die übrigen
norddeutschen Staaten maritim, consularisch und politisch innigst
mit Preußen verbunden sind, welches nunmehr als eine wirkliche Großmacht dasteht, werden auch jene Widersacher preußisch-
deutschen Colonialwesens ohne sich etwas zu vergeben, ehrlich
eingestehen können, daß ihre Einwendungen theils irrthümlich
gewesen, theils durch den ungeahnten Umschwung der Dinge
beseitigt worden sind.

Bereits während des letzten deutsch-dänischen Krieges ist
mehrfach officiös angedeutet worden, daß, falls die preußische
Regierung in Besitz bedeutender neuer maritimer Hülfsquellen

an Nord= und Ostsee gelange, sie in der Colonialfrage die zu=
wartende Stellung verlassen werde. Diese Andeutungen, welche
wie so viele andere Winke über die großartigen Reformen, mit
welchen sich die Königliche Staatsregierung für die Zukunft
zum Besten Deutschlands trug, in der Aufregung der Zeit von
vielen Seiten überhört wurden, sind nunmehr durch den
Artikel VI. des Bundesreformvorschlags vom 10. Juni
1866, sowie durch Artikel 4 der norddeutschen Bundes=
verfassung von 1867, seitens der preußischen Regierung in
officieller Form als ein Theil ihres zukünftigen politischen
Programms aufgestellt und von sämmtlichen Bundesgenossen
feierlich und förmlich anerkannt worden. Es ist ferner in den
mit diesen Letzteren seither geschlossenen Verträgen bestimmt, daß
die Bundes=Executive mit ihren Organen (Heer und Marine)
der preußischen Regierung unterstellt ist, welcher ihrerseits dafür
die Wahrnehmung der gemeinsamen Interessen nach Außen hin
(Marine, Handelspolitik, consularische Vertretung, Auswande=
rungsschutz und Colonialwesen) obliegt. Hiernach ist die Frage,
ob die Colonisation seitens Preußens ausgeführt werden soll,
für jeden besonnenen Mann und Patrioten ein für alle Mal
bejahend entschieden.

Recht schön! seufzt wohl Mancher, wir erkennen die Ver=
gendung von Capital und Arbeit, welche die Zersplitterung und
Verzettelung der deutschen Auswanderung im Gefolge hat, sowie
die damit für Deutschland verbundenen traurigen socialen Uebel
vollkommen an, ja wir geben gern zu, daß der Verlust der
Massenauswanderung und der Mangel deutscher Colonien eine
Hauptursache des Pauperismus in Deutschland ist, daß ein
längeres Fortdauern dieser Nachtheile dem Wohlstande des
deutschen Volks Wunden schlägt, welche die trefflichste Binnen=
Volkswirthschaft und Binnen=Finanzwirthschaft auf die Länge
der Zeit zu heilen, unvermögend ist, und aus denen Deutsch=
land öconomisch verbluten muß — allein wie und wo sollen
wir die Colonisation angreifen? wir haben keine Erfahrung!
— Sehr richtig bemerkte hierauf schon im Jahre 1846 ein
um die Förderung des Interesses für deutsche Colonisation
hochverdienter Gelehrter: „Wunderbar in der That wäre es,
wenn unsere deutschen Staatsmänner und unsere Capitalisten,

deren combinirte Hülfe für eine zweckmäßige Organifation der
deutfchen Auswanderung donnöthen fein wird, jetzt auf einmal
die ganze Summe der Erfahrungen und Kenntniffe befitzen
follten, welche zur Auffstellung und Ausführung des der allge=
meinen Zeitrichtung, fowie unferen befonderen Verhältniffen am
vollkommenften entfprechenden Syftems der Colonifation erfor=
derlich ift. Wir Deutfche haben bisher zu wenig Veranlaffung
und Gelegenheit gehabt zur Erwerbung folcher Erfahrungen
und Kenntniffe — vielleicht auch wohl die wenige uns dazu
dargebotene Gelegenheit nicht gewiffenhaft genug benutzt, theils
indem wir zu wenig beachteten, was die Literatur der feefah=
renden Völker uns in diefer Beziehung gewähren konnte, theils
durch Ignorirung oder wohl gar Geringfchätzung deffen, was
der überfeeifche Verkehr der Küftenbewohner Deutfchlands an
Elementen commercieller, nautifcher und geographifcher Bildung
inem Theile unferes Vaterlandes zugeführt hat. Jedenfalls
werden wir geftehen müffen, daß zur Zeit noch der geographifche
Gefichtskreis auch des gebildeten und vorwärts ftrebenden Theils
unferer Nation nicht in gleichem Maaße gewachfen ift mit der
Entwickelung unferer Induftrie und den daraus entftandenen
Anfprüchen auf auswärtigen Einfluß und auf entfprechende
Theilnahme am Weltverkehr, und daß namentlich auch, bevor
wir auf der ficheren Bafis zureichenden Wiffens mit Zuverficht
über die zweckmäßigfte Richtung der deutfchen Colonifation
entfcheiden können, uns dafür noch eine Menge von Punkten
zur Beachtung und zur Wahl vorgeführt werden müffen.„

Seit den 20 Jahren, wo J. E. Wappaeus diefe Worte
fchrieb, find eine Menge der trefflichften Forfcher und Reifen=
den bemüht gewefen, unausgefetzt diefe Lücken zu füllen und
unfer Volk theoretifch, wie practifch auf eine felbftftändige Co=
lonifation vorzubereiten, fo, außer dem genannten Autor,
Wilhelm Rofcher, Karl Andree, Friedrich Lift, Lud=
wig Häuffer, W. Dieterici, Carl Ritter, Ernft Engel,
Karl Friedrich Neumann, Karl von Scherzer, Rhyno
Quehl, J. J. Sturz und andere, theils durch Gelehrfamkeit,
theils durch practifche Erfahrung und Patriotismus ausgezeich=
nete Männer. Nicht wollen wir die Hände in den Schooß legen,
in welchen noch keinem Volke Colonien von felbft gefallen find,

auch nicht in jenem bequemen philiſterhaften Kleinmuth, den die
Miſère der Kleinſtaaterei hervorgebracht und wie ein Kukuksei
in das Herz ſo vieler Deutſchen gelegt hat, ausrufen: es wird
ja doch nichts daraus! So ſagte man auch damals, als es an
die Gründung der deutſchen Marine ging. Standen wir
1848 nicht genau ebenſo vor der Flottenfrage, wie
wir vor der Colonialfrage jetzt ſtehen? Wir hatten
keine Kriegsſchiffe, keine Kriegshäfen, keine Kriegsſeeleute, keine
Capitaine, keine Erfahrung, und haben dennoch ſchon mit
Gottes Hülfe eine ſtattliche und geachtete Orlogsflotte.

Von dieſem Standpunkte aus wolle der geneigte Leſer
an die vorliegende Schrift gehen. Dieſelbe behandelt nur die
Handels-, Pflanzungs- und Eroberungs-Coloniſation d. h. diejenigen Arten, mit welchen ſämmtliche moderne
Seeſtaaten ihre coloniale Laufbahn angefangen haben.
Die Ackerbau-Coloniſation hängt mit der Auswande-
rungsfrage auf das Innigſte zuſammen und wird zweckmäßig wohl erſt dann in Angriff genommen, wenn wir bereits
practiſche Vorerfahrung, namentlich durch Handelscoloniſationen
beſitzen, welche letzteren ſich ohnehin wegen ihrer leichten Aus-
führbarkeit und finanziellen Ergiebigkeit zum erſten Verſuch
vorzüglich eignen.

Wer die Schwierigkeiten der nachfolgenden Arbeit, deren
Stoff mit nicht unbeträchtlichen Koſten und bedeutendem Zeit-
aufwande beſchafft iſt, würdigt, wer erwägt, daß dieſelbe die
erſte in ihrer Art iſt, welche bisher in deutſcher Sprache ge-
ſchrieben wurde, der wird über einzelne Lücken und das unſiviſche
Gefüge einzelner Abſchnitte mit der Nachſicht, um welche Verfaſſer bittet, hinweggehen. Obgleich zunächſt für den beſtimmten
Zweck einer Coloniſation im Indiſchen und Großen Ocean,
namentlich auf der Inſel Formoſa, beſtimmt, kann die Schrift
dennoch überhaupt als ein Handbuch der practiſchen Handels-,
Pflanzungs- und Eroberungs-Coloniſation angeſehen und auf die
verſchiedenſten Gegenden der Erde angewendet werden. Zugleich
wird von der Aufnahme dieſer Schrift abhangen, ob Verfaſſer
mit einem größeren Werk über die Grundzüge eines Syſtems
preußiſch-deutſcher Colonialpolitik, welches im I. Theile die
Handels-, Pflanzungs- und Eroberungs-, im II. die Acker-

bau-Colonisation und die Massenauswanderung behandelt, her-
vortritt.

Gelehrten Citatenkram haben wir bei einem im eminenten
Sinne volksthümlichen Buche möglichst vermeiden zu müssen geglaubt, wenngleich wir wohl versichern können, daß uns namentlich
betreffs Formosa's vielleicht die reichsten literarischen Collectaneen
in Deutschland zu Gebote gestanden haben. Dankbar gedenken
wir der Theilnahme, mit welcher der patriotische Theil der
deutschen Presse ohne Unterschied der politischen Farbe uns
unterstützt, ebenso wie der Beihülfe, welche dem Verfasser oftmals zuvor persönlich ganz unbekannte Männer — Geschäfts-
leute, Militairs, Seeleute, Naturforscher, Aerzte, Techniker —
durch Beschaffung von Material, briefliche und mündliche Aus-
kunft in uneigennützigster Weise geleistet haben. Es gilt ja
eben in der preußisch-deutschen Colonialfrage, ein großes
nationales Werk zu fördern, an welchem Jeder, unbeschadet
seiner politischen und religiösen Ueberzeugung, mitarbeiten kann
und soll. Durch die großen welterschütternden Thaten, deren
Zeugen wir soeben gewesen, ist, um mit Ludwig Häusser zu
reden, ein Ferment in die Nation geworfen, das gährend
und ermunternd fortwirkt. Ein unermüdlicher Sporn hat die
lethargische Ruhe vom Vaterlande verscheucht; erweckt hat er
jenen edlen Ehrgeiz, jene quälende Eifersucht, mit der allein
die Macht und die Größe einer Nation bestehen kann. Diese
Gefühle, Träger eines wahrhaften Nationalstolzes, den uns
das Ausland gern absprechen möchte, werden — Angesichts
der beschämenden und herausfordernden Thatsache — daß selbst
das kleine Holland, ehemals eine Seeprovinz von Deutschland,
gewaltige und kostbare überseeische Niederlassungen besitzt, nicht
eher ruhen, als bis unserem neuen herrlichen und mächtigen
preußisch-deutschen Vaterlande, wie in der Marine und im
Seehandel, so auch im Colonialwesen sein gebührender Antheil
geworden ist. Das walte Gott!

Berlin, 1. April 1867.

Ernst Friedel.

Einleitung.

Zur Einleitung in eine Schrift, welche die Gründung preußisch-deutscher Handels-, Pflanzungs- und Eroberungs-Colonieen behandelt, müssen wir zunächst einen Rückblick auf Dasjenige werfen, was vor Zeiten Brandenburg-Preußens hochherzige Herrscher im Colonialwesen geleistet haben in Vorahnung der künftigen maritimen Größe ihres Landes und seines Berufs, dereinst Deutschland nach Außen hin würdig zu vertreten und auch jenseit des Weltmeeres zu Macht und Ansehen zu bringen.

Heinrich Graf von Borcke hat vor Kurzem unter dem Titel: „die brandenburgisch-preußische Marine und die afrikanische Compagnie" ein neu aufgefundenes französisches Manuscript vom Jahre 1755 herausgegeben, welches in anschaulicher Weise den tragischen, aber nicht unrühmlichen Verlauf der brandenburgisch-preußischen Colonisation schildert; und in der That verlohnt es wohl der Mühe, jetzt, wo der preußische Aar wieder seinen Flug „vom Fels zum Meer" nimmt, daran zu mahnen, daß Preußens Handels- und Colonial-Unternehmungen im 17. und 18. Jahrhundert drei Erdtheile (Süd-Asien, Südwest-Afrika und Mittel-Amerika) berührten. Der Große Kurfürst, dessen genialem Scharfblick wir die Anbahnung eines deutschen Colonialwesens überhaupt verdanken, erwarb im Jahre 1661 einen Landstrich auf der Goldküste zwischen Axim und dem Cap der drei Spitzen; 1662 wurde die afrikanische Handelsgesellschaft gestiftet; 1683 die Veste Groß-Friedrichsburg und 1684 das Fort Dorothea erbaut. Im nämlichen Jahre schickten zwei Negerstämme eine Gesandtschaft nach Berlin. 1685 unterwarfen sich die Neger von Taccarara freiwillig dem Kurfürsten, der dort ebenfalls ein Fort anlegte, gleichzeitig auch die Hoheit über Arguin zwischen Cap Blanco und Cap Verde erwarb. 1685 wurde Herr von Besser nach England geschickt, um unter Mitwirkung einiger Hamburger und namentlich

1

des berühmten Juden Texeira eine brandenburgisch-ostindische Compagnie zu stiften, und es erhellt aus den Acten, daß im Jahre 1686 der Kurfürst schon die zur Abschließung von Handels- und Freundschaftsverträgen mit China und Japan bestimmten Schiffscapitäne ernannt hatte. Sonach hat eine ostasiatische Expedition ähnlich derjenigen, welche im Jahre 1860 der hochherzige Entschluß des damaligen Prinzregenten von Preußen ins Leben rief, und welche mit Recht fast allgemein zugleich auch als die Vorläuferin einer preußischen Colonisation im indischen und stillen Ocean angesehen wurde, den größten Ahnherrn des Erlauchten Hauses der Hohenzollern schon vor beinahe zweihundert Jahren lebhaft bewegt. — Zu fernerer Erweiterung des Handels sandte Kurfürst Friedrich Wilhelm Gesandtschaften zum Schah von Persien und zum Groß-Mogul, und gründete, nachdem er vergeblich die westindischen Inseln St. Vincent und St. Croix zu kaufen gesucht, Niederlassungen auf St. Thomas.

Der nachmalige erste preußische König, Friedrich I., hielt es mit Recht für seine Pflicht, die Colonialpolitik des Großen Kurfürsten fortzusetzen. 1690 versuchte er auf der Landenge von Panama Fuß zu fassen, ein Plan, dessen Gelingen bei der hervorragenden handelspolitischen Wichtigkeit der Gegend, Preußen außerordentliche Vortheile verschafft haben würde. Außerdem wurde das Krabben-Eiland, eine kleine Insel bei Porto Rico in Besitz genommen und 1691 die Hälfte von Tabago erkauft, die man preußischerseits gegen St. Eustache zu vertauschen suchte. Den Schluß der preußischen Colonisation machte endlich im Jahre 1696 die Erwerbung der caraibischen Insel Ter Tholen.

Es ist bekannt, welche unerhörten Schicksalsschläge diese Unternehmungen bis zu ihrem Ende verfolgt haben. Am meisten interessirt uns das wahrhaft tragisch erschütternde Ende der brandenburgischen Handescolonien in Afrika, deren Gründung und Vertheidigung dem umsichtigen und tapfern Major Otto Friedrich von der Gröben hauptsächlich zuzuschreiben ist, weil dasselbe auch für die gegenwärtige preußische Colonisation mancherlei nicht unwichtige Thatsachen gewährt. „Die Ehrenhaftigkeit des Kurfürsten, schreibt der Verfasser der vertrauten Mittheilungen vom Preußischen Hofe, erzwang selbst die Anerkennung der Wilden, sie rühmten von ihm, daß der große Monarch, wie sie ihn nannten, ihr wirklicher Schirmherr wäre, bei dem sie sichern Schutz fänden gegen alle feindlichen Angriffe, während die Holländer in der Friedenszeit die Schutzbefohlenen auszubeuten suchten, wenn aber ein Krieg ausbrach, sie theilnahmlos ihrem Schicksal überließen." — Als der Befehlshaber der Faktorei Groß-Friedrichsburg das einzige Mittel, das zur Rettung der brandenburgischen Niederlassungen noch übrig war, versuchend, sich selbst nach Europa einschiffte, um Verstärkungen und Unterstützungen zu gewinnen, legte er zuvor den Oberbefehl in die Hände eines befreundeten Negerhäuptlings, Jean Cuny, nieder, indem er demselben eine brandenburgische Flagge einhändigte. Sieben Jahre lang hat Cuny mit seinen Schwarzen Groß-Friedrichsburg gegen die Niederländer auf das Tapferste im Namen Brandenburgs vertheidigt, und ist dann, als er das Fort gegen die feindlichen Geschütze nicht länger zu halten vermochte, die brandenburgische Flagge in der Hand in den freien Urwäldern des Innern verschwunden. In jenen Zeiten, wo Sclavenhandel und Menschenraub ungescheut begangen wurden, war eine so menschenfreundliche Behandlung, wie den Eingebornen seitens der Brandenburger widerfuhr, ebenso unerhört, wie jene so ritterliche Treue, welche der Negerfürst Cuny für den Großen Kurfürsten bewies. So hat schon im 17. Jahrhundert unter Ueberwindung der unglaublichsten Widerwärtigkeiten und Hindernisse Brandenburg-Preußen gezeigt, daß auch Deutschland zu colonisiren im Stande und wohl befugt ist. Die schwere Bedrängniß im Innern des Landes, der Neid der Seemächte, insbesondere Hollands, und die maritime Hülflosigkeit Brandenburg-Preußens verhinderten eine gedeihliche Entwickelung des deutschen Colonialwesens, während das vorgerückte Alter und die Kränklichkeit des großen Kurfürsten diesem an sich schon unmöglich machten, das für das Colonialwesen zu leisten, was er sich in seiner Jugend, da er noch im Haag weilte, vorgesetzt hatte; aber bis zum letzten Athemzuge beschäftigte dasselbe seinen Geist unablässig. Die Intriguen der Niederländer gegen seine jungen Colonieen verbitterten ihm seine letzten Lebenstage, und mit tiefinnerster Bewegung rief er dem Officier der Leibgarde, welcher an seinem Sterbebette die Parole entgegennahm, das bedeutungsvolle Wort „Amsterdam"

1*

mit brechender Stimme zu. Auch hier wird einst nach dem pro-
phetischen Wort des großen Monarchen aus dessen Asche der
Rächer erstehen, ein Hohenzollern, der ein neues und mächtiges
deutsches Colonialwesen in's Leben ruft.

Mit dem Jahre 1731, wo das Handels = Comptoir auf
St. Thomas einging, erreichte das preußische Colonialwesen im
18. Jahrhundert seine Endschaft, indem Friedrich Wilhelm I. sich
der colonialen Erbschaft seiner Vorfahren, von der er nur Verdruß hatte, um jeden Preis zu entäußern suchte. Dieser spar-
same König, allen gewagten Unternehmungen grundsätzlich abhold,
vertritt, wie später sein Sohn, das schon damals um sich grei-
fende neue wirthschaftliche System, welches dem früheren des Mer-
cantilismus entgegentritt. Daß Friedrich der Große, welcher sein
erschöpftes Land vor Allem im Innern kräftigen mußte, die Colonialpolitik des Großen Kurfürsten nicht aufnahm, ist so verzeih-
lich, wie seine Aeußerung, daß es für ihn besser sei, für das Geld
zum Bau eines neuen Kriegsschiffs ein neues Regiment zu errichten. Gleichwohl muß man dem ungenannten Verfasser jener
Handschrift beipflichten, wenn er das Aufgeben der preußischen
Colonialpolitik bedauert. Das Aufblühen der Gewerbe seit
Friedrich Wilhelm I., der Erwerb Ostfrieslands und der Nimbus
Friedrich's II. würden das Colonialwesen mächtig unterstützt haben.
Die Entwickelung einer Kriegsflotte wäre ohne Hindernisse vor sich
gegangen, und eins der höchsten und wichtigsten Probleme unseres
Jahrhunderts: die Fixirung der deutschen Auswanderung in Län-
dern, wo die Sprache und Oberhoheit des Mutterlandes gewahrt
oder doch wenigstens die deutsche Nationalität zur selbstständigen
Geltung gebracht wird, wäre wahrscheinlich bereits gelös't.

Während dies Vermuthung bleiben muß, ist es gewiß, daß
die Begründung einer See = und Colonialmacht seit Friedrich's
Tode in den nächstfolgenden Jahrzehnten eine Unmöglichkeit war.
England, das neidisch jede Regung auf dem Meere bewacht, das
noch 1848 den deutschen Orlogswimpel als Piratenflagge zu behandeln drohte, das während der napoleonischen Zeit die Ober-
herrschaft des Meeres errang, würde am wenigsten die Gründung
einer preußischen Seemacht ertragen haben. Ueberhaupt hatte das
ausgesogene Preußen unter Friedrich Wilhelm III. vor der Hand

ſich von den tiefen Wunden zu heilen, welche die ſchweren Kriegs=
jahre geſchlagen. Erſt unter Friedrich Wilhelm IV. konnte an die
Belebung des Seehandels und den Bau von Häfen und Kriegs=
ſchiffen gedacht werden. Welch ein Jubel daher, als die im Jahre
1842 von dem jeßigen Wirkl. Admiralitäts=Rath Elbertshagen
erbaute Kriegscorvette „Amazone" am 24. Juni 1843 vom Stapel
lief; alle deutſchen Patrioten, darunter — Franz Schuſella
voran — ſelbſt die Oeſterreicher, richteten von da ab die bringende
Anforderung an Preußens Herrſcher, die colonialen Traditionen
des Großen Kurfürſten wieder aufzunehmen, ja man bezeichnete,
wohl mit Unterſchäßung der noch immer entgegenſtehenden mannig=
fachen Schwierigleiten, im Jahre 1844 bereits Borneo als näch=
ſtes Ziel der preußiſchen Coloniſation, auf welcher Inſel gerade
der kühne Engländer James Brooke mit eigenen Mitteln eine
blühende Niederlaſſung zur größten Ueberraſchung aller Seeſtaaten
geſtiftet hatte.*) Noch zwanzig Jahre ſollte es dauern, ehe die
unabweislichen Vorbedingungen einer gedeihlichen Coloniſation in
Preußens Hände ſämmtlich gelommen. 1614 haben wir Oſt=
preußen erworben, 1648 Hinterpommern, 1772 Weſtpreußen,
1814 Neuvorpommern, 1854 den Jadebuſen, 1864 Lauenburg
und den Kieler Hafen, 1866 Schleswig=Holſtein, Hannover und
das treue Oſtfriesland mit Emben, auf welches der Große Kur=
fürſt bereinſt ſeine colonialen Unternehmungen hauptſächlich zu
ſtüßen gedachte. Hiermit haben wir reiche Küſten=Provinzen an
Nord= und Oſtſee, mit vorzüglichen Häfen und Schiffen, vor Allem
auch mit einem trefflichen Stamme kühner Seeleute gewonnen,
und dazu kommt noch die Führerſchaft nicht blos des Zollvereins,
ſondern des geſammten Deutſchlands, deſſen Bevölkerung ſo ge=
waltig gewachſen iſt und deſſen Culturfleiß mit den erſten Nationen
des Erdballs wetteifert. Nehmen wir den bereits vorhandenen

---

*) De romaneske onderneming van Brooke, die oppervlakkig
beschouvd tot het tijdvak der dolende ridders scheen te behoren,
en dio toch zulke verwonderlijke uitkomsten had opgeleverd, had
de blikken der geheele beschaafde wereld naar dit eiland gerigt. —
Amerika liet begeerige blikken fallen op de steenkolen van Broenei
en trachtte zich daarvan het monopolie toe te eigenen; en men
sprak zelfs van plannen bij de Belgische en Pruissische regeringen
om eene kolonie op Borneo te vormen. (Prof. P. J. Veth; Borneo's
Wester-afdeeling. Zaltbommel 1854, Bd. II., pag. 604.)

Kern einer trefflichen Orlogsflotte und die handelspolitischen Vortheile, welche wir während der ostasiatischen Expedition in den
Jahren 1860 bis 1863 in Bezug auf China, Japan und Siam
errungen haben, hinzu, so sind wir zu der Behauptung vollberechtigt, daß nunmehr die preußische Regierung im Namen des
von ihr vertretenen Deutschlands zur Gründung von Handels-,
Pflanzungs- und Eroberungs-Colonieen im Indischen und Großen
Ocean ungesäumt schreiten kann.

Vor Kurzem hat die Königlich-preußische Staats-Regierung
einen erweiterten Flottenplan aufgestellt, welcher deutlich zeigt, wie
sehr dieselbe von dem maritimen Beruf und der Nothwendigkeit
einer überseeischen Herrschaft Preußens überzeugt ist, zugleich lassen
mancherlei Schritte derselben Behörde mit großer Bestimmtheit
vermuthen, daß sie fortan in der Colonialfrage die zuwartende
Stellung zu verlassen gedenkt. Dahin ist zu zählen eben jene
kühne preußische Expedition nach dem östlichen Asien, welche durch
ein hohes Mitglied des gegenwärtigen Ministeriums in eben so
umsichtiger, wie erfolgreicher Weise ausgeführt wurde, so wie ferner
die Emanation einer bedeutenden Zahl neuer Gesetze und Verträge. Ein allgemeines deutsches Handels- und See-Recht, Gesetze über die Stellung der Seeleute, über den Seefischfang, über
das Consularwesen, die Gründung neuer und besoldeter Consulate,
die Abschließung von Verträgen mit China, Siam, Japan, Frankreich, Belgien, Oesterreich, Großbritannien, mit der Türkei, dem
Zollverein und Italien, denen andere mit der Schweiz, Skandi-
navien, Rußland, Spanien ꝛc. folgen werden; ferner Flotten-
Conventionen, welche alle norddeutschen Küstenstaaten begreifen;
vor Allem aber der so überaus bedeutsame Artikel VI. des Bundesreformvorschlages vom 10. Juni 1866 — alle diese Schöpfungen
sind in der kurzen Spanne weniger Jahre entstanden und legen
Zeugniß ab von der weittragenden Thätigkeit im Gebiete einer
großartigen nationalen Handels- und Wirthschafts-Politik, welche
auch der engherzigste Philister als das Ergebniß einer gewaltigen
Zeitströmung erkennen muß. Diese Zeitströmung drängt rastlos
Volk und Regierung weiter und weis't diese beiden Hauptfactoren
jedes staatlichen und socialen Lebens immer energischer darauf hin,
daß in der Kette, mittels welcher Deutschland in den Weltverkehr

gefügt wird, für den die Salzfluth keine Schranke, sondern recht
eigentlich die Spielbahn ist, das Schlußglied, nämlich ein großes
preußisch=deutsches Colonialwesen noch fehlt.

Seehandel — Kriegsmarine — Colonieen sind drei
Begriffe, welche wirthschaftlich und politisch derartig in innigster
Wechselbeziehung zu einander stehen, daß zwei von ihnen, falls
der dritte fehlt, nur Stückwerk bleiben. Eine Kriegsmarine ohne
Seehandel ist ein verschwenderisches Experiment, ein Seehandel
ohne Kriegsmarine ein schwaches Rohr, welches jeder politische
Sturm knicken kann; beide aber finden, wie die Geschichte, ins=
besondere die ruhmvollen Zeiten der deutschen Hansa, genugsam
gezeigt, ihre Ergänzung erst in einem wohlgeordneten und aus=
gedehnten Colonialwesen.

Schon der geniale Friedrich List ahnte, daß nur Preußen
die Führerschaft im deutschen Colonialwesen haben könne; für
Preußen sprechen in der That auch außer den historischen die prac=
tischen Gesichtspunkte so vorwiegend, daß die Discussion über
diesen Punkt als abgeschlossen betrachtet werden kann. Noch ragen
die Ruinen der afrikanischen Vesten Dorothea und Groß=Friedrichs=
burg als mahnende Denkzeichen deutschen Coloniallebens empor —
aber noch nicht ist das brandenburgisch=preußische Colonial=Banner,
das der treue Cuny in die geheimnißvolle Wildniß mit sich nahm,
weil er es den Feinden Deutschlands nicht ausliefern wollte,
wiedergefunden. Wohlan! der Augenblick, das preußische Colonial=
Banner jenseits der blauen Wogen wiederum aufzupflanzen, ist
gekommen, jetzt, wo unser Vaterland geachtet, gefürchtet und
mächtig, wie nie zuvor, unter den Großmächten dasteht. Im
indischen und großen Ocean, dem Tummelplatz des
Welthandels, gilt es, das Testament des Großen Kur=
fürsten zu vollstrecken und von Neuem Ansiedelungen zu
gründen, welche diesmal nicht wegen maritimer oder territorialer
Schwäche Preußens und Ungunst der Zeitverhältnisse untergehen,
vielmehr zu einem blühenden Colonialreich, zu einem deutschen
Indien sich entwickeln werden. Unsterblich wird der Ruhm
des preußischen Königs, des preußischen Staatsmannes
sein, welcher die erste preußisch=deutsche Colonie stiftet!

A. Die Insel Formosa
und die umliegenden Eilande.

:

~~~~~~~~~~

a. Colonisations = Geschichte.

Die „schöne" Insel, insula formosa, Hormosa (der Portugiesen, la isla hermosa der Spanier, Taiwan der Chinesen, Pekan oder Pakkando der Malayen, ist seit den ältesten bis auf die neuesten Zeiten vielleicht mehr als jede andere Insel der Erde ein Gegenstand der Begehrlichkeit für die verschiedensten Völker gewesen. Malayen, Chinesen, Mandschu=Tataren, Japaner, Portugiesen, Holländer, Spanier, Engländer, Polen und Russen, Amerikaner, Franzosen und Preußen haben im Laufe der Zeit in Berührung mit Formosa gestanden und sich mit Colonisationen daselbst theils practisch, theils theoretisch beschäftigt. Die Ureinwohner Formosa's scheinen den Papuas oder Negritos, d. h. dem melanesischen Zweige der oceanischen Race, anzugehören, der früher auf den hinterindischen und ostasiatischen Inseln weit verbreitet, schon längst von den Alfuren (Haraforas) und anderen malayischen Stämmen zurückgedrängt ist und nur kümmerlich sein Dasein fristet. Diese Negritos haben sich u. A. im Innern von Borneo, an der Südküste Formosa's und auf der gegenüber liegenden Nordküste von Luzon in ihrer ursprünglichen Wildheit bis auf den heutigen Tag erhalten.

Nach diesen Negritos scheinen sich zunächst Malayen alfurischen Stammes, den Melanesiern an Farbe, Gestalt und

Rohheit nicht unähnlich, durch die Sprache aber von ihnen ge=
sondert, auf Formosa angesiedelt zu haben, denen dann Malayen
tagalischen Stammes, hellfarbig, wohlgestaltet und an Bil=
dung den Urmalayen auf Sumatra wenig nachstehend, als Colo=
nisten gefolgt sind. Die Geschichte dieser malayischen Ansiedelungen
auf Formosa liegt noch in einem Dunkel, das vielleicht niemals
gelichtet werden wird, dennoch ist so viel anzunehmen, daß die=
selben Jahrhunderte hindurch geblüht und selbst unter dem Joch
der Chinesen und Mandschu Vieles von ihrer Besonderheit in
Sitte, Religion und Gemeinde = Verfassung unversehrt erhalten
haben, ein Umstand, den die Europäer bei einer Unterwerfung der
Insel mit Vortheil ausbeuten könnten. .

Nach der chinesischen Reichs=Geographie machte Formosa ehe=
mals einen Theil von Huang=fu aus; unter den Han, kurz vor
Christi Geburt, war sie unter dem Collectivnamen Man=ty, d. i.
Land der südlichen Barbaren, mit begriffen. Unter den mongo=
lischen Kaisern (1278 — 1368) nannte man die Einwohner von
Formosa Tung=fan, d. i. östliche Fremde. Unter den Ming, die
jenen folgten, wurde die Insel nach einem Hafen an der Nord=
küste, der sonst Pe=kiang (Nordhafen) hieß, Ki=lung genannt.
Allein erst gegen 1430, als der Verschnittene Wan=san=pau nach
Formosa verschlagen worden war, erhielten die Chinesen davon
genauere Kenntniß. 1564 kreuzte ein Admiral Yu=ta=yew auf
der chinesischen Ostküste; ein Seeräuber Lin=tau=lyen griff ihn an,
wurde aber geschlagen und zur Flucht an die formosanische Küste
genöthigt. Yu=ta=yew konnte ihn nicht ereilen, ließ aber eine
Besatzung auf Ponghu, dem Vorort der Fischer=Inseln im Fukien=
Canal, zurück und beherrschte damit die Westküste Formosa's mi=
litärisch. Der chinesische Seeräuber, der sich große Dinge vor=
gesetzt hatte, hielt indessen Formosa zu seinen Absichten für un=
dienlich, schnitt allen Eingeborenen, die in seine Hände fielen, die
Kehle ab, bemalte mit dem Blut seine Schiffe und begab sich
sodann nach Kanton. Dies war der erste Vorschmack, den die
Formosaner von den Chinesen bekamen.

Die Japaner, welche damals noch nicht die Politik der Ab=
geschlossenheit angenommen hatten, vielmehr kühne Seefahrer waren
und vielen chinesischen Fürsten Soldtruppen stellten, hatten seit

dem Mittelalter bis in's 16. Jahrhundert hinein öfters Streifzüge
nach Formosa gemacht, die seit 1615 und 1620, wo sie große
Expeditionen dorthin ausrüsteten, einen colonisatorischen Charakter
annahmen. Bald nach 1621 indessen gaben die Japaner, wegen
der Unruhen in der Heimath, die Colonieen auf Formosa wie=
der auf.

Inzwischen hatten auch die Spanier festen Fuß auf For=
mosa gefaßt, während die Portugiesen, obwohl die ersten euro=
päischen Entdecker der Insel, an eine Colonisation Formosa's, das
ihnen wegen der Nähe Macao's mancherlei Vortheile bot, niemals
ernstlich dachten. Philipp II. versuchte, das schöne Eiland in seine
Hände zu bringen. Zu diesem Zweck und auf seinen Befehl
wurden zwei Fahrzeuge bewaffnet und mit 200 Mann besetzt unter
Befehl des Ritters Don Juan Zamudes, aus der Familie der
Grafen von Monterey, welcher 1593 sich nach den Philippinen
begab. Aber ein heftiger Sturm vernichtete die Expedition, so
daß es, um zum Ziele zu gelangen, bedeutender neuer Anstren=
gungen bedurfte. Später und während 26 Jahren war, wie der
Pate Aduarte in seiner Geschichte der Philippinen sagt,
Formosa der ruhmvolle Schauplatz des Erfolgs der spanischen
Waffen und Missionen. Das alte spanische Etablissement war zu
San Salvador. Die Ueberreste eines spanischen Castells be=
finden sich noch auf der kleinen Insel Kilung, nahe dem bereits
erwähnten Hafen gleichen Namens und werden von den Chinesen
fälschlich für holländische ausgegeben.

Noch eifriger trachteten die Holländer nach dem Colonial=
besitz Formosa's. 1620 wurde eins ihrer Schiffe an die Küste
verschlagen. Die Mannschaft bat die dort angesiedelten Japaner,
ihnen zu gestatten, ein Haus an der Einfahrt in den Hafen zur
Unterstützung des Handels mit Japan zu bauen. Auch verlangten
die Holländer nur so viel Land, als sie mit einer Stierhaut um=
spannen könnten. Als dies bewilligt worden, zerschnitten sie unter
Anwendung der bekannten klassischen List die Haut in sehr dünne
Riemen, mit welchen sie einen ansehnlichen Bodenraum umspann=
ten. Zuvor schon hatten sie auf den Pescadores sich die besten
Hafenstellen ausgesucht und auf Ponghu durch chinesische Kriegs=
gefangene aus Ziegelsteinen, welche aus Holland als Ballast mit=

geführt waren, ein Fort gebaut.*) Nachdem die Japaner abge-
zogen und die Spanier von den Holländern aus Formosa ver-
drängt waren, errichteten diese 1638 das Fort Zelandia, welches
noch jetzt in ansehnlichen Trümmern vorhanden, den Eingang nach
Taiwan vertheidigte und dem Fort auf Ponghu gleichsam als
Brückenkopf die Hand bot. Die Holländer verfuhren nun bei der
Colonisirung der Insel mit großer Umsicht. Auch auf der Nordküste der Insel errichteten sie ein befestigtes Comptoir, von wo aus
sie mit China vortheilhaften Handel trieben, während sie die eingebornen Bewohner sehr gut behandelten, zum Theil zum Christenthum bekehrten, zum Theil durch ihre eigenen Fürsten beherrschen
ließen, denen sie, wie in ihren anderen Colonien, die Würde be-
ließen und den Ehrentitel Residenten gaben, während ihre Macht
thatsächlich auf Null reducirt wurde. Formosa würde auf diese
Art zweifelsohne für Holland ein zweites Java geworden sein,
wenn sich nicht in dem gewaltigen chinesischen Nachbarreich Umwälzungen vorbereitet hätten, deren Wogen auch Formosa über-
flutheten. Es war der große Krieg zwischen Chinesen und
Mandschu-Tataren ausgebrochen, der schließlich mit dem Sturz
der Ming-Dynastie endete. Gleich nach dem ersten Kriegsjahre
siedelten 25,000 Familien aus der benachbarten Provinz Fulien
auf das holländische Formosa über. Sei es nun, daß die Holländer aus Eigennutz diese Einwanderung ermuthigten, was sie
nicht hätten thun sollen, oder sei es, daß sie die flüchtigen Chinesen, denen das liebliche Eiland sehr gefiel, nicht abwehren
konnten; genug, nachdem die Tataren die Anhänger der Ming-
Dynastie selbst aus den Küsten-Provinzen Tscheliang, Fulien und
Kwangtong vertrieben, warf sich eine ungeheure Schaar auf die
Flotte, welche ein reicher Kaufmannsfürst Ching-chi-long in Be-
reitschaft hielt. Ching-chi-long hatte den Holländern auf der
Insel gedient, kannte dieselbe genau und hatte sein ungeheures

---

*) In 1624 zijn zij, ten deele bij verwisseling tegen Pehoe (of
de eilanden de Piscadores) bij de chineesche wal gelegen, ten deele
bij koop, bezitters van Tayoean, of van 't eiland Formosa, geworden. — François Valentijn's Oud en Nieuw Ost-Indien uit-
gegeven door Dr. S. Keijzer. 'S Gravenhage. 1858. gr. 8. Eerste
Deel. p. 131.

Vermögen hauptsächlich im Formosa-Handel erworben; kein Wunder, daß er beschloß, mit den ihm zuströmenden Resten von den
Anhängern der Ming-Dynastie die Insel zu erobern und zu einer
Zufluchtsstätte zu machen, wozu er ohnehin einen Rechtstitel hatte,
da die Holländer die Tataren unterstützt hatten. Indessen erst
sein Sohn, der gewaltige Chang-ching-kong, gewöhnlich unter
dem ihm von den Portugiesen gegebenen Namen Koxinga bekannt,
setzte den Plan in's Werk. Nach einer zehnmonatlichen Belage-
rung nahm er im März 1661 das tapfer vertheidigte Zelandia
und vertrieb bis zum folgenden Jahre die Holländer vollständig
aus der Insel, wobei er auch den letzten festen Punkt der Spanier,
das Fort, welches der Gouverneur von Manilla zum Schutz seines
Handels mit China bei Kilung 1626 erbaut hatte und welches
von den Spaniern geräumt war, in Besitz nahm. Obwohl die
Eingebornen Formosa's den ihnen verbündeten holländischen Colonisten treulich beistanden, gelang den Holländern, welche auf
Formosa 600 Soldaten und für 3 Millionen Gulden in Waaren
verloren hatten, die Wiedereroberung nicht.

Im Frühjahr 1662 war Koxinga, der in Zelandia, das er
Ngan-ping-tschin nannte, residirte, verstorben und sein Sohn
Ching-ling-may folgte ihm als König von Formosa. Die chine-
sischen Colonisten der Insel wurden nun den Tataren auf dem
Festlande bald so gefährlich, daß diese sich nur durch die barba-
rische Maßregel, die ganze Küste von Petschili bis Kanton auf
30 Li (3 Stunden weit vom Meer) ganz zu verwüsten und die
Einwohner in's Innere zu versetzen, glaubten schützen zu können.

Inzwischen hatte die mit Koxinga befreundete englisch-
ostindische Compagnie die günstige Zeit benutzt, sich auf Formosa
niederzulassen. Die englische Präsidentschaft zu Bantam
legte auf Formosa eine Handelsfactorei an und begann von hier
aus mit Amoy einen Handel, der in Kurzem sehr bedeutend ward,
indessen mit der Unterwerfung der Insel seitens der Mandschu
bald wieder zu Ende ging. 1683 eroberten nämlich die Tataren
mit Hülfe der Holländer die chinesischen Colonieen auf Formosa,
ohne daß die niederländischen Ansprüche hierbei wieder anerkannt
wurden. Der junge König, das dritte Glied der formosanisch-
chinesischen Dynastie, wurde abgesetzt, nach Peking beordert, wo

er noch zu Anfang des 18. Jahrhunderts unter dem Titel eines Grafen als Staatsgefangener lebte.

Die nun folgende chinesisch-tatarische Colonisations-Epoche hat den Eingebornen Formosa's nicht zum Segen gereicht, da sie von den neuen Ansiedlern hart behandelt und schonungslos ausgebeutet wurden, obwohl sie denselben anfangs mit großer Freundlichkeit entgegen kamen. Weil die Chinesen in den Theilen, wovon sie Meister waren, keine Goldbergwerke antrafen und es auch nicht wagen wollten, über das Gebirge zu gehen, so schickten sie ein kleines Schiff an die Ostküste, wo sie sich versichert hielten, daß dergleichen sein müßten. Die Eingebornen nahmen sie mit vieler Gastfreiheit auf, gaben ihnen aber keine bestimmten Nach-richten von den Bergwerken. Als die Chinesen eine Woche lang gesucht hatten, bestand alles Gold, welches sie fanden, in einigen Klumpen, die frei in den Hütten herumlagen. Nachdem nun die Eingebornen ihnen gutmüthig bei der Befrachtung des Schiffes geholfen, ladeten die Chinesen sie zu einem Schmause ein, machten sie alle trunken, schnitten ihnen hierauf die Kehle ab und fuhren mit den Goldklumpen davon. Zu De Mailla's Zeit (1714) lebte der Anstifter dieser ruchlosen That noch ungestraft. Kaum war die Kunde von dieser Grausamkeit in den östlichen Gegenden des Eilandes verbreitet, so machten die Eingebornen einen Einfall in den westlichen Theil, erschlugen ohne Barmher-zigkeit daselbst Männer, Weiber und Kinder und zündeten einige chinesische Niederlassungen an. Seit dieser Zeit haben die Ein-gebornen, so weit sie nicht von den Chinesen unterjocht sind, mit diesen beständig in einem mörderischen Grenzkrieg gelebt. Im Westen und Norden gewannen die Chinesen allmälig die Ober-hand und vermischten sich hier nicht selten durch Heirath mit dem malayischen Theil der Eingebornen, welche übrigens dennoch Manches von der alten Regierung erhalten haben. Ein jeder Flecken erwählt drei oder vier Richter aus den ältesten, recht-schaffensten Männern, und wer deren Urtel nicht anerkennt, wird aus der Gemeine verstoßen. In jedem Flecken fungirt ein Chinese als Dolmetscher, der den Mandarinen beim Eintreiben des Tributs an Getreide, Hirschhäuten ꝛc. helfen muß. Diese Dolmetscher tyrannisiren die Eingebornen so, daß z. B. zu

De Mailla's Zeit drei von den zwölf den Chinesen früher im Süden untergebenen Flecken sich empörten, die Dolmetscher verjagten und sich mit dem freien Osten derartig verbanden, daß der Kaiserlichen Regierung niemals wieder eine Colonisation im Südwesten bis heut gelungen ist.

Welchen Werth gleichwohl die Chinesen auf die Colonisation der Insel legten, beweis't jenes stolze Wort, das der alte hochberühmte Kaiser Kanghi (1662—1722) am Ende seines thatenreichen Lebens sprach: „Ich habe die Aufrührer vernichtet, die Russen unterworfen und Formosa erobert!" Aengstlich war daher die Kaiserliche Regierung bemüht, die Colonie auf Formosa in ihrer Botmäßigkeit zu erhalten. „Niemand", bemerkt der Pater De Mailla, „wird aus Fukien ohne einen sehr theuren Paß zugelassen und dorthin wieder zurückgeschickt, wenn er nicht dieselben Gebühren auf Formosa noch einmal entrichtet." Trotz dieser Vorsichtsmaßregeln sind Aufstände unter den chinesischen Colonisten von jeher an der Tagesordnung gewesen. 1721 schüttelte die Colonie mit Unterstützung der Eingebornen in der That eine Zeit lang die Kaiserliche Regierung ab. Die Colonisten im Verein mit den Eingebornen und Unzufriedenen aus Fukien und Kwangtong metzelten die chinesischen Beamten und Besatzungen nieder. In Peking schrieb man den Aufstand den Holländern zu, die unter den Ureinwohnern allerdings noch Freunde hatten. Truppen nahmen die Hauptstadt ein und tödteten die Rebellen mit Ausnahme ihres Anführers, welcher sich nach Osten in das Land der freien Formosaner zurückzog. Seitdem haben sich in dem unabhängigen Gebiete der letzteren einzelne von chinesischen Flüchtlingen und Seeräubern gegründete Colonieen gebildet, welche ab und zu durch Verbannte und Strafcolonisten im Osten und Südwesten der Insel Zuzug erhalten haben, jedoch lediglich von der Gnade der sehr kriegerischen Eingebornen leben, von denen sie mit Leichtigkeit vernichtet werden könnten.

Das Unglück der Spanier, Holländer und Engländer schreckte die Europäer lange Zeit von neuen Colonisationsversuchen ab. Im Anfange des vorigen Jahrhunderts tauchte in England ein angeblicher Eingeborner der Insel unter dem Namen Pfalmanassar auf, welcher dem romantischen Zauber, der Formosa von jeher

umkleidet hat, neue Nahrung durch eine Beschreibung gab, worin
über das Leben und die Sitten der Urbewohner die wunderfamften
Gerüchte verbreitet wurden. Man hat dieselben lange Zeit für
baare Münze genommen, bis mehrere Schriftfteller, darunter
M. Walckenaar, nachwiesen, daß die Erzählungen des chriftlichen
Formofaners Georg Pfalmanaffar fast nur Phantafiegebilde find.
Europäische Seefahrer hielten fich damals bei Formofa nur kurze
Zeit auf oder segelten blos daran vorüber, wie Commodore Georg
Anfon 1742. Von Neuem wurde dagegen die Aufmerksamkeit
der Colonialmächte auf die Infel gelenkt, als der ungarische
Graf Morih Auguft von Benjowski auf seinem abenteuer=
lichen Zuge von Kamtschatka nach Macao die Infel berührte, und
die Schilderung seiner Erlebnisse von W. Nicholson in London
herausgegeben wurde, der die Handschrift von einem genauen Be=
kannten des Grafen, dem Herrn J. Hyacinth de Magellan, Mit=
glied der Königlichen Societät, erhalten hatte. Benjowski, der
fich zu Peterpaulshafen mit polnischen und ruffischen Verbannten
einer ruffischen Corvette von 12 Kanonen bemächtigt hatte, ging
am 27. Auguft 1771 etwa unter 23° 18' N. Br. an der Oft=
küfte Formofa's in einer bequemen Bai, die 3 bis 8 Faden Wasser
hatte, vor Anker, ungefähr 600 Fuß vom Ufer an der Mündung
eines Fluffes. Nachdem ihm der Aufenthalt hier durch einen blu=
tigen Ueberfall der Eingebornen verleidet war, ließ er am 28.
Morgens bei vollkommener Windstille das Schiff aus dem Hafen
bugfiren, worauf es mit einer Schnelligkeit von 1³/₄ Meilen in der
Stunde vom japanischen Golfftrom weiter nach Norden bei einer
andern Bucht vorbei getrieben wurde, und bald darauf in einem
schönen natürlichen Hafen bei 3 Faden Tiefe dem Lande so nahe
vor Anker ging, daß ein Mann dasselbe mit einem Sprunge er=
reichen konnte. Es ist bis heutigen Tages viel darüber gestritten
worden, ob an der nichtchinesischen Oftküfte Formofa's brauchbare
Häfen find, und hat man sich im Allgemeinen dahin entschieden,
diese Frage zu verneinen. Vielleicht wurde Benjowski damals
durch die Jahreszeit zufällig so ungewöhnlich begünstigt, daß er
offene Rheden, die bei einigermaßen stürmischem Wetter ihm, dem
unerfahrenen Seemanne, Verderben gebracht haben würden, für
gute Häfen ansah. Immerhin muß man aber festhalten, daß ein

nicht übler Ankerplatz, wie wir später sehen werden, allerdings auf der Mitte der Ostküste vorhanden zu sein scheint, und daß das ganze östliche Ufer noch lange nicht sorgfältig genug untersucht, vermessen und abgepeilt ist, um über dasselbe ein endgültiges Urtheil zu fällen.

An dem erwähnten Orte, wo Benjowski bis zum 12. September blieb, traf er einen spanischen Flüchtling, Don Hieronimo Pacheco, ehemals Hafencapitän zu Cavite auf Luzon, welcher eines großen Ansehens unter den Formosanern genoß und dem Grafen hülfreich an die Hand ging. Der letztere schloß einen Bund mit dem formosanischen Fürsten Huapo, besiegte dessen Gegner Hapuasingo, sowie die chinesischen Hülfstruppen und versprach gegen Zusicherung der Abtretung einer Provinz eine Colonie auf Formosa, nachdem er von Europa dorthin zurückgekehrt sein würde, anzulegen. Benjowski arbeitete einen höchst interessanten Plan zur Colonisation Formosa's aus*) und reichte ihn etwa um 1782 beim Kaiserlichen Hofe zu Wien ein. Bekanntlich hatte Josef II. sich mit dem Gedanken eines deutschen Colonialwesens getragen und deshalb im Jahre 1768 die so wichtigen Nikobarischen Inseln besetzen lassen; wie bei allen seinen hochfliegenden Plänen entbehrte aber der Kaiser auch hier wieder nachhaltiger Willenskraft. Schon nach kurzer Zeit ließ er sich die Nikobaren von den Dänen unter nichtigen Vorwänden entreißen und der Traum einer österreichischen Colonial=Herrschaft war zu Ende. Hätte Josef II. die Nikobaren nur noch einige Jahre behauptet und mit ihnen die Insel Formosa verbunden, so wäre damit der Grund zur Entwickelung einer gewaltigen See = und Colonial=Herrschaft vielleicht gelegt worden; wie die Sachen aber einmal lagen, kam Benjowski zu spät. Er wandte sich nun an die französische Regierung, welche die Sache besser zu würdigen verstand, und Benjowski vor der Hand mit einer Colonisation auf Madagascar betraute, zu welcher er ebenfalls den Plan ausgearbeitet. Auf dieser Insel überwarf sich Benjowski mit den Franzosen und fiel in einem Scharmützel mit denselben am 23. Mai 1786. Wenige Jahre

---

*) Siehe den Anhang.

darauf brach die große Revolution aus, in deren Wogen auch die formosanischen Colonialprojecte begraben wurden.

Wie von einem so scharfsinnigen und umsichtigen Herrscher, als Napoleon III. ist, zu erwarten stand, hat er die Anlegung einer Colonie auf Formosa als für die französische Machtstellung in Ostasien von außerordentlicher Wichtigkeit erkannt und während des letzten chinesischen Krieges dort festen Fuß zu fassen gesucht. Die Briten haben dies, indem sie den Chinesen in einem geheimen Tractat Schutz gegen französische Annectionen versprochen, zu verhindern gewußt, weniger aus Furcht vor dem colonisatorischen Talent des Franzosen, welches der Brite bekanntlich geringschätzt, als aus Besorgniß, daß die Franzosen aus dem leicht zu vertheidigenden Formosa eine feste Marinestation und einen Waffenplatz ersten Ranges machen möchten, der allerdings in Kriegsläuften die britischen Handels-Interessen schwer schädigen würde. Seitdem die Franzosen ihren Handelsverkehr in Japan befestigt haben und versuchen, das noch immer gegen das Ausland abgeschlossene Korea für sich zu eröffnen, ist auch ihre Begehrlichkeit in Bezug auf Formosa wieder reger geworden; hoffentlich wird man ihnen preußischerseits zuvorzukommen wissen.

Unterdessen ist die chinesische Herrschaft in den Colonieen auf Formosa von Jahr zu Jahr hinfälliger geworden. 1787, als der berühmte La Perouse die Insel besuchte, war gerade ein großer Aufstand auf derselben ausgebrochen. 1805 bemächtigten sich Ladron-Seeräuber der herrenlosen Südwestküste bis in das chinesische Gebiet hinauf, ohne daß die Mandarinen Solches zu hindern vermocht hätten. Aufstände, Kämpfe unter den Chinesen aus den verschiedenen Provinzen und mit den Eingebornen wechseln seitdem unaufhörlich ab. „In dem chinesischen Theile der Bevölkerung", bemerkt Gützlaff, „finden häufige Aufstände statt: es ist sehr schwer, sie zu unterdrücken, weil die Rädelsführer sich in die Berge flüchten, wo man ihnen nichts anhaben kann. In keinem Theile China's giebt es so viele Hinrichtungen, wie auf Formosa, und in keinem Theile nützen sie weniger." So fand Gützlaff, der Apostel der Chinesen, die Insel, als er sie besuchte, wieder in Aufruhr, desgleichen der englische Reisende Robert Fortune 1854. Der furchtbarste Aufstand brach während des Taiping-Krieges aus, und sind seine letzten Spuren erst mit der völligen Niederwerfung der Rebellen auf dem Festlande vernichtet worden. Statt dessen ist wieder ein mörderischer Grenzkrieg zwischen den Eingebornen und den chinesischen Colonisten ausgebrochen, zu welchem neue Grausamkeiten der letzteren Anlaß gegeben haben. „Uebrigens ist", bemerkt Dr. Biernatzli aus der neuesten Zeit, „die Unterwerfung der Aboriginer im Westen auch keineswegs vollständig. Diese sind sehr zu Aufständen geneigt, und der Kaiser von China ist genöthigt, stets eine starke Besatzung auf der Insel zu halten." Wären die kriegerischen Formosaner nur einigermaßen von einer europäischen Macht unterstützt, so würden sie die Chinesen sicher- lich bald aus der Insel vertreiben. Eine eigenthümliche Sonder- stellung nimmt auf der Insel an der Südwestgrenze des chinesischen Inseltheils eine Colonie ein, welche ein Seeräuberhauptmann Bancheang, chinesischer Abkunft, gestiftet und bisher mit gewaff- neter Hand siegreich gegen die Mandarinen vertheidigt hat.

Neben den Europäern haben in neuester Zeit auch die rüh- rigen, practischen Amerikaner die Colonisation Formosa's in's Auge gefaßt. Commodore M. C. Perry, Befehlshaber des zur Schließung von Handelsverträgen mit China, Japan und Siam nach Ostasien (1852—1854) ausgesandten nordamerikanischen Ge- schwaders, untersuchte insbesondere die Nordküste von Formosa, die Steinkohlenbergwerke bei Kilung u. s. f. und legte die Grün- dung einer amerikanischen Colonie auf Formosa der Regierung der Vereinigten Staaten warm an's Herz. Ein ausführlich motivirter und detaillirter Plan und Voranschlag, an welchem vorzügliche Techniker und Sachverständige mitgearbeitet, befindet sich im zweiten Bande von: Narrative of the Expedition of an American Squadron to the China Seas and Japan under the com- mand of Commodore Perry by Order of the Govern- ment of the United States; Washington 1856, fol. Die Ausführung der amerikanischen Colonisation auf Formosa ist in- dessen zum Glück für Deutschland durch drei Umstände verhindert worden: durch den früh erfolgten Tod des wackern Perry, durch die bisher befolgte Politik des Weißen Hauses, nur in Amerika selbst Colonien anzulegen, und durch den Bürgerkrieg von 1860—64.

Jedenfalls hat aber die amerikanische Regierung durch die amtliche Veröffentlichung des Perry'schen Colonisationsplans veranlaßt, daß nunmehr auch seitens Englands und Deutschlands das Interesse für die Anlegung von Handelsniederlassungen und Plantagen auf Formosa rege geworden ist. Im britischen Interesse ist seit mehreren Jahren der englische Consul auf Formosa, Robert Swinhoe, äußerst thätig, um die Insel zu erforschen und seinen Landsleuten zugänglich zu machen. Herr Swinhoe, ein eben so kenntnißreicher, wie umsichtiger Beamte, hat die reichen Ergebnisse seiner formosanischen Studien bereits in verschiedenen längeren und kürzeren Aufsätzen und Abhandlungen niedergelegt. Das Resultat ist ein solches, daß einer europäischen Colonie auf Formosa das günstigste Prognostikon gestellt werden muß. Schon vor drei Jahren hat man der englischen Regierung die Occupation einer der von Herrn Swinhoe und dem Verfasser dieses Buchs hervorgehobenen trefflichen Hafenstellen an der nichtchinesischen, herrenlosen Südwestküste dringlich empfohlen, ohne daß man auf diesen Vorschlag eingegangen ist, da bekanntlich die britische Regierung wegen der bereits übermächtigen Ausdehnung ihres Colonialbesitzes eine entschiedene Abneigung gegen die Anlegung neuer Colonieen hat.

Es erübrigt noch zu berichten, was preußischerseits in Sachen deutscher Colonisation auf Formosa bisher geschehen ist. Mit welcher Spannung verfolgten nicht alle Patrioten in Preußen und Deutschland die Expedition, welche im Jahre 1860 durch den muthigen Entschluß des damaligen Prinzregenten von Preußen unter Ueberwindung der erheblichsten Schwierigkeiten mit ächt preußischer Kühnheit und Energie zur Ausführung gebracht und zunächst mit der Abschließung von Handelsverträgen mit Japan, China und Siam betraut wurde. Die Zukunft wird lehren, daß die Hoffnung, es werde sich an diese rühmliche Unternehmung in der Folge die Entwickelung einer preußischen Marine- und Colonial-Politik knüpfen, wohl begründet gewesen ist.

Als am 25. August 1860 die Dampfcorvette „Arcona" die Südspitze der Insel Formosa in Sicht bekam, bemerkte der englische Lootse: „Warum nimmt Preußen die Insel nicht in Besitz? Mit einem solchen Geschwader ist das eine Leichtigkeit!" Dies Wort hallte in den Herzen aller Hörer wieder, und in der That hatten sich schon vorher viele Mitglieder der Expedition für eine Occupation des nichtchinesischen Theils der schönen Insel ausgesprochen. Indessen hatte das Geschwader vorerst eine andere Mission zu erfüllen, zu deren Durchführung die Anspannung aller Kräfte nöthig war. Als nach drei Jahren die Heimreise angetreten wurde, war der Schooner „Frauenlob", der wegen seines geringen Tiefgangs in den formosanischen Gewässern von großem Nutzen gewesen wäre, mit 50 braven Männern in der türkischen See begraben und die übrige Geschwadermannschaft in Folge tropischer Krankheiten und durch die Anstrengungen des Dienstes so erschöpft, daß der umsichtige Chef der Expedition schon aus Humanitäts-Rücksichten von weiteren Unternehmungen Abstand nehmen mußte.

Jedoch sollten die Preußen noch in mehrfache Berührung mit den Formosanern kommen. Zu Anfang September 1860 wurde die Segelfregatte „Thetis" an der Küste von Formosa von einer englischen Bark angepreit, welche so eben von chinesischen Seeräubern angegriffen worden war und bereits ihr Pulver verschossen hatte. Da die Dschunken noch in Sicht waren, so machten auf sie die Preußen, nachdem sie der Bark einen Centner Pulver gegeben, Jagd. Eine Bombe platzte über der einen Dschunke, einer andern wurde das Segel zerschossen; dennoch entwischten bei der herrschenden Windstille die Räuber in ihre Schlupfwinkel. Interessanter und folgenreicher war ein Vorfall, der Sr. Maj. Transportschiff „Elbe" am 10. November 1860 betraf. Die „Elbe" hatte vor einem Nordoststurm Schutz in einem jener natürlichen Häfen gesucht, welche sich an der Südwestküste Formosa's auf jenem nichtchinesischen herrenlosen Gebiete befinden, welches preußischerseits zunächst in Besitz zu nehmen ist. Kaum an's Ufer gelangt, wurde ein Theil der Mannschaft ohne jede Provocation ihrerseits verrätherisch von jenem barbarischen Wildenstamm angegriffen, der die bezeichnete Gegend bereits seit Jahrzehnten unsicher macht und wiederholentlich die schiffbrüchigen Mannschaften englischer und deutscher Schiffe theils niedergemetzelt, theils in die Sclaverei verkauft hat. Obgleich mehrere Kugeln trafen, ward durch eine wunderbare Fügung dennoch kein Preuße getödtet, wohl aber wurden die hinterlistigen Eingebornen von den Booten aus mit Salven aus den Zündnadelbüchsen begrüßt und unter Verlust ihres Häuptlings in den Wald zurückgeworfen. Nachdem die „Elbe" die Niederlassung der Wilden noch mit Erfolg bombardirt, lichtete sie ungefährdet die Anker. Mit diesem wiederholten energischen Auftreten der preußischen Kriegsflotte hängt offenbar folgender selt= same Vorfall zusammen, welcher dem Capitän Meincke von der Stralsunder Brigg „Typhoon" bald darauf passirte. „Ich habe", erzählt er, „bei meinen häufigen Reisen um Formosa herum schon einige Male an der Nordostbahn vor Anker gelegen, um schweres Wetter vorübergehen zu lassen. Es befindet sich dort bei Suau= Bai ein ziemlich sicherer Ankerplatz. Die Anwohner dieser Küste, die nicht mehr ganz reine Wilde, aber immerhin noch wild genug sind, waren mit mir bereits verschiedene Male in kleinen Verkehr getreten und hatten mir Hühner, Eier und Fische gebracht. Auch im Frühjahr 1861 ging ich eines Abends zu später Stunde dort vor Anker; am andern Morgen sah ich die Leute am Ufer ge= schäftig, Boote auszusehen, offenbar in der Absicht, an Bord zu kommen. Ich weiß nicht mehr, wie ich dazu kam, ich hißte, als die Boote eben im Abstoßen waren, die preußische Flagge. Sofort sprangen sie aus den Booten heraus, zogen sie eilig wie= der an's Land und liefen in wilder Flucht den Büschen und Bergen zu."

Im Jahre 1864 soll die preußische Dampfcorvette „Gazelle", wie verlautet, den Auftrag gehabt haben, sich nach einem zur An= legung eines preußischen Etablissements geeigneten Punkte auf Formosa umzusehen. Speciell wären hierbei die Pescabores, jene in dem Fukien=Canal belegenen kleinen Inseln, welche den Schlüssel zu Formosa bilden, behufs Errichtung eines Depots für dänische Prisen in's Auge gefaßt worden. Der rapide Verlauf des däni= schen Krieges und die bald wieder aufsteigenden politischen Ge= witterwolken, die sich in dem jetzt beendeten deutschen Kriege ent= laden haben, scheinen auch damals die Gründung der ersten preu= ßisch=deutschen Colonie in Ostasien hintertrieben zu haben. — In= zwischen hat auch die öffentliche Meinung in Deutschland sich immer entschiedener für ein derartiges Unternehmen ausgesprochen, und ist besonders die norddeutsche Presse in dieser Beziehung thätig gewesen. Im Juni 1865 veröffentlichte Verfasser in der „Nord= deutschen Allgemeinen Zeitung" fünf ausführliche Artikel über die

Anfänge preußischer Colonial-Politik in Ostasien, welche, wie vorauszusehen, für officiös gehalten und deshalb nicht nur in sämmtlichen deutschen, sondern auch in vielen französischen und englischen Blättern bis nach China und Japan hin lebhaft besprochen und je nach der damaligen politischen Parteirichtung befürwortet oder angegriffen wurden. Da durch das feste Fußfassen in Schleswig-Holstein und durch die Vorlage eines umfassenden Flottenplans die preußische Regierung zeigte, daß es ihr mit der Marine-Politik für alle Zeiten ernst sei, so fand Verfasser, als er im October und November 1865 und im Februar 1866 in der „Vossischen Zeitung" die Grundzüge eines Plans zur Anlegung einer Handels-, Pflanzungs- und Eroberungs-Colonie auf Formosa in zwei längeren Aufsätzen publicirte, schon einen bedeutenden Umschwung in der öffentlichen Meinung vor. Zuschriften und Anfragen von Männern der verschiedensten Berufsklassen und Parteien bewiesen, daß das Interesse für deutsche Colonisation unter preußischer Führung nachhaltig erwacht und in die richtige Bahn geleitet war. Jetzt, wo Preußen und Deutschland fast identisch sind, wo Preußen eine der ersten europäischen Handelsmächte geworden ist, drängt sich die Colonialfrage von Neuem und diesmal mit unwiderstehlicher, unabweisbarer Nothwendigkeit in den Vordergrund. Möchte doch unsere umsichtige, unerschrockene, energische Staatsregierung durch Anlegung einer preußisch-deutschen Colonie in Ostasien die drängende öffentliche Meinung gleichsam confisciren!

b. Beschreibung Formosa's.

Da die Insel Formosa noch wenig erforscht ist, so macht die nachfolgende Beschreibung, die ohnehin nur aus dem practischen Gesichtspunkte der Colonisation zu betrachten ist, auf Vollständigkeit keinen Anspruch. Aus diesen practischen Rücksichten wird man auch weder gelehrte geologische oder meteorologische Abhandlungen, noch Erörterungen über neue Pflanzen- oder Thier-Arten erwarten dürfen.

I. Lage. Die Insel Formosa liegt östlich von der Küste des mittleren China's, halbwegs zwischen Hinterindien und Borneo einer= und Korea und Japan andererseits, im Stillen Ocean. Im Norden wird sie durch das östliche Meer (Tong=hai) von den Liukiu=Inseln und Japan, im Westen durch den Fukien=Canal von China, im Süden durch die Formosa=Straße von den Baschi=, Babuyanes= und Philippinen=Inseln, im Osten durch das Pacific von den Midjacosima=Inseln getrennt.

II. Größe. Formosa erstreckt sich nordwestlich zwischen ungefähr 120 bis 122° D. L. von 25° 18′ (Foki=Point) bis 21° 53′ 30″ N. B. (Cap Kamalitiu=tschan) bei einer Breite von etwa 29 und einer Länge von etwa 51 Meilen und enthält über 1000 Quadratmeilen.

III. Küste. Die Küsten sind von sehr verschiedener Beschaffenheit.

1. Auf dem chinesischen Inseltheil.

Hier sind am bekanntesten: Kilung, im Norden, wegen der Steinkohlenlager in der Nähe viel besucht, liegt am Ende einer zwei englische Meilen tief in's Land einschneidenden Bucht und ist selbst für Boote nur zur Fluthzeit zugänglich; ferner Tamsui im Nordwesten, am Fluß gleichen Namens und den preußisch=deutschen Schiffen vertragsmäßig geöffnet. Der Fluß hat 16 englische Fuß Wasser bei hoher Fluth über der Barre. Indessen ist im Frühsommer die Schifffahrt dort gefährlich, sobald nach der Schneeschmelze auf dem Gebirge der sehr reißende Strom von Wassermassen überfüllt wird. Schiffe können sich vor dem Forttreiben in's Meer dann nur schützen, indem sie sich fest am Lande verankern (by mooring firmly to the land). Robert Swinhoe hält den Hafen, der einige hundert Schiffe faßt, noch für den besten in Nord=Formosa. Die Häfen an der Westküste sind alle vernachlässigt und versandet. Insbesondere ist Taiwan=fu, die Hauptstadt der Insel, die durch einen Fluß und weit in's Land reichende flache Buchten mit dem Meere in Verbindung steht, nur auf Schiffen von 7 bis 8 Fuß Tiefgang erreichbar. Das Fahrwasser ist außerordentlich schmal und durch eine Barre von hartem Sand, die bei Hochwasser nur 12 Fuß Tiefe hat, außerdem noch gesperrt. Noch südlicher an der Westküste beim Affenberge liegt der unbedeutende Hafen Takau, der für kleine Schiffe bei den Nordost-Monsuns einen geschützten Ankergrund giebt. Vor dem Hafen eine Barre, die bei niedrigem Wasser 11 Fuß hat. Dahinter 4, 6 und 9 Faden im Hafen. Derselbe hat eine enge Einfahrt, aber vollkommen sichern, freilich sehr beschränkten Ankergrund. Auch sind die Strömungen bei Springfluthen hier sehr heftig. Nach Capitän Richard's Darstellung, der 1856 die Küste untersuchte, würde, falls man Formosa dem Welthandel zugänglich machte, dieser Platz gewiß von außerordentlicher Wichtigkeit sein. Diesen Wink sollte man preußischerseits beherzigen und den noch unbedeutenden Hafen um jeden Preis in unsere Botmäßigkeit zu bringen suchen. Lebensmittel sind in Takaucou reichlich zu haben und billig, die benachbarte Colonie könnte sich von dort aus vollständig auf's Beste verproviantiren. Von Takaucou noch weiter südlich bis zur Grenze des chinesischen Gebiets, unter etwa 22° 18′, sollen sich mehrere brauchbare Hafenstellen befinden, so an der Mündung des Lower-Tamsui-River, doch sind dieselben wegen der Wildheit der Küstenbewohner bisher noch nicht gehörig untersucht. — An der Ostküste besitzen die Chinesen nur den nördlichsten Strich bis zu der Suau-Bay, welche geräumigen und guten Ankergrund bietet, dagegen nicht in allen Jahreszeiten sicher ist. Uebrigens liegt Suau-Bai eigentlich schon auf neutralem Gebiet, wenigstens wird die Autorität der Kaiserlichen Regierung dort wenig respectirt.

2. Auf dem nichtchinesischen Inseltheil.

Ueber die Häfen an der nichtchinesischen Ostküste Formosa's ist lange Zeit erbitterter Streit geführt. Nach Einigen sollten mehrere treffliche, nach Andern gar keine Häfen dort vorhanden sein. Gegenwärtig ist Folgendes mit Sicherheit ermittelt. Admiral Collinson, der um die Aufnahme der formosanischen Küsten viele Verdienste hat, fand einen Hafen in der Blackrock-Bay unter 30° 9′ und einen andern unter 24° 10′ in der Chockdai-Bay. Außerdem scheinen drei Häfen unter 23° 30′, 22° 49′ und 22° 33′ vorhanden zu sein. Alle an der nichtchinesischen Ostküste wirklich vorfindlichen Häfen dürften aber offene Rheden sein, die bei ungünstiger Jahreszeit unnahbar sind oder nur wenig Schutz gewähren. Im Allgemeinen ist die Ostküste von einer Bergkette umsäumt, die bis zu 7200 Fuß Höhe rasch aufsteigt und schroff in's Meer fällt, so daß eine starke Brandung entsteht, welche noch durch die von Norden nach Süden hart am Ufer hinlaufende Meeresströmung vermehrt wird. Auch Karl Ritter scheint sich der Annahme, daß Häfen an der Ostküste sind, anzuschließen, wenn er schreibt: „nach den ältern Nachrichten der Holländer soll die Ostküste von Formosa tiefere Häfen und Fahrwasser haben; wahrscheinlich ist dort, wo die Gebirge sich höher heben, auch die hafenreichere Steilküste; aber sie ist nie untersucht worden."

Ganz anders verhält sich die Süd= und Südwestküste. Namentlich an der letzteren sind mehrere ausgezeichnete Hafenstellen vorhanden, welche schon jetzt ohne menschliche Nachhülfe bei sicherem Ankergrunde und hinreichender Tiefe vor Wind und Wetter vollständigen Schutz gewähren. Schon 1860 schrieb der Corvetten=Capitain Reinhold Werner: „An der Süd= und Westseite sollen nach nautischen Angaben keine Häfen sein. Ich bin jedoch anderer Ansicht und überzeugt, daß bei näherer Untersuchung sich nicht allein an der West=, sondern auch an der Süd=Seite Häfen finden werden. Die Bucht, in der wir lagen, war jedoch nach Süden offen und mithin weder gegen Südwestwind noch gegen Teufun gesichert. Dagegen bemerkten wir zwei Meilen westlicher einen tiefen, in das Land gehenden Einschnitt, der ein trefflicher Hafen zu sein schien, und den ich unter allen Umständen zu erreichen trachten würde, wenn mich einer der in dieser Gegend so häufigen Teufune hier überraschen sollte. An der Westküste besaßen die Holländer 50 Jahre lang eine Colonie, die jährlich von vielen großen Schiffen besucht wurde, und es ist kaum denkbar, daß dies practische, seefahrende Volk sich dort angesiedelt haben würde, ohne einen guten Hafen zu finden. Jedenfalls hat aber die Westseite der Insel vor China, Japan und allen umliegenden Ländern den großen Vortheil voraus, daß sie nicht von Teufunen heimgesucht wird und bis jetzt noch keiner dort beobachtet ist. Im Chinesischen Meere wandern die Teufune fast immer von S.=O. nach N.=W., also

im rechten Winkel zur Lage Formosa's. Wahrscheinlich werden
sie durch den die Insel theilenden Höhenzug aufgehalten und ab-
geleitet. Mithin könnten an dieser Küste schon bloße
Rheden die Häfen ersetzen, und es wäre wohl der Mühe
werth, in dieser Beziehung genauere Forschungen anzustellen, um
ein so reiches Land in den Bereich des Weltverkehrs zu ziehen,
nnd seine Schätze auszubeuten." — Als am 10. November 1860
ein Nordoststurm die „Elbe" zwang, in einer auf der Karte nicht
angegebenen, von hohem Lande ringsum geschützten Bucht, die sehr
einladend schien, zu ankern, fand Capitain Werner „kaum 1000
Schritt von der Küste einen gegen alle nördlichen und
östlichen Winde geschützten, so schönen und bequemen
Ankerplatz, wie er ihn nur wünschen konnte; nicht zu
tief, mit haltbarem Grunde." Spätere Untersuchungen
haben gezeigt, daß unter 22° 8' in der Liang-liu-Bai sich
ein bis dahin fast unbekannter Hafen befindet, der guten Schutz
gegen-den Monsun gewährt und gegen Nordosten geschützt ist,
während er nach Werner's Angaben, als an der Westküste belegen, auch frei von Taifunen sein würde. Die neuste Bestätigung
der vorzüglichen Häfen giebt uns der beste, augenblicklich vor-
handene Kenner Formosa's, der dort seit mehreren Jahren als
Bice-Consul lebende Robert Swinhoe, welcher in seinen Notes
on the Island of Formosa (Journal of the Geogr.
Soc. vol. 34. Ldn. 1864. p. 7) Folgendes schreibt: „The
dangers and difficulties of the Formosan coast, even
with the aid of the best surveys, cannot be exaggerated.
It is true comparatively few ships visit the coast with
a view to trade, but vessels bound up and down the
Chinese mainland have too often, to lie over to Formosa. With the increasing traffic wrecks yearly multi-
ply, and yet the Government takes no steps to survey
the island. With the exception of a few special spots,
we may say, that the greater part of the coast is un-
known. I have been assured by adventurous ma-
sters of vessels, that there are good and safe ha-
bours at the South-Cape of .Formosa, and
probably some on the lower portion of the

e a s t c o a s t. The advantages that these would af-
ford, as places of refuge in stress of weather, to vessels
availing themselves during the north-east monsoon, of
the Gulf-Stream beyond Formosa, cannot be too
strongly advocated." Hiermit ſtimmt überein, was der=
ſelbe Gewährsmann an einer andern Stelle (Proceedings
of the R. Geogr. Soc. 1864. Vol. 8. p. 23) ſagt:
„The difficulty of navigating the coast of Formosa is great
and there are numerous wrecks of vessels that are com-
pelled to run for a port, and are ignorant of several
excellent harbours unsurveyed near the south.
end of the island."

Dieſe Unbekanntſchaft mit den trefflichen Häfen, welche beſtimmt
an der Süd= und Südweſt= und wahrſcheinlich auch an der Südoſt=
Küſte vorhanden ſind, rührt daher, daß in jenen Gegenden eben
keine Kaiſerlich chineſiſche Oberhoheit, keine Stadt, kein Handel
mehr iſt, ſondern, von einigen wenigen Dörfern abgeſehen, die
Küſte wüſt liegt und nur ab und zu von nomadiſirenden Wil=
denhorden zur Weidung ihres Viehes oder zur Ausplünderung ge=
ſcheiterter Schiffe durchzogen wird. Daher die faſt unglaubliche
Unvollſtändigkeit der europäiſchen Land= und Seekarten dieſer
Gegend, ſo daß man faſt verſucht iſt, an Stelle der erſteren
die große officielle chineſiſche Karte von Formoſa zu Rathe zu
ziehen, welche an den gedachten Küſten ebenfalls gute Häfen
verzeichnet. Ein Antrag, die Küſten= und See=Karten von For=
moſa zu verbeſſern, iſt neuerdings an die britiſche Admiralität
gerichtet worden.

IV. Gebirge. Die Inſel Formoſa iſt vorwiegend gebirgig;
nur an der mittleren Weſtküſte befinden ſich ausgedehnte Ebenen,
die durch Anſpülungen ſeitens des Meeres jährlich anwachſen.
Die Inſel wird in ihrer Längsaxe von einem gewaltigen Gebirgs=
grat, dem Taſchau, durchſetzt, der im Mount Morriſon mit etwa
12,000' Fuß unter dem Wendekreiſe gipfelt und nach Weſten
ſanfter, nach Oſten zu ſchroffer abfällt. Den Taſchau kann man
mit Alexander von Humboldt, dem ſich Karl Ritter an=
ſchließt, als die äußerſte öſtliche Verlängerung des Himalaya=
Syſtems, in deſſen Normal-Direction er wenigſtens vom Hindu=

Khu an bis zum Nau-Ling gegen S. O. ausgestreckt liegt, betrachten, wobei zu berücksichtigen, daß die Lücke des Julien-Canals durch mancherlei Klippen und Untiefen ausgefüllt ist. Der Ta-schan besteht aus mehreren Gebirgszügen, unter denen der Mu-tang-Schan (d. i. Waldberg) der merkwürdigste, sehr steil sich in die Wolken erhebt, mit denen er fast stets gekrönt ist. Nach ihm wird auch öfters das ganze Gebirge benannt. Er zieht sich bis zur Grenze des Districts Tschulo-hyen hin. Im Süden und Südwesten fällt das Gebirge ziemlich schroff zum Meere ab, dennoch ist die Brandung hier geringer und das Landen weit leichter, als an der Ostküste, weil das Ufer mit einem breiten Saum von blendend weißem Kies umsäumt ist, an welchem sich der Anprall der Wogen bricht.

V. Vulkanische Erscheinungen. So wenig Formosa's Innere auch durchforscht ist, so sehr steht dennoch fest, daß die vulkanischen Erscheinungen, die schon in frühern Jahrhunderten von den Chinesen bemerkt wurden, noch nicht völlig erloschen sind. Allerdings sind die Erderschütterungen, unter welchen die Insel früher litt, bei Weitem weniger häufig und heftig. 1782 wurde Formosa durch Erdstöße zum Theil verwüstet; auch erhob sich im ganzen Julien-Canal das Meer so gewaltig, daß die Ebenen der Insel 12 Stunden überschwemmt waren. Wie die gute Erhaltung des Mauerwerks der Hauptstädte beweist, können erhebliche Erdbeben seitdem nicht mehr vorgefallen sein. Bei Talaucon in der Nähe des Hafens bemerkte Dr. Maron 1860 eine Schwefelquelle, die jedoch nicht die erste im Süden bekannt gewordene ist, da dergleichen sich auch im Südwesten im Gebiet der Wilden schon längst vorgefunden haben. So befindet sich ein ganzer See von heißem schwefelhaltigen Wasser auf dem südlich von Jung-schan-hien belegenen Tschylang (rothen Berge), der früher Feuer gespieen hat. Der Phunannmy-Schan (Ritter, Erdkunde IV. 2. Asien, Bd. 3. S. 867) im Südosten von Taiwan, sehr hoch, mit schönen Pinien bewachsen, strahlt des Nachts angeblich einen Glanz wie Feuer aus und ist vielleicht nur ein ruhender Vulkan; auf seinem Nachbarberge sollen in Folge der Bodenwärme die Blätter der großen Arumpflanze eine ungeheure Größe erreichen. Im Nordosten von Jung-schan-hien entspringt am Fuß des Kuenschui-Schan

d. h. Berg der kochenden Wasser, eine heiße Schwefelquelle, die einen bedeutenden See bildet. Der Ho=schan, d. h. Feuerberg, ist mit Felsen bedeckt, zwischen denen Quellen fließen, aus deren Wassern beständig Flammen emporschlagen, entweder Petroleum-Quellen, was das Wahrscheinlichste, da dergleichen an anderen Orten der Insel festgestellt sind, oder Sumpfgas. Der Linou=Huang=Schan, d. i. Schwefelberg, noch nördlicher, dehnt sich zwischen den Städten Tschang=hua=hien bei Tamsui=tsching aus; stets sieht man Flammen und Schwefeldünste aus ihm aufsteigen. Bekannt sind die von Robert Swinhoe zuerst untersuchten Schwefel=Quellen und Solfataren in der Nähe des Tamsui=River, welche höchst interessante Phänomene darbieten. Auf dem Gipfel des Pa=li=fen=Schan im Westen von Tamsui soll nach Angabe der Eingebornen eine aus Eisen geschmolzene Katze liegen, vielleicht ein Meteor=Eisenblock, vielleicht auch ein vulkanisches Gebilde. Bei einer näheren Erforschung der Insel werden sich die Spuren plutonischer Gewalten noch reichlicher verfolgen lassen.

VI. Meer und Bewässerung. Kein Theil des Stillen Oceans wird mehr befahren und spielt in dem Transportwesen der Gegenwart eine größere Rolle, als das Meer bei Formosa. Der gesammte Schiffsverkehr zwischen Europa, Afrika, Australien, den Sandwichs=Inseln und Amerika mit Ostasien concentrirt sich in den Gewässern der Insel, ohne daß die Rauhheit ihrer Küsten, die zahlreichen Klippen im Julien= und Formosa=Canal, die fürch=terlichen Wirbelstürme und die oft gefährlichen Meeresströmungen, den Verkehr, der nun einmal dort in gewissen, von der Natur selbst vorgezeichneten Straßen sich bewegt, aus denselben verdrängen könnten. Der Lieutenant Silas Bent hat es sich während der Perry'schen Expedition besonders angelegen sein lassen, namentlich die Richtung der verschiedenen Formosa berührenden Meeresströ=mungen festzustellen. Danach biegt der Kurosiwo (Schwarze Strom), auch japanischer Golfstrom genannt, aus dem großen Aequatorial=strom des Stillen Oceans nach der Ostküste Formosa's ab und läuft an dieser entlang, über Japan hinaus bis zur Behrings=Straße. Dieser Strom ist warm und wird eine Strecke lang von einem noch wärmeren, von den Philippinen kommenden Strom begleitet. Zwischen Jeso und Nippon drängt sich dagegen eine

kalte, vom arctischen Meere kommende Gegenströmung hindurch,
welche zwischen dem chinesischen Festlande und der Westküste von
Formosa südlich in das chinesische Meer fließt. Die Oberfläche
dieses Gegenstroms erleidet vom südwestlichen Monsun einige Ein-
wirkung, indem in der Jahreszeit, wo dieser Wind vorherrscht,
ein Theil des Gegenstroms zwischen Formosa und Japan in den
Kurosiwo gedrängt und mit seinen Gewässern vermengt wird. Die
chinesischen Küstenfahrer kennen ihn aber so wohl, daß sie kaum
je die Fahrt nach Norden durch den Canal von Fukien zu nehmen
wagen, sondern die Passage gewöhnlich an der Ostseite von Formosa machen, obschon die herrschenden Gegenwinde hier stärker
sein mögen, als im Canal von Formosa. Im Südosten von
Kilung (25° 16' 48" N. B.) ist die Strömung so heftig, daß
chinesische Schiffer sich nicht ohne Noth südöstlicher wagen, was
zu der dauernden Unbekanntschaft der Südostküste die Hauptveranlassung giebt. Benjowski schätzt die Geschwindigkeit des Kurosiwo
an der formosanischen Ostküste auf 1³/₄ große Seemeilen, Swinhoe
ziemlich entsprechend auf 4½ bis 5 englische Seemeilen. Südlich
von der Insel, wo sich die Binnenströmung, welche durch den For-
mosa-Canal geht, abzweigt, entsteht eine Gegenströmung, welche
das Schiff, nach Werner's Angabe, oft Tage lang nicht aus der
Stelle läßt, ja zurücktreibt. Nach demselben Gewährsmann fährt,
wer nach Norden will, mit dem äquatorialen Warmwasserstrom
an der Ostküste Formosa's vorbei, so daß Dr. Maron's Behauptung, die Nordostküste liege, wenn auch nicht räumlich, dennoch
physicalisch weit ab von der großen Weltstraße, auf einer völligen
Unkenntniß der nautischen Verhältnisse beruht. (Dr. Maron: Die Colonisation von Formosa, „Voss. Ztg." v. 15. Febr. 1866; Nr. 38.)

An Quellen, Bächen, Flüssen und Seen ist Formosa überreich. Die Bewässerung des chinesischen Inseltheils erregt die
Bewunderung der europäischen Reisenden, da die Chinesen unter
geschickter Benutzung der zahllosen natürlichen Wasserläufe ein
künstliches System von Rinnsalen durch die Aecker gezogen haben,
welche deren schon so außergewöhnliche natürliche Fruchtbarkeit
noch erheblich vermehrt. Die Quellen sind zum Theil, wie erwähnt, mineralisch und heiß, zum Theil bieten sie ein frisches,
hartes Trinkwasser, wie man es unter solchen Breitengraden nicht

erwartet. Die Bäche, Flüsse und Seen sind äußerst fischreich, die Flüsse zum Theil bis tief in's Innere schiffbar. Schon auf der kurzen Strecke zwischen dem Affenberg bei Takau und Taiwan liegen verschiedene nicht unbeträchtliche Flüsse. Der Fluß, welcher sich bei Taiwan ergießt, gehört zu den geringeren und seichteren der Insel. Der größte scheint in der Mitte derselben der bei Ritter genannte Nicou-tschao-Khy zu sein, dessen Mündung süd= wärts der Stadt Tschulo=hien aber seicht und durch eine Sand= bank versperrt ist. Dagegen ist der schon erwähnte Tamsui= Fluß an 80 Fuß tief und mehrere Tagereisen aufwärts schiff= bar. Seine Ufer sind von uralten Palmenwäldern beschattet, seine Gewässer bergen Fische bis 10 Fuß Länge. Wenn in einem Aufsatz: Zur Marine und Colonisation („Voss. Ztg." v. 10. Juni 1865, Nr. 133, mit „Arminius" unterzeichnet) behauptet wird, die Insel besäße keine größeren Flüsse, so ist dies, nach dem Vorhergesagten, unrichtig. Hierbei ist nicht einmal auf die zahl= reichen Flüsse des Ostrandes der Insel gerücksichtigt, welche zum Theil sehr geräumige Mündungen haben, in ihrem Binnenlaufe aber erst wenig oder gar nicht bekannt und bestimmt sind. — Unter den Seen hebt Ritter den Lian=hua=tschy (See der Lotos= blume) hervor; im Gebirge, nördlich von Tschang=hua=hien lie= gend, hat er eine Insel, von wilden Insulanern bewohnt, welche auf derselben treffliches Getreide ernten.

VII. Clima, Morbilität, Mortalität. Die Hauptfactoren, welche auf das Clima einwirken (Lage, Größe, Küste, Gebirge, vulkanische Erscheinungen, Wind, Meer und Meeresströmung, Be= wässerung) sind schon erwähnt worden, dennoch sind bei der enormen Wichtigkeit, welche dem Clima bei jeder colonialen Un= ternehmung beigemessen werden muß, die Witterungsverhältnisse an dieser Stelle noch ausführlicher zu erörtern.

Das Clima der Insel Formosa ist durchaus insularisch. Der Wendekreis des Krebses durchschneidet sie fast in der Mitte, wonach der nördliche Theil der subtropischen, der südliche der tro= pischen Zone angehört. Climatisch findet sich indessen in beiden Hälften der Insel trotz der beträchtlichen nordsüdlichen Ausdehnung derselben kaum ein Unterschied. Das Clima ist eher kühl und

erinnert, wenn das Jahresmittel auch auf Irland um mehrere
Grade kälter ist, dennoch durch seine Gleichmäßigkeit auffallend an
das irische. Das Seeclima Formosa's unterscheidet sich auch
deshalb, wie der langjährige Beobachter desselben, Robert
Swinhoe, bemerkt, auf das Auffallendste und Vortheilhafteste
von dem Continentalclima des benachbarten heißen, wolkenlosen
Küstenstrichs von Futschau bis Kanton. Steht es überhaupt schon
fest, daß weder die Isothermen, noch die Isotheren oder Isochi-
menen (Linien gleicher mittlerer Sommer= oder Winter=Temperatur)
mit den geographischen Breiten parallel laufen, so findet gerade
bezüglich Formosa's eine beträchtliche Abweichung derartig statt,
daß die Schlüsse, welche man aus der gleichen Breite mit Hong=
kong, Kanton, Swatau, Tschangtschau u. s. f. in Bezug auf das
formosanische Clima a priori machen zu können geglaubt hat,
durchaus irrthümlich sind.

An und für sich sollte die höhere Ostküste kälter als die
flachere Westküste sein; dennoch gleicht sich der Unterschied dadurch
wesentlich aus, daß an jener der warme Kurosiwo, an dieser der
kalte arctische Gegenstrom entlang fließt. Von dem Pacific her
weht ein warmer, feuchter Wind, während von den schnee= oder
waldbedeckten Hochgebirgen ein kühler Landwind herabstreicht. Die
Winde, denen Formosa ausgesetzt ist, sind wohl zu beachten. Die
beste Jahreszeit für Schiffe, die an diesen Küsten Handel treiben,
ist während der Nordost=Monsuns vom November bis März. Im
Juni und Juli ist das Wetter meist stürmisch, besonders ereignen
sich die Taifuns während dieser Monate. Die See hat zur Zeit
der Südwest=Monsuns einen höheren Stand, als zu anderen Zeiten.
Die westlich gelegenen Sandbänke stehen dann häufig unter Wasser.
Deshalb pflegen dort im April die Fischer ihre Hütten auf das
Festland zu versetzen und bringen sie erst während der Nordost=
Monsuns wieder an ihre alten Plätze. (Zeitschr. für allg. Erdk.
III. 1857. S. 416.) G. Staunton schreibt der verhältniß=
mäßig engen Meergasse zwischen den Hochgebirgsketten von Fukien
und Formosa die Schwierigkeit der Durchschiffung des Formosa=
Canals und die Gewalt der Monsuns und Stürme innerhalb des=
selben zu. Jedenfalls reinigen diese Winde die Atmosphäre außer=

ordentlich, und nimmt man die heftigen Küstenströmungen hinzu, welche die an den Ortschaften, Bergen und Gewässern an's Ufer gelangenden Ablagerungen fortspülen, ehe sie verwesen und gesundheitswidrig einwirken können, so erklärt sich der jahrhundertalte Ruhm, den Formosa wegen der Milde der Temperatur, der Reinheit der Luft und überhaupt wegen seiner Gesundheit nach dem einstimmigen Urtheil der europäischen und asiatischen Autoren genießt. Diese Vorzüge sind ein Hauptgrund gewesen, weshalb die Insel von den Portugiesen die „schöne" genannt worden ist. „La isla Hermosa", schreibt schon 1693 der spanische Pater Abuarte, „ist berühmt unter den unzähligen Inseln des Archipels und verdient mit Recht ihren Namen; sie erfreut sich eines der reinsten Himmel, gemäßigter Hitze und gemäßigter Regengüsse." Aehnlich drückten sich Pater De Mailla zu Anfang und Graf Benjowski zu Ende vorigen Jahrhunderts aus, die beiden letzten Europäer, die das geheimnißvolle Innere der Insel betreten haben. Auch Karl Ritter (a. a. O. S. 871) rühmt das Klima außerordentlich: „Das Klima der Insel ist ungemein lieblich, die Lüfte sind gesund und rein, die tropische Hitze unter dem Wendekreise wird durch die Gebirge und das Spiel der Land- und Seewinde sehr gemildert." Aehnlich vortheilhaft äußert sich die Encyclopaedia Britannica und die Encyclopaedia Americana über das Klima der Insel.

Im Frühling und Sommer ist die Luft beständig rein und klar, im Herbst und Winter fällt viel Regen, worüber Swinhoe in neuester Zeit umfassende Beobachtungen angestellt und der Königlichen Geographischen Gesellschaft zu London mitgetheilt hat. (Bull. de la Soc. de Géogr. IV. Série, Tome XVI. Paris 1858. p. 378 u. Proceedings of the R. Geogr. Society. vol. VIII. London 1864. p. 23 sq.) Im Verhältniß zum chinesischen Festlande erscheint daher das Klima von Ende November bis Anfang Mai naßkalt, weshalb Herr Swinhoe bei seiner Ankunft zu Tamsui von den Mandarinen belehrt wurde, daß man zum Besuch Nord-Formosa's vor Allem zwei Dinge, einen guten Regenschirm und ein paar derbe Stiefeln, brauche. (Journal of the R. Geogr. Soc. vol. 34. London 1864. p. 10.)

In Folge der Gleichmäßigkeit des Klima's hat die Pflanzenwelt Formosa's eine ganz eigenthümliche Physiognomie. Trotz der rauhen Gebirge und des Schnees auf den höchsten Gipfeln derselben kommt wegen der milden Seewinde niemals Frost in der Nacht vor, welcher die tropische Vegetation vernichten könnte, während andererseits nie eine so anhaltende Hitze stattfindet, daß die subtropischen oder entschieden nordischen Gewächse dadurch verdorrten oder doch verkümmerten. Nur hieraus erklärt sich die wunderbare, ja fast zauberhafte Mannichfaltigkeit und Schönheit der Flora, die neben ächt tropischen und subtropischen Gattungen, als Zuckerrohr, Indigostaude, Kaffeebaum, Banane, Palme, Bambus, Ananas, Baumwolle, Thee, Tabac und Reis, auch solche der gemäßigten Zone, als Kartoffeln, Erbsen, Rüben, Bohnen, Hirse, Weizen, Hafer, Gerste, Pflaumen, Aepfel und Birnen, aufweis't. Namentlich auf den Hügeln und Bergen sind treffliche Weiden, so grün und saftig, daß sie an die Schweizer Matten erinnern und den Eingebornen, besonders den unabhängigen Ureinwohnern, die Haltung größerer Kuhheerden und den Betrieb einer umfangreichen Milchwirthschaft ermöglichen, woran auf dem chinesischen Festlande der Nachbarschaft nicht gedacht werden kann.

Daß ein so ausgezeichnetes Klima auch den Menschen, Asiaten, wie Europäern, zuträglich sein muß, liegt auf der Hand. Natürlich, wenn man wie Dr. Maron, dem nach seiner Erzählung („Voss. Ztg." v. 15. Febr. 1866. Nr. 38) die Dysenterie, welche er sich in Folge einer anstrengenden Reise auf dem Festlande geholt, „im Körper wüthete", schwer krank nach Taiwan kommt und um dem Angriff des aufgebrachten Pöbels zu entgehen, sich unter einem glühend heißen Dach in unbequemster Stellung stundenlang verstecken muß, dann wird man auch auf Formosa noch kränker werden, ohne daß man über das Klima desselben im Allgemeinen absprechend urtheilen dürfte. Es ist überhaupt ein Unding, aus der Erfahrung weniger Tage über das Klima eines Orts abzuurtheilen. Das liefe auf das Verdict jenes Chinesen hinaus, welcher gehört hatte, daß im Winter in Deutschland Menschen erfrören und im Sommer am Sonnenstich stürben, und deshalb sagte: „Ich warne jeden Chinesen, nach Deutschland auszuwan

bern. Deutschland ist das ungesundeste Land der Welt, denn dort
werden die Menschen im Sommer von der Hitze und im Winter
von der Kälte getödtet." — Mit welchen Ausdrücken würde der
gute Zopfträger sich erst gegen eine chinesische Colonisation in
Deutschland gestemmt haben, wenn er dort das Cholerajahr 1866
durchgemacht hätte! Solche absprechenden Ausdrücke findet man bei
Touristen (im Gegensatz zu Reisenden) häufig; sie sind so gut
wie nichts werth gegen Urtheile selbst von Solchen, die, ohne in
dem fremden Lande gewesen zu sein, sorgfältig Alles gesammelt,
zusammengestellt und verglichen haben, was von zuverlässigen Gewährsmännern alter und neuerer Zeit bekannt gemacht worden ist.

Was die größere oder geringere Ziffer der Morbilität und
Mortalität anlangt, so ist darauf die Lebensweise des Menschen
hauptsächlich von Einfluß. Wenn man sieht, wie die Briten und
die ihnen nur zu gern nachahmenden Deutschen draußen gegen die
einfachsten Grundsätze der Gesundheitslehre sündigen, dann kann
freilich die größere Sterblichkeit der teutonischen gegenüber der
enthaltsamen romanischen Race nicht Wunder nehmen. Bei Un-
mäßigkeit, Leichtsinn oder Vorurtheil wird selbst das herrlichste
Klima gegen Siechthum nicht schützen. Wo sich in Folge vernünftiger
Ueberlegung oder strenger Aufsicht die Engländer vorsichtig be-
nommen haben, hat ihnen selbst ein bösartiges Klima unverhält-
nißmäßig weniger als früher geschadet, und ist es ihnen sogar
gelungen, dasselbe durch geeignete Arbeiten und Vorkehrungen
dauernd zu verbessern, wovon das früher so verrufene Hongkong
ein ewig denkwürdiges Beispiel zeigt. (Vergl. Karl Friedel:
Ueber die Krankheiten in der Marine. Berlin 1866, bei Enslin.
Gr. 8; Abschnitt: Die ostindisch=chinesische Station.)

Malaria, Dysenterie, Cholera sind schon in dem nächsten
chinesischen Handelsplatz Amoy, an der festländischen Küste, unter
24° 27' N. B. und 118° 19' O. L., auf einer kleinen Insel
von etwa 22 engl. Meilen Umfang liegend, große Seltenheiten
bei den Eingebornen. (Karl Friedel: Beiträge zur Kenntniß
des Klima's und der Krankheiten Ostasiens. Berlin 1863, bei
Reimer. Gr. 8. S. 109) und auf Formosa noch weniger bemerkbar. So wunderte sich der Engländer Groom, der 1858 als

Schiffbrüchiger geraume Zeit auf Formosa verweilte, über den Unterschied des Klima's im Vergleich zu Kanton und über die Aehnlichkeit mit England, so wie über die Gesundheit der Bevölkerung. Dr. Maron (Japan und China II. S. 61) weiß die Kraft und Körperfülle der Formosaner nicht genug zu rühmen und erzählt namentlich von der Abhärtung der Lastträger ein, wie er richtig bemerkt, staunenswerthes Beispiel. Den Ruf der Schönheit, den De Mailla zu Anfang des 18. Jahrhunderts den Eingebornen vindicirte, bestätigen auch die neuesten Reisenden (Hartmann, Swinhoe u. a.). Selbst die wildesten Urbewohner melanesischer Race werden als wohlgebaut, groß und kräftig, auch von solcher Schnelligkeit geschildert, daß sie das Wild laufend zu erhaschen vermögen. (Vergl. z. B. Ritter a. a. O. S. 379.)

Aus Allem erhellt, daß die Insel Formosa in der That im ganzen östlichen Asien die gesundeste Gegend ist.

Malaria-Kranke, Dysenteriker ꝛc. können in der reinen Gebirgsluft, Rheumatiker und Unterleibs-, besonders Leber-Leidende, in den zahlreichen Thermen und Mineralbrunnen Heilung finden. Den Europäern ist Formosa in allen tropischen Leiden geradezu als ein Sanitarium zu empfehlen.

VIII. Gaea. Aus dem Steinreich werden (wie später entsprechend unter IX. und X.) nur diejenigen Erzeugnisse berührt, welche der Colonie zum besondern Vortheil gereichen können. Wie fast alle am Pacific liegenden vulcanischen Küsten und Inseln, führt auch Formosa Gold, was den Eingebornen, den Chinesen, Japanesen und den Eingebornen der Liu-kiu-Inseln ꝛc. seit den ältesten Zeiten bekannt ist. Die chinesische Goldsucher-Expedition, von welcher De Mailla erzählt, ist schon erwähnt worden. Benjowski führt Gold neben Silber und Quecksilber als Gegenstand des von den unterworfenen Eingebornen zu entrichtenden Tributs auf und bemerkt, daß letztere sich begnügen, das Gold durch Auswaschen des Sandes zu gewinnen. (Reinhold Forster: Benjowski's Reisen. Neue Auflage. Berlin 1806. S. 334.) Die Schiffer der Liu-kiu-Inseln sollen mit den östlichen Formosanern in Verkehr stehen und von ihnen die Gold-Lingots gegen allerlei Producte eintauschen. (Ritter a. a. O. S. 872.) Auch in der nordöstlichen,

den Chinesen zum Theil unterworfenen Provinz Corboan (Ro=
malan?) soll Gold gefunden werden.*)

Silber wird ebenfalls von der formosanischen Ostküste an=
geführt.

Kupfer (Weiß= und Roth = Kupfererz) scheint in reichem
Maße vorhanden zu sein. (Bull. de la Société de Géogr.
IV. Série, tome XVI. 1858. p. 386 u. Benjowski a. a. O.
S. 333.)

Ferner werden erwähnt Quecksilber, Schwefel (in un=
geheurer Menge, in den verschiedensten Theilen der Insel), Stein=
salz, Alaun (Heine: Exped. nach Japan zc. Band II. S. 335);
Krystall (Bergkrystall); Zinnober, Eisen (Bull. de la Soc.
de Géogr. ib. p. 391).

Interessant ist das erst neuerdings bekannt gewordene Vor=
handensein von Petroleum (Proceedings of the R. Geogr.
Soc. loco cit. p. 23). Schon Ritter (a. a. O. S. 867) ver=
muthete aus gewissen, von den Chinesen berichteten Erscheinungen
Naphthaquellen,**) und ist wenigstens eine derselben bereits
einigermaßen durch Swinhoe untersucht worden. „Zu Tungschao,
ein paar englische Meilen unterhalb Tamsui, kommen Quellen
dieses Oels zu Tage. Durch die Güte des Capitän Sullivan
verschaffte ich mir zwei Probeflaschen davon, die ich behufs Ana=
lyse mit mir zu Hause gebracht habe, da ich es als einen für die
Zukunft passenden Handelsartikel ansehe, obgleich es zur Zeit nicht
verlangt wird. Ich führe einige Bemerkungen über das Oel sei=
tens der Herren Revan, Coll und Harris an: — Es ist sehr
unähnlich dem Rangun=Erdöl aus Indien oder dem Steinöl aus
Amerika und mehr wie Harzöl (resin oil). Von competenten
Seiten, denen wir die Proben zeigten, haben wir die Meinung
erlangt, daß der Werth nicht 15 L. pr. Tonne übersteigen würde;
aber um seine Eigenschaften genau festzustellen, sollte man ein

---

*) Il - y - a de l'or dans la province de Corboan, sur la côte
orientale. — La partie orientale a des riches mines d'or
et d'argent, il-y-a du sel, du soufre. (Bull. de la Soc. de
Géogr. IV. Série. XVI. 1858. p. 391 u. p. 387.
*) Au sud de la ville Kia-i-tsching, à 50 lis, se trouve un
volcan. L'eau et le feu y sortent d'une même source. Ibid. p. 393.

paar kleine Fäßchen zur Prüfung heimschicken, in welchem Fall man große Sorgfalt, um Durchlecken zu verhüten, anwenden müßte; denn nach seinem Aussehen zu urtheilen, wird es seinen Weg durch die beste Verpackung finden. Kaltes Wetter hat große Wirkung auf das Oel, und während der letzten paar Tage ist es in den Flaschen vollkommen geronnen. Da nun die Stöpsel darin staken, als es wieder flüssig wurde, so war die Ausdehnung so plötzlich oder groß, daß die Flaschen, obwohl noch nicht zu einem Drittel gefüllt, zerplatzten." — Eine genauere Untersuchung der übrigen Petroleumquellen, die höchst wahrscheinlich von verschiedener Beschaffenheit sind, fehlt zur Zeit noch gänzlich.

Am wichtigsten ist jedenfalls das Vorkommen mehrerer Arten von Kohle auf Formosa. Man hat die wirklichen vulcanischen Erscheinungen auf Formosa mit den scheinbaren verwechselt, sich auch durch die wunderlich ausgeschmückten chinesischen Berichte blenden lassen, sonst hätte man schon längst auf das Vorhandensein ausgedehnter Kohlenlager auf der Insel schließen müssen. Professor Heinrich Girard (Briefe über Humboldt's Kosmos. 4. Theil. 2. Abth. Leipzig 1860. S. 235) bemerkt sehr richtig: „Die Solfataren, welche Humboldt aus dem Tian-schan in Inner-Asien angeführt hat, gehören nicht hierher, das sind Steinkohlenbrände. Ich habe Gesteinsproben von dort gesehen, welche es unzweifelhaft beweisen, daß man es hier mit den begleitenden Gesteinen einer Kohlenformation und gar nicht mit vulcanischen Gebilden zu thun hat. Die rothgebrannten Schiefer von Urumtsi gleichen den Schiefern vom brennenden Berg bei Duttweiler, in der Nähe von Saarbrück, so wie ein Ei dem andern. Auch aus den chinesischen Berichten, die Humboldt anführt, läßt sich viel einfacher die Oertlichkeit und ihr Zustand als ein großartiger Kohlenbrand, denn als eine ganz eigenthümlich abweichende vulcanische Localität erklären. Kohlenbrände sind in dem ganzen Mittel-Asien weit verbreitet, sie fangen in der Gegend von Taschkend an und ziehen sich bis in das eigentliche China fort. Humboldt hat die Frage, ob diese brennenden Berge, von denen die Chinesen reden, nicht Steinkohlenbrände sein könnten, gar nicht in Betracht gezogen, sonst würde ihm die klare Uebereinstim

mung aller Beschreibungen mit dieser Ansicht von der Sache nicht
entgangen sein, auch hat er nie Gesteine von diesen merkwürdigen
Punkten in Händen gehabt." So verdanken höchst wahrscheinlich
die Solfataren wie die Petroleumquellen Formosa's lediglich bren=
nenden Kohlenflözen ihr Dasein.

Bereits dem Grafen Benjowski (a. a. O. S. 333) war das
Vorkommen von Steinkohle auf Formosa aufgefallen, ohne daß
man feine Angaben, die nun einmal ohne eingehende Kritik als
Phantasieen verschrieen zu werden pflegten, 80 Jahre lang be=
achtet hätte. Admiral Collinson, welcher von Sir Thomas
Cochrane in Hongkong mit einer Mission nach der Ostküste betraut
war, erzählt (Proceedings of the R. Geogr. Soc. loco cit.),
wie er auf dem Wege von Suau=Bai nach Kilung Dschunken mit
Kohlenfracht begegnet sei. „It was not known before,
that coal had been found in this part of the world,"
fährt dann der Bericht fort, was nach dem Vorgesagten irrthüm=
lich ist. Collinson und Lieutenant Gordon gingen zu den Minen,
die etwa 1¼ Meilen von dem Strande lagen und fanden sie in
einer sehr primitiven Verfassung, indem sie nur in Stollen (Ta=
gesstrecken) bearbeitet wurden. Bei den sehr unvollkommenen För=
berungsmitteln konnten nur die obersten Schichten bearbeitet werden.

Eingehende Untersuchungen über die formosanische Kohle wur=
ben auf Veranlassung des Commodore Perry während der ameri=
kanischen Expedition von 1852 bis 1854 angestellt und sind nie=
bergelegt in dem bereits erwähnten officiellen Werk (Narrative
of the Expedition of an American Squadron in the China
Seas and Japan etc. Wash. 1856. Fol. im II. Bande in
folgenden Aufsätzen:

    a) instructions and reports in relation to the island
       of Formosa and Manila;

    b) reports on the coal regions in relation to the is-
       land of Formosa, by Rev. George Jones, Chaplain
       United States Navy;

    c) comparative analysis of Cumberland, Formosa and
       Japan coal, by Dr. B. F. Bache, United States
       Navy und

    d) remarks of Commodore Perry upon the expediency

of extending further encouragement to American
commerce in the East.*)

Zu a) schreibt Capitän Joel Abbot an Bord des „Mace-
bonian" aus Kilung den 22. Juli 1854 an Commodore Perry:
„By the Rev. Mr. Jones indefatigable searche after coal,
he has discovered 8 or 10 very extensive and valuable
coal-mines, the coal from which appears to be very
pure and excellent. By persevering efforts, in the
face of opposing influence of Chinese officials, about
12 tons of coal have been obtained, and taken on board
the Supply to-day, and 3 small junks have gone for
more. The coal obtained here now, under disadvantageous
circumstances, will probably cost about three dollars
per ton. — Lieutenant Preble has perfected a good
survey of the harbor and an adjacent little harbor near
one of the mines, that is protected against northeast
winds and is almost entirely landlocked" (a. a. O. S. 142).

Zu b) berichtet Jones, ein Mandarin (Hiptoh) Namens
Le-tschu-nuh, sowie ein Kohlenhändler in Kilung hätten ihm erzählt, die Kohlen kämen von einer Insel an der Ostküste Formosa's, aus einer Entfernung von 100 Meilen her. Jones forderte den Hiptoh nun auf, ihn dorthin zu geleiten, was dieser
für unmöglich erklärte, da das dazwischen liegende Gebiet nicht
chinesischer Colonialbesitz, sondern in Händen menschenfressender
Wilden wäre, weshalb seine eignen Leute genöthigt würden, die
Kohlen, welche sie sich dort verschafften, zu stehlen. Jones nimmt
an, daß der Mandarin ihn belog, denn zwei Eingeborne führten
ihn nach Kohlenminen, die nur 3 Meilen entfernt waren. Der
Abbau wird hier höchst verschwenderisch und ungeschickt betrieben,
namentlich viel Kohle unvernünftiger Weise zerhackt und verschleu-

---

*) Eine andere kleinere Ausgabe der Narrative etc. von Francis L.
Hawks. New-York 1856. gr. 8. — Deutsche Uebersetzung von Heine in
dessen lehrreichem Werk: Die Expedition in die Seen von China, Japan
und Ochotzk unter Ringgold und Rodgers 1853—1856. 3 Bde. 1859 bei
Costenoble, im 2. Bde. S. 305—336. Auszüge und Kritiken in Dr. Bier-
natzki's: Die Insel Formosa. Zeitschrift für allgem. Erdk. Neue Folge.
Band VII. Berlin 1859. S. 376—395. Vgl. auch Bull. de la Soc. de
Géogr. IV. Série. Vol. 18. Paris 1859. p. 17.

dert. Nach Aussage eines englischen Bergmanns am Bord des
„Macedonian" könnte die Tonne (2240 Pfd.) Kohlen für 1 Dollar
25 Cents an der Mündung der Minen geliefert werden.*) Auch
von Jones wird die Qualität der Kohle sehr gerühmt. Die Kohlen=
gruben liegen**) zum Theil in dem Thale eines kleinen, östlich
von Kilung in die Bai mündenden Flüßchens, zum Theil an der
Küste. Dort fand man ein 3 Fuß mächtiges Lager mit auf=
fallend reiner Kohle, die in großen Stücken herausgehoben
werden kann. Das Flöz ist von weichem Schieferthon überlagert,
der gestützt werden muß. Die Strecken waren etwa 120 Fuß
weit hineingetrieben, aber die Mächtigkeit des Lagers blieb die=
selbe. Nicht weit davon befindet sich ein zweites Lager von gleicher
Stärke und Güte. An der Küste entdeckte man schon 3 englische
Meilen östlich vom Hafen Kilung in dem hohen Felsenufer ein
bedeutendes Lager, in das vier Strecken hineingetrieben waren; es
ist 28 bis 32 Zoll mächtig, erstreckt sich wahrscheinlich sehr weit
in die Hügel hinein und liefert desgleichen eine reine Kohle; die
Lage ist insofern überaus günstig, als sich ganz in der Nähe für
ein paar Schiffe ein geschützter Ankerplatz befindet. In nicht
großer Entfernung von der unmittelbar darauf im Osten folgen=
den Bucht zeigte sich ein zweites Lager, anfangs 20 Zoll, am
Ende der 250 Yards langen Strecke 3 Zoll mächtig; hier ist die
Kohle wieder gut, ziemlich glanzlos, etwas erdig und mit Schwefelkies
gemischt. Eine Viertelmeile davon befindet sich eine andere Grube,
vielleicht zu demselben Lager gehörig, aber mit ungleich bes=
serem Product. Die Entfernung dieses letzten Grubendistricts
von Kilung beträgt nur 7 englische Meilen.

Zu c) giebt Dr. Pache p. 167—173 eine genaue chemische
und technologische Vergleichung von Formosa= mit Cumberland=
und Japan=Kohle, die entschieden zu Gunsten der ersten ausfällt.
Formosa=Kohle brennt namentlich frei weg und hinterläßt nur
einen geringen Rückstand an Asche und Schlacke.

---

*) Eine Ansicht der Kohlengruben bei Heine a. a. O. Bd. 2 S. 327;
außerdem im Anhang eine Karte, um die Lage der Kohlenminen östlich
von Kilung zu zeigen, im Maßstab von 1½ Zoll zu einer Meile.
**) Siehe Heine a. a. O. S. 319 folg., woraus dieser Passus ent=
nommen.

Zu d) gedenkt Perry der Wichtigkeit der Kohle bei Gelegenheit einer Colonisation auf Formosa. Dieser Bericht wird später
ausführlicher zu berücksichtigen sein.

Später sind die Kohlengruben bei Kilung von Robert Swinhoe
weiter untersucht worden. Mit Grund bemerkt der Uebersetzer
der von Swinhoe im Journal of the North-China Branch
of the Royal Asiatic Society No. II. Shanghai 1859 pag.
145 bis 164 abgedruckten „narrative of a visit to the island of Formosa", daß Swinhoe mit Unrecht die Kohlenminen
westlich von Kilung versetzt, da sie vielmehr östlich liegen.*)
Swinhoe schreibt S. 157 a. a. O.: „Am 20. Juni (1858)
passirten wie die Insel Kilung und ankerten im Hafen von Kilung um 10 Uhr Vormittags. Nachmittags besichtigten wir die
Kohlenminen. Es ist eine lange Fahrt herum bis zu der Bai,
wo sie liegen, in westlicher Richtung vom Hafen. Diese Minen
werden von Chinesen bearbeitet, die an ihrem Eingange in Stroh-
und Holzhütten leben. Man hat 11 oder 12 Gruben, welche in
verschiedener Höhe auf der Seite eines nach der See hinaus-
liegenden Hügels münden. Ich ging bis an das Ende einer, begleitet von einem Manne, der ein brennendes, zusammengedreh-
tes Stück Papier trug. Die Höhlung, die wagerecht verlief,
wechselte von 4¹⁄₂ bis 3 Fuß in der Höhe und 3 bis 10 oder
mehr in der Breite. Die Kohlenschichten laufen auf beiden Seiten in parallelen Linien von 1 bis 3 Fuß Dicke entlang. Die
Decke oben und der Grund unten bestand aus Sandstein. Wasser
tropfte beständig von Oben und dies mit dem Sande vermischt,
bildete einen schlüpfrigen Schlamm. Die Höhle lief in ziemlich
gerader Richtung 240 Schritt und wandte sich am Ende plötzlich
in einer geraden Linie 240 Schritte rechts. Kleine Oellämp-
chen erleuchteten den Gang und wir fanden 4 oder 6 Mann in
nacktem Zustande mit Pikäxten bei der Arbeit, die an dem einen
Ende stumpf und scharf am andern waren.

Die Kohle, welche sie gewannen, war sehr klein und bitu-

---

*) Zeitschr. f. allg. Erdk. N. F. Bd. 8. Berlin 1860, p. 207—283.
Cap. Brooker's Bericht, der das von Swinhoe benutzte Dampfschiff „In-
flexible" commandirte, ist zu finden a. a. O. Bd. 7. Berlin 1859.
S. 385 fg.

minös, sie brennt schnell aber mit einer großen Hitze und Flamme.
Es ist sehr sicher, daß sie die beste in jener Localität bekommen.
Sie forderten 20 Cents für den Picul und erklärten, daß fünf
Mann während 24 Stunden Arbeit in einer Mine nicht mehr
als 20 Piculs gewinnen. Sie bringen die Kohle, sobald sie ge=
graben ist, in länglichen Körben hinaus, welche jeder ein Picul
enthalten und auf Deckel von derselben Form gesetzt durch den
wässerigen Schlamm geschleppt werden. Wir kauften 96 Tonnen
von dieser Kohle für den Dampfer und sie wurden in zwei Ta=
gen an Bord geschafft."

Seitdem hat Herr Swinhoe die Kohle von Kilung genauer
untersucht und das Resultat im Journal of the R. Geogr.
Soc. vol. 34. London 1864 in den Notes on the Island
of Formosa pag. 12 veröffentlicht: „Die Kohlenlager", sagt
er dort, „welche aus den Hügeln gegenüber der See nahe Kilung
zu Tage treten und von Chinesen bearbeitet werden, haben etwa
16 Geviertmeilen Ausdehnung und treten wieder zu Tage in der
Nachbarschaft des nördlichen Arms des Tamsui = Flusses*), von
wo dies Mineral ebenfalls gewonnen und in unsern Hafen zum
Verkauf herabgebracht wird.

Unglücklicher Weise ist, wie man von ihrem Vorkommen in
Tertiär=Formationen erwarten möchte, die Kohle Lignit=Kohle**)
und kann daher nie wetteifern mit guter englischer Kohle auf dem
Markte zu Hongkong. In Commodore Perry's Expedition nach
Japan, Bd. II. S. 168—170, ist ein Vergleich zwischen der
formosanischen Kohle, zwei Sorten von Japan und Cumberland=
Kohle angestellt, und der formosanischen vor der japanischen auf
Grund der chemischen Analyse ein entschiedener Vorzug gegeben.
In einigen Hinsichten wird ihr Vorzug vor dem Cumberland=
Product nachgewiesen, auch die Wahrscheinlichkeit aufgestellt, daß
man bei tieferem Eingehen in die Schichten besseres Material fin=
den wird. Aber die Thatsache, daß es Tertiär=Kohle ist, spricht
dawider. Ihr Nutzen bei Dampfmaschinen ist oft festgestellt wor=
den. Man hat gefunden, daß sie zu schnell brennt, einen unan=

---

*) Bei der Stadt Man=ka, 13 Meilen stromaufwärts.
**) Excellent lignite coal is procured at Coal-Harbour, on
the north-east corner. Proceedings l. c. p. 24.

genehmen, — etwas schweflichten — Geruch verbreitet und große
Maffen heller Afche hinterläßt. Für kleine Hochdruckdampfer ist
sie von geringem Nutzen, nebenbei gefährlich. Wegen ihrer ent=
zündlichen Natur können die Boote wenig mehr als einen Tages=
verbrauch führen, und der Rauch ist so dick und schwer, daß der
Rußfang oft in Brand geräth. Mit Walisischer oder anderer
guter Kohle vermischt hat sie für große Dampfer sich brauch=
bar gezeigt, und für solche Zwecke mag ihre Wohlfeilheit ihr für
die Zukunft einen guten Absatz sichern. In China wird
sie unter den Europäern viel für Oefen gebraucht, doch
sind die Gemeinden in den verschiedenen Häfen noch zu klein,
um ein großes Begehr hervorzurufen, und sie scheint nicht viel
Nachfrage unter den festländischen Chinesen zu haben, da sie die
langsam brennende Anthracit=Kohle, die aus vielen Theilen China's
gewonnen wird, vorziehen." —

Jedenfalls sind die Acten über die formosanische Kohle noch
lange nicht geschlossen; so viel steht fest, daß es Kohlen von sehr
verschiedener Qualität auf Formosa giebt. Vor Allem zu beach=
ten sind dabei folgende Worte Abbot's: „Es liegen gute Gründe
vor, zu glauben, daß in verschiedenen andern Theilen der
Insel Kohlen im Ueberfluß vorhanden sind und daß aus
den dort angelegten Minen mehr gewonnen worden ist, als aus
denen zu Kilung. Wahrscheinlich giebt es noch andere, die selbst
den Eingebornen zur Zeit noch unbekannt sind. Wenn
die von uns bereits gesehenen Minen im Besitz einer amerikani=
schen Bergbau=Gesellschaft wären, so würden sie ungemein werth=
voll sein, und ich hege keinen Zweifel, daß sie zu einem unbe=
trächtlichen Kostenpunkte angekauft werden könnten." (Aus Heine
a. a. O. Theil II. S. 393.)

Berücksichtigt man diese reichen Mineralschätze Formosa's,
so kann man nicht anders als Capitän Werner durchaus bei=
pflichten, wenn er sagt: „Bei dem Umschwunge in China wird
wohl auch Formosa in den Vordergrund treten. Wie die Kohlen=
lager von Japan den Amerikanern den Vorwand für die Oeffnung
jenes Reichs gaben, werden auch wohl bald wegen der Koh=
len sich Liebhaber für das harmlose Formosa finden. Rußland,
England und Frankreich werden nicht säumen, seiner Zeit Beschlag

darauf zu legen Versäume Deutschland nicht, gleichzeitig zuzugreifen. Eine Colonie von einigen Hundert
Quadratmeilen des fruchtbarsten Landes mit Kohlen-
und Metallschätzen dürfte nicht zu verachten sein!"

II. Flora. Nach dem einstimmigen Zeugniß sämmtlicher
Reisenden, welche Formosa besucht haben, entfaltet die dortige
Flora eine unbeschreibliche Schönheit, Pracht und Mannigfaltig-
keit, wie es eben nur eine so wunderbar climatisch gesegnete Insel vermag.

Auch hier werden nur die Arten erwähnt, die ein wirth-
schaftliches Interesse haben, und die botanischen Namen nur da
beigefügt, wo sie verbürgt sind. Den Reigen eröffnet, wie billig,
ein specifisch formosanisches Gewächs:

Die Reispapierpflanze (Aralia papyrifera Hooker),
chinesisch Tung-tsau, ist, wie die chinesische Ginsengpflanze (Panax
Ginseng Meyer), den Botanikern lange unbekannt geblieben,
bis J. C. Bowring im Jahre 1852 darüber ausführliche Aus-
kunft gab. Sie wächst sehr reichlich auf zahlreichen Theilen Formosa's. Das auf eine eigenthümliche Weise zubereitete Mark der
Pflanze bildet das sogenannte Reispapier, welches einen vielbegehrten Handelsartikel in China und Japan bildet. Die größeren
Markscheiben werden hauptsächlich für Kanton und Tientsin zubereitet und von den Wasserfarben-Malern verbraucht; sie kosten
40 Kasch das Stück. Die schmaleren Streifen (etwa 3 Quadrat-
Zoll) werden in Bündel von 100 Stück sortirt und in Futschau
etwa zu 45 und in Amoy zu 35 Kasch das Bündel verkauft.
Diese außerordentliche Wohlfeilheit spricht für den Ueberfluß des
Materials und besonders für die Billigkeit der Arbeit. „Daß
100 Scheiben dieses Stoffes, einer der zartesten und schönsten
Substanz, die bekannt ist," sagt Bowring, „für eine so geringe
Summe (ca. 1¼ Silbergr.) verkäuflich sind, ist wirklich erstaunlich, und wenn einst die Aufmerksamkeit der Fremden darauf gerichtet wird, wird die Pflanze zweifelsohne von den Verfertigern
künstlicher Blumen in Europa und Amerika als höchst passend für
ihre Bedürfnisse stark begehrt werden. *) — Der Handel hat

---

*) Paris consumirt bereits beträchtliche Quantitäten.

letzthin eine beträchtliche Ausdehnung in manchen Theilen des Kaiserstaats gewonnen. Die Provinzen Kwangtung und Fukien sind die Hauptconsumenten; man schätzt den Verbrauch in der Stadt Futschau und Umgegend allein auf 30,000 Dollars. Der Reispapierhandel war sonst nur in Händen der Händler von Amoy und der dort wohnhaften aus Tschintschu, von wo aus die andern Gegenden versorgt wurden; aber seit dem letzten Ende der Regierung Taokuang († 1850) haben Fahrzeuge von Formosa diesen Artikel direct nach Futschau gebracht, wo jetzt zwei Hongs für seinen Verkauf vorhanden sind, die auch Kaufleuten aus Tschintschu oder Amoy gehören." — Ein Versuch, die Pflanze, welche in Europa bereits mehr und mehr begehrt wird, in Futschau anzupflanzen, ist völlig fehlgeschlagen. (Bowring: the ricepaper plant of China, Transactions of the China-Branch of the Royal Asiatic Society, part III. Hongkong 1853. gr. 8. p. 37—43.)

Nächst der Aralie ist aus der formosanischen Flora wohl am berühmtesten der Kampferbaum (Laurus camphora L.), der in ungeheuren Mengen auf der Insel vorkommt und, da der dortige Kampfer der beste auf der Erde ist, einen kostbaren Ausfuhrartikel liefert.

Reis (Oryza sativa), das Hauptstapelproduct von Formosa, von dort, da die Ernte selten fehlschlägt, in ungeheuren Mengen nach China verschifft.

- Kaffee (Coffea arabica L.) gedeiht gut, wird aber bei der geringen Nachfrage in China bis jetzt wenig angebaut.

Zuckerrohr (vermuthlich Saccharum chinense) gedeiht vortrefflich.

Baumwolle (Gossypium herbaceum var.) desgl. auf Hügeln und in Niederungen.

Thee (Thea sinensis) in großen Massen gewonnen. Die Pflanze ist von chinesischen Colonisten eingeführt, und bilden die Pflanzungen eine deutliche Grenzscheide gegen das nichtchinesische Gebiet. Wo die Theehügel aufhören, fängt der Wald der freien Eingebornen an.

Tabak (Nicotiana tabacum var.). Nach einem zuverlässigen amerikanischen Zeugniß ist auf Formosa eine sehr gesunde,

schöne und zarte Spielart von Taback, welche bei geeigneter Behandlung die schönsten Cigarren abgeben müßte, da sie Stärke
mit Milde vereint. Die Formosaner, Chinesen und Eingebornen
verstehen aber gegenwärtig noch nicht die Bereitung des Blattes,
derartig, daß es europäischem Geschmack zusagte. Herr Groom
erklärt in dieser Hinsicht: „Der formosanische Taback ist, wenn er
zum Rauchen zubereitet wird, erhitzend und ölig. Eine Sorte,
welche indessen nur von den Vornehmeren geraucht wird, hat einen
angenehmen Duft, welcher durch den Zusatz einer gewissen Bohne
hervorgebracht wird." (Zeitschr. für allg. Erdk. N. F. Bd. VII.
1859. S. 379.)

Pfeffer, vermuthlich die Frucht des eigentlich in den wärm-
sten Strichen Asiens heimischen Piper Nigrum L. Wird unter
den formosanischen Erzeugnissen häufig erwähnt.

Indigo. Ob aus der eigentlichen Indigostaude (Indigofera
tinctoria) oder aus den in China und Japan gebauten Knöterich-
arten (Polygonum chinense und tinctorium) vermag ich nicht
zu sagen. Jedenfalls erklärt Swinhoe, jener gründlichste Kenner
der Insel, der formosanische Indigo sei berühmt wegen seiner
brillanten und dauerhaften Farbe.

Zimmt (Cinnamomum cassia) in großer Menge. Das
Product ist nicht so fein, wie der Zimmt von Ceylon (Cinnamomum Ceylanicum), welcher der heißen Zone angehört, wird aber
wegen seiner Wohlfeilheit weit mehr als dieser verbraucht.

Bambus. Verschiedene Arten dieser so überaus nützlichen
Pflanze kommen auf Formosa vor, von denen die dornige (Bam-
bus spinosa var.?) zur Errichtung von Verhauen gegen die
Wilden seitens der chinesischen Colonisten gebraucht wird.

Rattans (Calamus rotang), die Pflanze, welche das sogenannte Drachenblut liefert und zu Flechtereien aller Art verbraucht wird.

Areka (Areca catechu), die Palme, welche den Hauptbe-
standtheil des Betel liefert, den die Orientalen als Tonicum kauen.

Cocos (Cocos nucifera), die Früchte mittlerer Qualität
und Quantität.

Unter den von den Reisenden bunt durcheinander aufgeführten
Vegetabilien seien noch hervorgehoben:

Apfel, Birne, Pflaume, Pfirfich, Aprikofe, Feige, Granat-
apfel, Agrumi (die verfchiedenften Citrus=Arten), Goyaven (Psi-
dium), Papayen (Carica papaya), Wallnuß (Juglans spec.?),
Marone (Castanea spec.?), Erdbeerbaum (Arbutus spec.?),
die Jute= und Graß=Fiber=Pflanze, Aloë.

Unter Feld= und Gartenfrüchten:

Ananas (fchöner und reichlicher, als vielleicht irgendwo auf
der Erde), Weintrauben, Sefam (Sesamum orientale), Fenchel
(Foenum), Ingwer (Zinziber officinalis), Trüffeln, Erdnüffe
(Arachis hypogaea [malayifch Katjang-tana]), deren Oel als
Speife verwendet wird. Bataten (Batatas edulis), Kartoffeln
(Solanum tuberosum), Arum (Arum esculentum), Weizen,
Roggen, Gerfte, Hafer, Hirfe, Erbfen, Bohnen (verfchiedene Spiel=
arten), Gurken, Kürbis, Melonen, Warzenkürbis, Eierpflanzen,
Zwiebeln, Lauch, die verfchiedenften Suppenkräuter und Gemüfe,
maffenhaft und von ausgezeichneter Güte für den Export gebaut.

Farbe= und Nutzhölzer; vielerlei Arten, welche zum
Theil noch gar nicht botanifch beftimmt und induftriell gewürdigt
find. Die Gattung Pinus ift in zahlreichen Arten und präch=
tigen, uralten Exemplaren vertreten.

X. Fauna. Diefelbe ift wo möglich noch weniger erforfcht,
als die Flora. Auch in diefer Rubrik dürfen uns nicht zoologifche,
fondern nur practifche Gefichtspunkte leiten.

A. Hausthiere.

Büffel von bedeutender Größe und Stärke, zur Landarbeit,
zum Ziehen der fchwerfälligen zweiräderigen Laftkarren aus
Kampferholz, überhaupt zu den fchwerften Arbeiten verwendet.

Rindvieh. Bei den Chinefen, die von der Rindviehzucht
Nichts halten, auch keine Kuhmilch trinken, ift wenig davon zu
finden. Defto mehr geben fich die Eingebornen mit der Rinder=
zucht ab. In Kilung und Talaucon verkaufen fie vortreffliche
Maftochfen. Am berühmteften ift die Rinderzucht und Milchwirth=
fchaft der freien und wilden Formofaner, wie fchon Benjowsti
hervorhebt. Die zahlreichen Rinderheerden, wie dergleichen z. B.
von der Mannfchaft des preußifchen Kriegsfchiffs „Elbe" im
Jahre 1860 bemerkt wurden, bilden den Hauptreichthum der Ein-

gebornen. Die Race ist der Insel eigenthümlich und erinnert an die indische.

Pferde. In Folge vernachlässigter Züchtung nicht von sonderlicher Schönheit. Reiterei steht daher in der chinesischen Colonie nicht. (Karl Ritter a. a. O. S. 873.) Esel, Maulesel, Maulthiere, von besserer Race, als die Pferde.

Ziegen, häufig; gedeihen in den Bergen vorzüglich.

Schaafe. Wenige; die Zucht vernachlässigt, da weder die Chinesen, noch die Eingebornen, so gern sie Wollenstoffe von den Europäern kaufen, die Wollenmanufactur verstehen. Dagegen wird auf der herrenlosen, nur von einigen Eingebornen bewohnten Insel Lamay (chinesisch Lang-Thiao), die dem Südende Formosa's gegen Südwest vorliegt und deren schleunigste Occupation seitens Preußens sich ebenfalls empfiehlt, starke Schafzucht betrieben. (Ritter a. a. O. S. 880.)

Schweine. Auf Formosa wie überall die Lieblingsspeise der Chinesen, daher stark gezüchtet.

Hunde. Von den Eingebornen zur Bewachung der Heerden gebraucht. Bei dem Kampfe zwischen den Preußen und Eingebornen am 10. November 1860 wurde ein solcher Hund von gelber Farbe und gewaltiger Größe preußischerseits erschossen. Die Race ist wolfsartig.

Hühner, Enten und Gänse in ungeheurer Menge und zu äußerst billigen Preisen von den freien und unterworfenen Eingebornen zu kaufen.

Bienenzucht bei den Eingebornen, Seidenraupenzucht bei den Chinesen stark vertreten.

B. Wilde Thiere.

An nützlichem Wilde, als Rehen, Hirschen, Muntjaks (Cervulus muntjak Reeve), Kaninchen, Hasen, Fasanen 2c. trotz der leidenschaftlichen Jagdlust der Wilden ein großer Reichthum.

Der Fischfang an der Küste wird hauptsächlich von den Chinesen betrieben und ist sehr lohnend.

Die Bach-, Fluß- und Seefischerei auf der Insel selbst ist sehr ergiebig. Besonders ausgezeichnet ist die Forellen-

und Cyprinus=Gattung vertreten. In den Wassern des herr=
lichen Tamsui=Flusses, dessen Ufer mit wilden Urpalmenwäldern
beschattet sind, fängt man den Hung-sin-yu (Rothherz), einen
Fisch, der bis 10 Fuß Länge erreicht. (Ritter a. a. O. S. 870.)
Ferner werden erwähnt: Füchse, Wölfe und Bären.
Seitens der Chinesen sind zur Vertilgung der wilden Tieger aus=
gesetzt worden, doch haben Erstere vorgezogen, die Bestien tobt zu
schlagen, statt sich von ihnen den Zopfleuten zu Gefallen auffressen
zu lassen. Die Chinesen führen noch in ihrer phantastischen
Weise Drachen an. Vielleicht meinen sie die großen Eidechsen=
arten, die — übrigens unschädlich — bisweilen auf der Insel
gefunden werden. Die Haut einer 14 Fuß langen Python=
Schlange wurde von Swinhoe auf der Insel bemerkt. Kommt
das Thier wirklich dort vor (was sehr zweifelhaft ist), so ist es
jedenfalls eine außerordentliche Seltenheit.

Mehrere neue Arten von Vögeln sind von demselben Ge=
währsmann vor einigen Jahren auf der Insel entdeckt worden.
Aus der Sperlingsfamilie Calamanthella tinnabulans Sw.
und volitans Sw.; aus der Wachtelfamilie, Hydrobata ma-
rila Sw., Garrulax Taiwanus Sw. und Pomatorrhinus mu-
sicus Sw.; aus der Kuckulsfamilie Centropus dimidiatus
(Blyth?); endlich aus der Laridenfamilie Anocus pileatus Scop.

Eine Sammlung von Seemuscheln (Conchifera), welche
mein Bruder, der Marine=Stabsarzt Dr. Friedel, von dem
Südwestende Formosa's vor einigen Jahren mitbrachte, ist von
Herrn Dr. Eduard von Martens und von mir bestimmt wor=
den. Neues hat sich darin nicht ergeben. Eßbare Austern
kommen an der Küste und auf den Bänken vor. Desgleichen wird
die ächte Perl=Muschel Avicula margaritifera L.), die sich
vom Persischen bis zum Japanischen Meere erstreckt, gefunden.
Aus dem I. und II. Bande der zoologischen Abtheilung des amt=
lichen Werks über die preußische Expedition nach Ost=Asien mö=
gen hier noch folgende Nachrichten über einige interessante formo=
sanische Thiere Platz finden. Unter den 18 Säugethieren sind 9
vermuthlich der Insel eigenthümliche Arten. Die bemerkenswer=
thesten hiervon ein großer Affe (Macacus cyclopis), eine Art
Panther (Leopardus brachyurus), ein kleines Schwein (Por-

cula Taiwana) und eine der japanischen und sumatranischen ähnliche Bergantilope (Capricornis Swinhoei). Nächstdem sind
hervorzuheben zwei Arten fliegender Eichhörnchen, ein Marder, die
Zibethkatze (Viverra indica Gmel. = pallida Gray), sowie zwei
Hirscharten (Cervus Taiwanus Blyth und C. Swinhoei Scla-
ter). Unter den 16 neuen Vögeln ist namentlich Euplocamus
Swinhoei als Vertreter einer auf Hinterindien bis Borneo einheimischen Fasanengruppe zu bemerken; ebenso kommt der mehr
nordische, bis zum Amurlande verbreitete Halsbandfasan (Pha-
sianus torquatus Tem.) auf Formosa vor. (Siehe v. Martens a. a. O. I. S. 183 u. 185; R. Swinhoe: Mammals
observed in Formosa, in Proceedings of the zoological
society of London, 1862, p. 347—365; Ders.: New spe-
cies of birds, described by Gould, annals and magazine
of natural history, c. XII., 1863, p. 158. — Ueber den in der
Fukien-Straße in einer Gegend oft durch Hunderte von Fischer-
barken und Fischerflössen betriebenen Seefischfang vgl. v. Martens
a. a. O. I. S. 57 und den ersten Band der amtlichen Beschreibung der preußischen Expedition, Berlin 1864, S. 233 flg.
Dr. v. Martens bemerkte u. A. Massen aufgeschnittener und zum
Trocknen ausgebreiteter Weichthiere (Loligo sinensis Gray, einer
Cephalopoden-Art). Ueber formosanische Mollusken überhaupt
vgl. v. Martens I. S. 58, 162 flg., II. S. 46 ꝛc. Von den
Formosanern werden Austern- und Venus-Muscheln, sowie eine
Süßwasser-Muschel (Anodonta) verspeist.

XI. Bevölkerung und politische Eintheilung. Die Bevölkerung der ganzen Insel wird auf 2 bis 3 Millionen geschätzt.[*]
Die Zahl der chinesischen Colonisten nahm man schon zu Klaproth's Zeit auf mehr wie 500,000 an. Sie sind meist aus Fukien, wo der Kwan-hwa oder Mandarin-, oder aus dem Nordosten der Provinz Kwangtong, wo der Hok-lo-, oder endlich aus
Hongkong, wo der Hakka-Dialekt gesprochen wird.[**] Die Can-

---

[*] W. Williams giebt die Bewohner auf 2½ Millionen, Maron,
welcher die ganze Insel auf nur etwa 700 Geviertmeilen veranschlagt, auf
7- bis 800,000 Seelen an. Letztere Schätzung ist offenbar viel zu gering.
[**] C. R. Lepsius Standard Alphabet II. Ed. London 1863.
gr. 8. p. 232—236.

4*

tonesen sind im Allgemeinen eine bösartige Race und liegen daher nicht nur mit den Eingebornen, sondern mit ihren eigenen Lands= leuten und der kaiserlichen Regierung häufig in Streit.

Die letztere behauptet eine Oberhoheit über fünf Kreise (Hyan) und einen District, nämlich von Süden nach.Norden:

1) Fungschan=hyan mit Fungschan und Takaukon;
2) Taiwan=hyan mit der Hauptstadt Taiwanfu und dem Hafen Koksikon;
3) Kia=y=hyan mit Tayowan und Mattau;
4) Tschang=hwa=hyan mit Tschungwa und
5) Tamsuy=hyan mit Tamsuy, Kilung und Mangka.

Endlich der District Komalan mit Suau=Bay.

Die chinesische Colonie auf Formosa, gewöhnlich nach der Hauptstadt Taiwan genannt, ist ein Fu (Bezirk) der chinesischen Provinz Fukken und wird von einem besonderen Statthalter (Taotoi) verwaltet, dem das Recht des Immediatvortrags (des unmittelbaren Berichts an den Kaiser) freisteht.

Die Einkünfte der kaiserlichen Regierung aus Formosa sind sehr gering im Verhältniß zu der ziemlich starken Bevölke= rung des unterworfenen Theils der Insel. Nach den Listen vom Jahre 1820 waren es nur in Allem aus den vier Hauptbezirken 143,917 Chy Korn (1 Chy = 5 Pinten engl.), und 7341 Unzen Silber (Klaproth: Descr. de l'Isle de Formosa, extraite de livres Chinois in Mémoires relatives à l'Asie T. 1, p. 340; Ritter a. a. O. S. 873). Perry führt an, daß die Ergiebigkeit an Mineralien, Droguen und andern werthvollen Er= zeugnissen im chinesischen nördlichen Inseltheil so groß sei, daß man die Einkünfte davon zur Zeit (1854) auf 1 Mill. Dol= lars schätzte, wovon aber Wenig oder Nichts in den kaiserlichen Schatz fließe. Swinhoe erzählt, wie Lieutenant Parl (vom bri= tischen Kanonenboot Snap) ihm mitgetheilt, er habe die Zollauf= sicht in Tamsuy im Winter 1862 drei Wochen lang gehabt und während dieser Zeit an Gefällen und Steuern 9000 Dollars ge= sammelt. Hiernach ist ersichtlich, eine wie ergiebige Finanzquelle in Formosa erschlossen werden könnte, wenn es unter preußische Herrschaft käme.

Die Ausgaben der kaiserlichen Regierung betrugen zu Klap=

roth's Zeit zur Bestreitung der Verwaltung Formosa's 30,856 Chy Korn und 5000 Unzen Silber. Gegenwärtig sind sie in Folge der häufigen Aufstände unter den chinesischen Colonisten, der Empörungen der unterworfenen und der Einfälle der unabhängigen Formosaner weit größer und vermuthlich schlägt die Bilanz der Einnahmen und Ausgaben zu Ungunsten der Regierung aus.

Aus dem nordöstlichen Gebiet Komalan mit der wichtigen Suau-Bay gewinnt die chinesische Regierung fast Nichts, indem auch die dortige chinesische Bevölkerung, welche zum Theil aus Verbannten besteht, eine Art von Selbstständigkeit behauptet.

Nach der officiellen chinesischen Karte und nach der kleinen, aber genauen Karte, welche der Vice-Consul Robert Swinhoe im Journal of the R. Geogr. Soc. vol. 34, London 1864, veröffentlicht hat, erstreckt sich die chinesische Herrschaft auf der Westküste südlich nur bis 32° 14′ nördlicher Breite, so daß bis zur Kweileangtsai-Bay an der Südspitze westlich noch ein Küstenstrich von mindestens 10 bis 12 deutschen Meilen bleibt, der herrenloses Land ist. In That und Wahrheit erstreckt sich aber die kaiserliche Hoheit längst nicht mehr bis 22° 14′, sondern endigt mit dem Unteren Tamsui-Fluß (nicht zu verwechseln mit dem Oberen Tamsui), in der Nähe von Petau unter 22° 25′. Auf dem Küstenstreifen von 22° 14′ bis 22° 25′ N. Br. wohnen theils Seeräuber von den im Meerbusen von Kanton belegenen Ladronen-Inseln und dem chinesischen Festlande, theils Mischlinge zwischen den Kaliwilden und Hakka-Chinesen, sowie unvermischte Eingeborne. Vor einigen Jahren siedelte sich hier ein chinesischer Seeräuber, welcher sich den Titel Bancheang, d. i. Anführer von 10,000, beilegte, in einem befestigten Flecken Lailiau an. Von den Mandarinen mit 1000 Mann angegriffen, lud er selbst ein Geschütz, ließ die Chinesen auf Schußweite herankommen, und schmetterte dann mit einer Ladung mehr als 18 auf einmal nieder. Dies versetzte die Kaiserlichen so in Schrecken, daß sie ihn von nun an in Frieden ließen. Daß Bancheang und seine Geächteten sich gegen die Europäer freundlich zeigen, kann bei einer Occupation der Insel durch die letzteren einmal von gutem Nutzen sein. Die benachbarten Wilden gehören zum Kali- oder Kalli-Stamm, welche mit den benachbarten cantonesischen Colonisten in beständiger Fehde leben und deren Töchter wegen ihrer Schönheit oft von den Chinesen zu Weibern genommen werden, indessen nicht selten wieder nach Jahren in die Wildniß zurückkehren, um sich wilde Eheherren ihres Stammes zuzulegen. In Folge dieser Mischheirathen ist die Gesichtsbildung der Kalis unter den dortigen Chinesen vorherrschend.

Noch unbestimmter ist die Grenze der chinesischen Colonie nach dem Innern der Insel zu. Wie schon angedeutet, bildet die Theecultur ein äußeres Merkmal der chinesischen Colonisation, das für das Auge meilenweit hin bemerkbar ist; ferner haben sich die Chinesen niemals im Hochgebirge festsetzen können, das daher auch als Grenzscheide anzusehen ist. Bei dem mörderischen Kriege an den Grenzen schwanken dieselben aber hüben und drüben fortwährend hin und her, und nur an wenigen Stellen hat sich unter Respectirung einer bestimmten Demarcationslinie ein gewisser diplomatischer Verkehr zwischen Colonisten und Urbewohnern begründet. So wachsen im Norden die besten Kampferbäume auf hohen, von den Wilden besetzten Bergketten. Um diese ausbeuten zu können, schicken die Chinesen unterworfene Eingeborne an den nächsten Wildenhäuptling; dieser gestattet dann gegen ein Geschenk, die ausgewählten Bäume niederzuschlagen. An anderen Stellen ist der Verkehr mehr faustrechtlich als diplomatisch. So konnten die Chinesen in der Nachbarschaft von Tamsuy sich kein Trinkwasser verschaffen, fanden endlich aber einen vorzüglichen Quell acht engl. Meilen im Innern von der Stadt Mangka; da derselbe nun auf dem Gebiete der Eingebornen lag, so überfielen die chinesischen Colonisten einfach die Niederlassungen derselben und vertrieben die Bewohner gewaltsam. Dafür störten die Wilden den Bau der Wasserleitung fortwährend und hieben bis zur Vollendung derselben gegen 60 Arbeiter nacheinander nieder.

Das chinesische Territorium ist übrigens, so weit es außer dem Bereich der Grenzkämpfe liegt, vortrefflich angebaut. Der Umfang der gesammten kaiserlich chinesischen Herrschaft auf Formosa beträgt ungefähr ³/₈ der ganzen Insel. Die übrigen ⁵/₈ sind theils in Händen von Seeräubern oder Wilden, theils völlig herrenlos.

Die Eingebornen gehören, wie Anfangs erwähnt, drei Stäm-

man an: dem tagalifchmalayifchen, dem alfurifchmalayifchen und
dem melaneſiſchen. Am gebildetſten iſt der tagalifchmalayifche.
Er unterſcheidet ſich durch körperliche Schönheit, durch eine gewiſſe
Biederkeit des Charakters, durch Reinlichkeit und Gemeinſinn von
den Chineſen, mit denen er durch Heirath vielfach vermiſcht iſt.
Viel roher, aber dennoch gutmüthig, ſind die alfuriſchen Formo-
ſaner. Als ·Strand= und Seeräuber haben ſie ſich, ebenſo wie
ihre melaneſiſchen Nachbarn, die Negritos von der Süd= und
Südoſt=Küſte, allen ſeefahrenden Nationen furchtbar gemacht. In
der That wird an wenigen See= und Küſtenpunkten der See= und
Strandraub in einer ſo barbariſchen Weiſe, wie noch jetzt von den
Formoſanern betrieben. Auch die Chineſen haben ſich hierbei in
ſtrafbarer Weiſe vielfach betheiligt. So bemerkt Sir Harry
Parkes, nachdem· er die Gefährlichkeit der formoſaniſchen Küſte
geſchildert: „Das Südkap war wohl der übelſte Landungspunkt
für ein Schiff, denn auf jenem äußerſten Punkte der Inſel hauſte
ein eigenthümlicher Stamm der Urbevölkerung,*) 200 bis 300
Mann ſtark, die eine unglückliche Leidenſchaft für Menſchenköpfe
und die Gewohnheit hatten, jeden Fremdling, der in ihre Gewalt
fiel, zu erſchlagen. Er (Parkes) hatte Gelegenheit, die Bekannt-
ſchaft dieſes Volkes zu machen, etwa 12 Jahre zuvor, als eins
unſerer (engliſchen) Schiffe an jener Stelle verloren ging und er
von der engliſchen Regierung Behufs Ermittelung der vermißten
Mannſchaft abgeſchickt wurde. Die Engländer retteten glücklich
zwei Mann, welche in die Hände eines andern Stammes an der
Weſtſpitze gefallen waren, während der Schiffbruch an der Oſt=
ſpitze des Südcaps ſtattgehabt hatte. Dieſe zwei Mann waren
von den Chineſen zu 6 Dollars der Kopf gekauft und von ihnen
ſechs Monat in Gefangenſchaft gehalten worden. Die Nordſpitze
hat ſich uns eben ſo gefährlich wie das Südcap gezeigt. Zwei
engliſche Fahrzeuge, der „Nerbubbah‟ und die „Anna‟ ſcheiterten
in Folge der ſtarken Meeresſtrömung dort. an der Küſte. Dies
war im Jahre 1842, und obgleich die Mannſchaften dieſer zwei

---

*) Er hauſt noch dort und iſt jener, mit welchem die Mannſchaft der
„Elbe‟ 1860 das mehrerwähnte Treffen hatte. Swinhoe ſagt von dieſen
Wilden: Thus is their natural thirst for blood, that before aspiring
to the hand of a lady, the gallant savage must produce the head
of some enemy slain by him in combat.

Schiffe nicht in die Hände der Wilden, sondern der Chinesen fielen, wurden sie nicht besser behandelt; denn von 240 Mann an Bord des „Nerbubbah" blieben nur zwei am Leben und von 57, welche die Mannschaft der „Anna" bildeten, nur zehn. Die Uebrigen wurden nach der Hauptstadt von Formosa gebracht und nach längerer Gefangenschaft mit kaltem Blute ermordet. This was the character, schließt Parkes seinen traurigen Bericht, which Formosa bore to us: wrecks in north and south, judicial murders on the part of the Chinese, and bloody murders made by the aboriginal tribes." Diese schreckliche Liste kann bis in die neueste Zeit fortgesetzt werden; an der Südwest-Küste wurde die Mannschaft des gescheiterten Schiffes „Larpent" bis auf den letzten Mann niedergehauen, demnächst mehrere deutsche Schiffe in den formosanischen Gewässern ausgeplündert und verbrannt, ohne daß von der Mannschaft jemals wieder gehört worden ist. Andere traurige Beispiele erzählt Capitän Werner: „In dem Teufun am 19. October 1861 strandeten unter andern an der formosanischen Küste ein englisches und ein mecklenburgisches Schiff, „Graf Arthur Bernstorff". Beide Schiffe hätten noch gerettet, oder wenigstens ein großer Theil ihrer Ladung und ihres Inventars geborgen werden können, wenn ihnen von den Landes-Bewohnern Hülfe gewährt worden wäre. Statt dessen beraubten diese die Schiffe, und was von den Mannschaften nicht seinen Tod in den Wellen gefunden, wurde von den Piraten ermordet. Von beiden Schiffen entkamen nur fünf Mann und langten nach vielen Fährlichkeiten in Hongkong an. Sobald der englische nautische Stationschef die Nachricht erhielt, beorderte er sofort drei Kanonenboote nach dem Orte des Verbrechens, da große Schiffe in die flachen formosanischen Häfen nicht hinein können. Die Kanonenboote liefen bis nahe unter die Piratendörfer, bombardirten und nahmen sie, machten die Mandarinen zu Gefangenen und zwangen sie nicht nur zur Herausgabe des geraubten Guts, sondern auch zur Bezahlung von 30,000 Dollars Entschädigung. — Im Jahre 1861 scheiterten, wie Werner weiter bemerkt, allein sieben deutsche Fahrzeuge an der Insel, aber Niemand kümmerte sich um ihr Schicksal, Niemand forderte von den Piraten Rechenschaft für die ermordeten und in Sklaverei gehaltenen Mannschaften oder Heraus-

gabe der Räuber." Erst vor Kurzem (Sommer 1866) ist wieder
ein flensburger (also preußisches Schiff) in den formosanischen Gewässern genommen und der Capitän ermordet worden.
Ja, der Unfug ist in dortiger Gegend so groß, daß die englischen
und französischen Behörden unlängst zu einer Berathung in Paris
zusammengetreten sind, um demselben mit gewaffneter Hand kräftig zu steuern. Nimmt man hinzu, daß von den Strandräubern
auch die Königlich preußische Kriegsflagge an Bord der „Elbe"
beleidigt worden ist, so erscheint es hohe Zeit, daß preußische
Kriegsschiffe im Namen des ganzen deutschen Volks nicht blos nach
jenem englischen Vorbild mit den südwestlichen Formosanern Ab-
rechnung halten, sondern ihr Gebiet dauernd occupiren, um jenem
entsetzlichen Unwesen ein= für allemal ein Ende zu machen.*)

Ein anderer Vorwurf gegen die Eingebornen, der sich in den
chinesischen Berichten wie ein rother Faden hindurchzieht, ist der
Cannibalismus. Fragt man einen Chinesen, wer dort auf den
blauen Bergen wohne, so lautet die gewöhnliche Antwort: „Das
sind die bösen Männer, sie leben auf den Bäumen und fressen
alle Fremden, die in ihre Hände fallen." Geht man aber der
Sache auf den Grund, so ist kein Fall constatirt,**) und man
muß annehmen, daß jenen Märchen theils kindische Furcht, theils
die Absicht zu Grunde liegt, die Europäer von einer Ansiedlung
auf Formosa abzuschrecken. Allerdings haben die Dajaker auf
Borneo und die Urbewohner der Philippinen die Sitte des Kopf-
abjagens, welche auch von den rohesten Stämmen Formosa's ge-
theilt wird, ohne daß aber hierbei an Menschenfresserei zu denken
ist. Es gilt als ein Beweis von Kühnheit und Schlauheit, einem
Feinde den Kopf von hinten wo möglich mit einem Schlage ab-
zuhauen und denselben in's Heimathsdorf zu schaffen, wo er als
Trophäe verwahrt wird. Bei dieser Gelegenheit werden zuweilen
einige Tropfen herableckenden Bluts unter gewissen religiösen
Feierlichkeiten genossen. Aehnlich braten chinesische Soldaten öfters
das Herz eines tapfern Feindes und verzehren Stückchen davon,

*) Maron schreibt sogar die geringe Bevölkerung der Insel der See-
räuberei zu, was indessen Uebertreibung ist.
**) Durch das ganze Mittelalter, ja noch später erhielt sich der Glaube,
daß die Juden heimlich Christenkinder schlachten! —

in dem Wahn, dadurch stark und muthig zu werden. Ferner ist mir bekannt, daß italienische Banditen mitunter von dem Blut ihrer Schlachtopfer trinken. Wird man deßhalb die Chinesen oder Italiener Menschenfresser nennen? Cannibalismus ist lediglich da vorhanden, wo Menschenfleisch (wie auf den Fidschi=Inseln) als Speise zur Sättigung genossen wird.

Im Gegentheil, vergleichen wir die chinesischen Colonisten und die Eingebornen Formosa's, so wird im Großen und Ganzen das Resultat für die Letzteren eher günstig sein.

Noch auffallender ist der wirthschaftliche Unterschied in der Bevölkerung. Die chinesischen Colonisten betreiben Handel, Ge= werbe (Bergbau, Kampfer= und Reispapier=Fabrication 2c.), sowie Gartenbau und Spatencultur (Pflanzungen), die Eingebornen Jagd, Viehzucht, Ackerbau (mit Hülfe von Büffeln) und einen wenig entwickelten Tauschhandel mit Rohproducten (Geld, Holz 2c.). Die Milchwirthschaft ist den Eingebornen ausschließlich eigen, der Ackerbau steht bei ihnen auf der vielverschrieenen Ostküste so in Flor, daß die Chinesen glauben, er werde mit Hülfe gefangener Chinesen betrieben. — Jedenfalls ist die Lage der vereinzelten chinesischen Dörfer auf der Ostseite eine sehr bedrohliche. Bei der Recognoscirungsfahrt, die Capitain Brooker und Consul Swinhoe im Juni 1858 an Bord des Dampfers „Inflexible" machten, baten die chinesischen Colonisten an der Chockeday=Bay (unter 24° 10') die Engländer flehentlich, nicht zu landen, da die er= zürnten Wilden vom Tailolok=Stamm sich sonst an ihnen (den Chinesen) rächen würden, wie sie denn erst kürzlich eins ihrer Dörfer niedergebrannt. Bei Snau=Bai weiter nördlich haben die Chinesen, um sich der Wilden zu erwehren, eine mit guten Lunten= flinten bewaffnete Scharfschützenmiliz eingerichtet. Die dortigen gezähmten Wilden haben vor ihren freien Brüdern wo möglich noch größere Furcht, als die Chinesen. Jedenfalls sind die freien Formosaner ein tüchtiger, kerniger Volksstamm, dem zum Fort= schritt nur die Berührung mit europäischer Cultur fehlt. Daß verschiedene Völkerschaften und Herrschaften auf der Insel existiren, würde übrigens den preußischen Colonisten und Eroberern, wenn sie das Wort „divide et impera!" richtig anzuwenden verstän= den, außerordentlich zu statten kommen. Mit vollem Recht sagt daher Franz Maurer: „Es erhellt wohl zur Genüge, daß Preußen im Falle einer Besitzergreifung von Formosa hinsichtlich der Urbevölkerung dieser Colonie gar nichts Besseres wünschen könnte, — lauter geschiedene Racen und unter sich gespaltene, entweder ganz schwache, rohe oder bildungsfähige Stämme, durchsetzt von einem Agens des größten asiatischen Culturvolkes, das, ebenso betriebsam als feige, und Unruhen abgeneigt, auch der Beamten-Autorität sclavisch ergeben, nie daran denken würde, sich gegen deutsche Schutzherren aufzulehnen, sein Schicksal vielmehr von jenen abhängig machen würde."

. XII. Nebeninseln. In der nächsten Nachbarschaft Formosa's liegen verschiedene Inseln, deren Occupation für europäische Colonisten theils nothwendig, theils wenigstens vortheilhaft ist. Am wichtigsten ist die Gruppe der Ponghu oder Pescadores (Fischer-Inseln) im Canal von Fukien. Sie bestehen blos aus Sand und Felsen und hatten (wie Helgoland) früher nur einen Baum. Der Unterhalt für die Besatzung wird von Formosa hingeschafft. Die meisten Inseln sind unbewohnt, auf der größten liegt eine chinesische Garnison. Von der Festung, welche die Holländer mit Hülfe chinesischer Kriegsgefangener an dem Ende des größten Eilandes erbaut, ist nichts mehr übrig, als der Name Hong-man-tschay (Festung der rothen Haare). Mit Rücksicht auf das versandete Fahrwasser von Taiwan ist dieser wüste Ort, wobei ein guter, geschützter, 20 bis 25 Faden tiefer Hafen sich befindet, für die Hauptstadt der Colonie von Wichtigkeit. Gegenwärtig ist die Gegend der Hauptinsel um die Hauptstadt Makung herum etwas wirthlicher. Es werden dort Erdnüsse, Reis, Hirse ꝛc. gewonnen, jedoch nicht in ausreichender Menge, zumal da die heftigen Winterstürme die der Witterung sehr ausgesetzten spärlichen Felder manchmal verwüsten. Die Einwohner mögen 180,000 betragen. Die Ponghu-Inseln, welche Admiral Collinson genauer untersuchte, sind in Bezug auf Formosa und das gegenüber liegende chinesische Festland nicht blos von großer maritimer, sondern auch von großer strategischer Bedeutung; wer die Pescadores befestigt und besetzt, beherrscht wie von einem Brückenkopfe, dessen eines Ende Taiwan, dessen anderes Amoy ist, beide Ufer, Formosa und Fukien. Es war daher ein richtiger Blick in die Verhältnisse, als man preufiſcherſeits 1864 die Anlegung einer Marineſtation dort beabſichtigte, und es iſt nur ſchmerzlich zu beklagen, daß die Ereigniſſe eine Ausführung jener Idee noch nicht geſtatteten. Der größte Theil der Pescabores iſt, wie ausdrücklich hervorgehoben wird, unbewohnt und herrenlos, der Reſt chineſiſch. (Journal of the North - China Branch of the Royal As. Soc. Shanghai 1859, p. 164.)

Die kleine Inſel Lambay, auch Langkhiao, bei den Chineſen Hong=tiu (mit dem rothen Kopf) genannt, liegt an der Weſtküſte, etwa unter 22° 18'. Sie bietet leichtes Anlanden und ſollte, da ſie herrenlos iſt und nur von einigen Chineſen und Malayen bewohnt wird, ohne Weiteres von Preußen vorweg durch Aufpflanzen des Flaggenſtocks, den man dem Schutz der Bewohner anvertrauen könnte, occupirt werden. Es ſind dort viel Schafe vorhanden und iſt der Boden ziemlich fruchtbar. (Ritter a. a. O. S. 865.) Nach M. Léon de Rosny ſagt die officielle chineſiſche Erdbeſchreibung von der Inſel Folgendes: „Wenn die großen Schiffe nach Süden gehen oder ſich wieder nach Weſten wenden, dann berühren ſie die Inſel Hong=tiu. Das iſt der Ort, wo die Barbaren und die Seeräuber ſich vereinigen. Er findet ſich noch nicht in den Karten des chineſiſchen Kaiſerreichs." (Dies bedeutet nach Rosny: Er iſt noch nicht Theil von China, noch nicht von dieſem Lande abhängig.) Bull. de la Soc. de Géogr. IV. Série. Tome XVI. Paris 1858. p. 386. Angeblich ſollen die Chineſen die böſen Geiſter (Sturmwinde?) fürchten, welche die Inſel bewohnen.

An der Südoſtküſte Formoſa's befinden ſich drei kleine Inſeln, Klein= und Groß=Tabago, etwa unter 22°, und Samaſana, unter 22° 40', die erſteren beiden von Abkömmlingen malayiſcher, die letztere von dergleichen japaneſiſcher Eltern bewohnt. Groß=Tabago iſt mit mehreren Dörfern beſiedelt. Bei der Unſicherheit der Oſtküſte bieten alle drei dem Seefahrer immerhin eine etwas beſſere Zufluchtsſtätte. Weiter ſüdöſtlich, etwa unter 21° N. B., liegen die Baſchi=Inſeln in der Formoſa= Straße, in der Nachbarſchaft der ſpaniſchen Babuyanes=Inſeln. Herrenlos und unfruchtbar, würden ſie doch eine Bedeutung erhalten können, indem ſie den Verkehr der preußiſchen Colonie auf

Süd-Formosa mit den spanischen Philippinen zu erleichtern ge=
eignet sind.

Wichtiger sind die Midjalosima-Inseln, etwa unter 24°
N. B., welche erst durch Capitain Belcher (Narrative of the
Voyage of H. M. S. Samarang in 1843) und Dr. Bowring
(The Madjicosima Islands in Transactions of the China-
Branch of the Royal Asiatic Society. Part. III. 1851—52,
Hongkong 1853, p. 1—10) näher bekannt geworden sind. Sie
bestehen aus zehn, theils bergigen, theils flachen, äußerst frucht=
baren Eilanden und werden von einem überaus friedlichen und
harmlosen Völkchen, das weder Geld, noch Waffen, noch Gefäng=
nisse kennt und theils koreanischer, theils japanesischer Abkunft zu
sein scheint, bewohnt. Sie stehen unter einer Art von Aufsicht
seitens der Behörden der Liukiu-Inseln, die ihrerseits wieder einem
japanischen Großen tributpflichtig sind. Im Uebrigen regieren die
Inseln sich selbst durch einen Rath weiser alter Männer. Baum=
wolle, Reis, süße Kartoffeln, Rüben, Yams, Zuckerrohr und Weizen
werden vorzüglich gewonnen. Pferde und Rinder sind in Menge
vorhanden. Was uns am meisten interessirt, sind die ausgezeich=
neten Häfen, welche sich auf Pa-chung-san und Ku-lien-san befinden
und von denen der Port Habbington genannte (auf Pa-chung-san) eine
große Flotte bergen kann. Die Eingänge zu diesen Häfen sind schwer
zu finden, nähme man daher die zu ihnen führenden Merkzeichen
fort, so ließen sie sich in Kriegszeiten leicht vertheidigen. Eine
Annexion der Midjacosima-Gruppe seitens Preußens würde, außer
in Bezug auf Formosa, auch für die deutschen Interessen in Ja=
pan, Korea und Nord-China von großem Nutzen sein.

XIII. Die chinesische Nachbarküste. Die der Westküste For=
mosa's gegenüber liegenden festländischen Provinzen sind Kwang=
tung mit Kanton, Macao und Hongkong, und Fukien mit
Swatau, Tschangtschau, Amoy und Futschau, zwei der reichsten
von ganz China, so daß hierdurch der Werth einer preußischen
Colonie außerordentlich erhöht werden würde.

Derjenige festländische Hafen, welcher den stärksten Verkehr
mit Formosa unterhält, ist Amoy, Sitz eines preußischen Vice=
Consuls. Wie Formosa noch nicht in den Weltverkehr in dem
Umfange, welchen es verdient, eingetreten ist, so hat auch Amoy

für den internationalen Verkehr noch keine selbstständige Bedeutung und betreibt fast nur Küsten= und Zwischenhandel. Wird Formosa preußische Colonie, so steht Amoy eine große Zukunft bevor. Es kann ein deutsches Macao oder Hongkong werden, möge man es daher preußischerseits im Auge behalten.

B. Preußisch=deutsche Colonisation.

I. Allgemeiner Theil.

Ueber Handels=, Pflanzungs= und Eroberungs=Colonieen im Gegensatz zu Ackerbau=Colonieen.

Seit Wilhelm Roscher's durchgreifenden „Untersuchungen über das Colonialwesen" werden die Colonieen unter vier Rubriken gebracht, deren Unterscheidung practisch von der größten Wichtigkeit ist, und deren Verkennung oder Vernachlässigung politisch und wirthschaftlich auch für Deutschland erhebliche Nachtheile herbeigeführt hat.

1. **Handels=Colonieen.** Sie pflegen die ersten Colonieen zu sein, welche ein seefahrendes Volk anlegt. Kaufleute setzen sich des reichlichen Gewinnes halber unter einem weniger civilisirten Volke fest, errichten dort dauernd Comptoire; eine Menge von Handelsgehülfen, Technikern, Seeleuten rc. wird nach dem Platz gezogen. Die Eingebornen beschimpfen vielleicht die fremde Flagge oder bedrücken die Kaufleute; ein Kriegsschiff erscheint und zwingt die Eingebornen, den Grund und Boden, auf welchem die Kaufleute wohnen, eigenthümlich abzutreten, und die Colonie ist fertig. Oder aber es kaufen die Letzteren einen kleinen Platz zur Anlegung eines Emporiums. Auf jene oder diese Weise, aus den scheinbar

unbedeutendsten Anfängen sind fast alle Handels - Colonieen der
Erde entstanden.

Handels-Colonieen lassen sich am billigsten gründen. Ihre
erste Anlage kostet der Regierung oft keinen Pfennig. An einer
günstig gelegenen Stelle — Küste oder Flußmündung — wird
eine von wenigen Soldaten oder von einer seitens der Colonisten
selbst gebildeten Miliz bewachte Factorei angelegt, von der aus
gewöhnlich zunächst einfacher Tauschhandel, dann Zwischenhandel,
schließlich unmittelbarer überseeischer Ein= und Ausfuhrhandel in
großem Maßstabe betrieben wird. Gut geleitet bringen Handels=
Colonieen raschen und außerordentlich großen Gewinn.

2. .Pflanzungs=Colonieen. Sie sind Colonieen im tro=
pischen und subtropischen Lande, in denen vorwiegend der Anbau
exotischer Erzeugnisse betrieben wird. Zur Zeit des Mercantilis=
mus spielten sie derartig die Hauptrolle, daß man sie schlechthin
unter dem Begriff Colonie verstand. Einen Rest dieser Anschauung
bewahrt man jetzt noch in dem Wort: Colonialwaaren, da man
hierunter noch heut nur die Producte der Pflanzungs=Colonieen
versteht. Die Arbeit in diesen kann aus climatischen Rücksichten
nur von Nichteuropäern (Negern, Kulis, Chinesen, Alfuren) be=
trieben werden. Daher die eigenthümliche Physiognomie der Be=
völkerung: wenige weiße Colonisten, die Besitzer und Aufseher der
Pflanzungen; daneben die große Menge der farbigen Arbeiter.

In Folge der Negeraufstände und Bürgerkriege in Amerika
sind diese Colonieen in Verfall gerathen. Seitdem sich aber der
Handel dem Großen Ocean zuwendet und mit dem steigenden Wohl=
stande die Nachfrage nach den köstlichen Producten der wärmeren
Zone wieder zunimmt, kommen diese Colonieen wieder in Schwung
und haben eine bedeutende Zukunft. Als Perle der Pflanzungs=
Colonieen wird mit Recht Java betrachtet, und haben die Nieder=
länder bis jetzt diese Art der Colonisation am meisten ver=
vollkommnet.

3. Eroberungs=Colonieen. Sie entstehen, wenn ganze
Volksmassen aller Stände oder einzelne Abenteurer=Schaaren sich
mit dem Schwert eine Wohnstätte unter einem fremden Volk suchen.
Sie verdrängen dies dabei nicht gänzlich, bilden vielmehr nur die
herrschende Klasse und lassen sich von den Eingebornen bedienen

und Tribut bezahlen. Die Conquiſtadores ſind in dieſen Colonieen von dem Eingebornen kaſtenartig geſchieden. Sie bilden das Heer, und beſetzen namentlich die Officiersſtellen. Aus ihnen gehen die hohen Geiſtlichen und Beamten, die Richter und Advocaten ꝛc. hervor. Ackerbau iſt verachtet, nicht einmal Handel und Plan= tagenbau kommen zu rechtem Anſehen. Das denkwürdigſte Beiſpiel dieſer Art iſt Mexico.

In den neueſten Zeiten ſchleifen ſich die ſchroffen Gegenſätze der drei bisher beſprochenen Arten von Colonieen derartig ab, daß man alle drei gewöhnlich verſchwiſtert findet, ſo in Oſtindien, und daß man bei Anlegung neuer Colonieen gleich auf eine ſolche Amalgamirung Bedacht nimmt, wie in der neuen franzöſiſchen Co= lonie Saigun in Hinterindien.

4. Ackerbau=Colonieen. Sie nehmen den vierten Stand, die große handarbeitende Menge auf, die keinen Ellbogenraum mehr in der Heimath findet. Es wendet ſich die große Maſſen= Auswanderung regelmäßig in die Ackerbau=Colonieen, und weil dieſer Auswanderungsſtrom in unſern Tagen beſonders ſtark, auch die Ackerbau=Coloniſation mit der Löſung der immer mehr drän= genden ſocialen Frage verknüpft iſt, nennen Manche irrthümlich die Ackerbau=Colonieen ſchlechthin Colonieen und denken bei Co= loniſations=Unternehmungen beſtändig an eine Maſſen=Auswande= rung. Dieſe Begriffsverwirrung, welche ſeit der Definition Roſcher's ein längſt überwundener Standpunkt iſt, ſpukt ſonder= barer Weiſe ſelbſt noch in den Köpfen Einiger, die ſich Volks= wirthe nennen.

Ackerbau=Colonieen ſind nur in einem dem unſrigen ähnlichen Clima möglich, wo der gemeine Mann, welcher nicht Großhänd= ler, Plantagenbeſitzer oder Eroberer ſein kann, phyſiſch im Stande iſt, mit ſeiner Hände Arbeit ſich zu ernähren. In ſolchen Ländern können Millionen von Europäern untergebracht werden, freilich nur auf Koſten der Urbevölkerung, welche, wie das Bei= ſpiel Nordamerika's und Auſtraliens lehrt, regelmäßig dabei zu Grunde geht.

Hätte man dieſe Unterſchiede früher beherzigt, ſo wäre die Anlegung deutſcher Ackerbau=Colonieen in tropiſchem Clima, die ſich folgerecht ſehr bald in große Kirchhöfe verwandelten, unter=

blieben. Wenn also Herr Dr. Maron sagt: „Der Traum einer
Colonisation in den Tropen ist ein mörderischer Traum", so hat
er, falls er das Wort Colonisation mit Ackerbau-Colonisation
identificirt, was nach dem Gesagten unwissenschaftlich ist, recht;
wenn er aber meint, daß die preußische Regierung oder
Privatleute jemals beabsichtigten, die deutsche Massenauswanderung
nach Formosa zu lenken und hier eine große deutsche Ackerbau-
Colonie anzulegen, so hat er Unrecht, denn dergleichen Utopie ist
noch Niemandem in den Sinn gekommen.

Wirthschaftlich betrachtet, arbeiten Ackerbau-Colonieen fast
immer mit einer Unterbilanz; da nämlich in ihnen stets Mangel an Capital ist, indem der Auswanderer das wenige Geld,
welches er mitbringt, zur Bestreitung der ersten nicht unbedeutenden Ansieblungskosten verbraucht, da ferner die Colonialregierung
den Einwanderer sehr zart anfassen, nicht nur mit Abgaben verschonen, sondern selbst unterstützen, also geradezu eine Einwande-
rungsprämie bezahlen muß, da endlich in Ackerbau-Ansiedelungen
die Rodung der Wälder, Trocknung oder Bewässerung des Bodens, Anlegung und Unterhaltung der Straßen, Ueberbrückung
der Ströme, Erbauung zahlreicher Schulen, Kirchen, sowie vieler
anderer öffentlicher Gebäude u. dgl. m. enorme Kosten verursacht,
so kämpft die Colonial-Regierung selbst beständig mit finanziellen
Schwierigkeiten und kann unmöglich Ueberschüsse an das Mutterland abliefern. Geschieht es aber wirklich einmal, so ist die Erbitterung der Colonisten gegen ihre Regierung, sowie gegen das
Mutterland groß, und es wird der Abfall von demselben im
Schooße der Bevölkerung, welche in Ackerbau-Colonieen naturgemäß
democratisch gesinnt ist, rücksichtslos vorbereitet. Dennoch geniren
sich dieselben Colonisten nicht, bei jeder ihnen passenden Gelegenheit den Schutz und die Unterstützung des Mutterlandes zu verlangen, obwohl dieses durch die Auswanderung an Capital und
Arbeitskraft beständig beträchtliche Einbußen erleidet. So war
das Verhältniß Englands zu den jetzigen nordamerikanischen Frei-
staaten, und so ist es noch heut zu Canada, Neuholland, Neuseeland und zur Capcolonie. Man sieht hieraus wieder deutlich,
welchen großen national-öconomischen und finanziellen Fehler diejenigen deutschen Regierungen begehen, welche die Auswanderung

5

begünstigen und nur von Ackerbau-Colonisation Etwas wissen
wollen, während doch Deutschland durchaus weder an Uebervöl-
kerung noch an Capitals-Ueberfüllung leidet.

Dagegen arbeiten Handels- und Pflanzungs-Colonieen fast
durchweg mit Ueberbilanz; von einem Odium wegen Abführung
der Baarüberschüsse nach dem Mutterlande ist hier keine Rede,
denn die Wohlthat, die den eingebornen Racen durch ihre sittliche
Veredlung, durch Beseitigung der Grenzkriege und Sclaverei und
durch Förderung ihres materiellen Zustandes gewährt wird, läßt
sich mit Geld gar nicht bezahlen. Die weiße Bevölkerung aber,
welche mit dem Mutterlande unausgesetzt in inniger Verbindung
bleibt, hat noch weniger Anlaß zur Unzufriedenheit, da sie durchgängig zu Wohlhabenheit, nicht selten sogar zu Reichthum gelangt.
So wird denn trotz der geringen Zahl von Auswanderern nach
den deutschen tropischen Colonieen der aus denselben gezogene Gewinn ein sehr erheblicher sein. Um nur Eins hervorzuheben, pflegen Handels- und Pflanzungs-Colonieen Heer und Flotte selbst
zu unterhalten, daher wird auch die Entwickelung der Kriegsmarine,
welche dem deutschen Volke so sehr am Herzen liegt, ohne die
sonst unvermeidliche höhere Besteuerung oder Verschuldung Deutschlands unbedingt durch derartige deutsche Ansiedlungen mächtig gefördert werden.

Erfahrungsmäßig ist von allen vier Arten die Ackerbau-Colonisation die schwierigste, indem sie vielerlei religiöse, gesellschaft-
liche und staatliche Vorbedingungen, die uns wenigstens vor dem
letzten deutschen Kriege (1866) fast noch ganz fehlten, erheischt;
außerdem begann das Anschwellen der deutschen Auswanderung
schon zu einer Zeit, wo das durch die napoleonischen Kriege
erschöpfte Deutschland unmöglich für überseeische Unternehmungen
Etwas leisten konnte, wo der Mangel einer inneren deutschen
Zolleinigung jeden industriellen Aufschwung lähmte und wo von
deutschen Kriegsschiffen noch keine Rede war. So konnte es nicht
fehlen, daß trotz des rühmlichsten Eifers vieler redlicher, begabter
und warmer Vaterlandsfreunde jedes auf selbstständige deutsche
Ackerbau-Ansiedelung gerichtete Unternehmen fehlschlug. Wie un-
vergleichlich leichter die Anlegung einer Handels-Colonie, namentlich in Gestalt einer Factorei, ist, wie gewinnbringend und wie

lehrreich für die Zukunft und für größere Colonisations-Unter-
nehmungen sie werden kann, das ahnten die Schwärmer, welche
von großartigen, selbstständigen Staaten mit mehreren Millionen
Deutscher jenseits des blauen Wassers träumten, nicht; aber auch
diejenigen sahen es nicht, welche zwar die Unmöglichkeit jener
Plane durchschauten, dagegen aber den britischen Freibeuter-Han-
delstheorieen und dem System des laisser-aller huldigend, mein-
ten, daß die Deutschen nun einmal Culturguano seien, keinen Beruf zur Colonisation hätten, nach der schlauen britischen Theorie
auch keine Kriegsflotten und Colonieen brauchten, und daß man,
ohne sich von Staats- und Gesellschaftswegen einzumischen, die
deutsche Auswanderung geruhig ihrem Schicksal überlassen möge.
Hatte Jemand seine Bedenken gegen diesen Gallimathias, dem
auch heut noch einige Pfuscher huldigen, so durfte er ihn nicht
äußern, denn die Coterie hätte ihn mundtodt gemacht, während
seine practischen Vorschläge als schwindelhaft oder abenteuerlich —
Epitheta, mit denen die Gegner deutscher Colonisation stets frei-
gebig gewesen sind — gebrandmarkt worden wären. Dennoch
wagten einige kühne Männer, der Forschung und Aufklärung eine
Gasse zu bahnen. Ich nenne nur den Einen, Friedrich List,
dessen Verdienst erst in der neuesten Zeit seit Dühring's Propaganda gebührend gewürdigt wird, während List's frühere Verkennung und sein trauriges Geschick die Richtigkeit meiner vorigen
Behauptung nur zu sehr bestätigen.

Endlich bereitete sich von fernher ein wissenschaftlicher und
wirthschaftlicher Umschwung vor, gegen den das ancien régime
nicht mehr Stand hält, der noch fortdauert und neue Schulen,
welche eine Vermittelung zwischen dem bisherigen Agricultur- mit
dem alten Mercantil- und dem modernen Industrie-System an-
streben, hervorgerufen hat. Die gewaltigen socialen Erschütterun-
gen in den europäischen Staaten und deren industrieller Aufschwung
einer- und andererseits die radicalen Umwälzungen im tropischen
Amerika, welches bis dahin hauptsächlich der Rohstofflieferant der
Industrieländer gewesen war, seit den Sclavenaufständen und
Sclavenbefreiungen aber, sowie seit den unablässigen Bürgerkrie-
gen in den ehemals spanischen Colonieen bei Weitem nicht mehr
der Nachfrage genügt, alle diese Factoren vereint, haben die Fa-

5*

brikanten und Speculanten, die Rheder und Kaufleute genöthigt, sich ein neues großes Feld für geschäftliche Thätigkeit zu suchen, — das Pacific mit seinem westlichen Ausläufer, dem Indischen Ocean. Hier liegen die niederländischen und englischen Colonieen mit ihren unermeßlichen Schätzen an Rohstoffen, hier das neu erschlossene Reich der Mitte, dessen Bewohner ein Drittel der gesammten Menschheit ausmachen, hier das räthselvolle Japan, hier die Goldfelder Californiens und Australiens, hier die großen Ackerbau=Colonieen Neuhollands und Neuseelands. Hierhin bringen die abendländischen Völker mit einer Energie vor, welche aller Hindernisse spottend, bei Suez in der alten, und in der neuen Welt bei Panama den bisherigen Zusammenhang beider Erdhälften zerreißt und mit Telegraph, Eisenbahn und Dampfschiff die natürlichen Hemmnisse von Raum und Zeit überwindet. Vor Allem aber ist es das östliche Asien, wo ein Handel und Wandel, ein Verkehr der Flotten und Heere, der Forscher und Glaubensboten, der Schiffer und Kaufleute aller Zungen und Völker stattfindet, wie er in der Geschichte seines Gleichen kaum in den Tagen des Vasco de Gama und Columbus, zur Zeit der Entdeckung des Seeweges nach Ostindien und Amerika's gehabt hat. Hier, wo sich deutschem Fleiß und deutscher Cultur noch ein wahrhaft unermeßliches Feld erschließt, hier, wo Deutschland nächst dem stolzen England bereits die erste Handelsmacht ist, hier im Stillen und Indischen Ocean ist Deutschland von der Vorsehung berufen, seine coloniale Laufbahn zu eröffnen.

Die europäischen Ansiedelungen im östlichen Asien sind — auch die russischen machen vor der Hand noch keine Ausnahme — nicht Ackerbau=, sondern ausschließlich Handels=, Pflanzungs= und Eroberungs=Colonieen, sonach bleibt keine Wahl, welcher Art auch die deutschen Niederlassungen sein müssen.

Ich weise hier, wie ich dies schon bei anderer Gelegenheit angedeutet, nochmals entschieden darauf hin, daß von einer deutschen Massenauswanderung nach den asiatischen tropischen Colonieen schwerlich jemals die Rede sein kann. Wir müssen uns die blühenden spanischen und holländischen dortigen Besitzungen im Allgemeinen als Vorbild nehmen, und in beiden ist die Zahl der Europäer nur gering. In Java, bekanntlich der blühendsten und

reichſten Colonie auf der ganzen Erde, beträgt gegenwärtig die
europäiſche Civilbevölkerung unter 14 Millionen Eingebornen
kaum 30,000 Köpfe. In den deutſchen Colonieen werden
hauptſächlich Kaufleute, Commiſſionäre, Agenten, Rheder, See-
und Flußſchiffer, Fabrikanten, Techniker, Ingenieure, Bergleute,
Plantagenbeſitzer, Verwalter und Aufſeher Verwendung finden.
Die Mannſchaften der Kriegsflotte und des Heeres ſind in obiger
Ziffer nicht begriffen; ihre Zahl wird in den deutſchen Beſitzun-
gen der Koſtenerſparniß wegen klein ſein; freilich iſt die Möglichkeit, daß ein Theil der Soldaten als Grenzer mit Familie ange-
ſiedelt wird und ſo zur dauernden Vermehrung der weißen
Bevölkerung beiträgt, nicht auszuſchließen. Schlägt man aber
auch die Zahl der Beamten, Soldaten, Flotten- und Polizei-
Mannſchaften nebſt deren Familien im Ganzen auf 5000 an, ſo
wird eine ſchon ſehr blühende, einträgliche, deutſche tropiſche Colonie doch nur etwa 30,000 Weiße (darunter natürlich auch Nicht-
Deutſche) zählen. Der Bauernſtand, der bei uns ſo viele Auswanderer fortſendet, wird dort niemals eine recht entſprechende
Verwendung finden. Selbſt wenn man z. B. in der nördlichen
Hälfte Formoſa's, die außerhalb der Tropen liegt, auf dem Gebirge Landleute aus Süddeutſchland, die jedenfalls geeigneter als
Norddeutſche wären, anſiedelte, ſo würde dennoch die Erhaltung
eines kräftigen Farmerſtandes unter ihnen vielleicht mißlingen.
Die Europäer, ſpeciell die Deutſchen, können anhaltende Feldarbeit
in wärmeren Zonen auf die Dauer nicht ertragen, wie dies in
neueſter Zeit — von Braſilien abzuſehen — wieder zwei traurige, aber lehrreiche Fälle gezeigt haben. Der eine betrifft die
von dem Lieutenant Berkowski und Rechtsanwalt Kober 1846
ausgeführte oſtpreußiſche Colonie auf der Moskitoküſte, welche
bis auf den letzten Mann ausgeſtorben iſt, der andere
die Colonie Tovar bei Caracas. Während dort die Unüber-
legtheit und Unkenntniß der Führer, denen Robinſonaden und
Cooper-Marryatſche Romane den Kopf verwirrt zu haben ſchie-
nen, von vornherein das Schlimmſte befürchten ließ, wurde die
zweite Colonie von dem kundigen, menſchenfreundlichen Oberſten
Codazzi und der venezueliſchen Regierung auf jede Weiſe unter-
ſtützt, das Ausroden der Wälder und Straßenbauen vom Staat

beſorgt und den Anſiedlern bereits wohnlich eingerichtete Locali=
täten in der Nähe größerer Städte überwieſen. Dennoch waren
die elſäſſiſchen und ſüddeutſchen Landleute und Handwerker der
Arbeit und veränderten Lebensweiſe nicht gewachſen, ſie ſchmol=
zen raſch zuſammen, und das mit ſo ſchönen Ausſichten begonnene
Unternehmen ſchlug gänzlich fehl. Aber auch wenn der deutſche
Farmer in Oſtaſiens tropiſchen Landſchaften das Clima ertrüge,
ſo würde er die Concurrenz der Eingebornen nicht beſtehen kön=
nen. Denn bei der ungemeinen Genügſamkeit und Anſpruchslo=
ſigkeit der Letzteren würde er von ihnen, die bei einem weit ge=
ringeren Gewinn doch auskömmlich leben, und ihm in der Cultur
der tropiſchen Producte, vermöge langjähriger Uebung, bedeutend
überlegen ſind, jedenfalls finanziell ruinirt. Der Deutſche kann
nicht wie ein Chineſe, Alfure oder Kuli leben, ſein Körper ver=
langt beſſere Koſt und Kleidung; der Deutſche verlangt auf Grund
höherer Bildung auch mehr Wohnlichkeit und Bequemlichkeit um
ſich her, wie denn ein ſolcher Unterſchied ſittlich nicht nur gerecht=
fertigt, ſondern geradezu nothwendig iſt. Der deutſche Bauer,
der zur Lebensweiſe des aſiatiſchen Bauern hinabſteigen würde,
müßte ſeine geiſtigen Vorzüge bald einbüßen.

Auf ein Hinſchwinden der Eingebornen in Oſtaſien zu ſpe=
culiren, ſcheint mir nach der mehrhundertjährigen Erfahrung der
Holländer, Spanier, Portugieſen und Engländer verfehlt. Die
dortigen Racen ſind, wenn nicht kräftiger, ſo doch zäher als die
amerikaniſchen und auſtraliſchen, und wenn ihre Verdrängung jenen
Seemächten nicht gelungen iſt, ſo dürfen auch wir nicht darauf
rechnen. Ueberhaupt iſt man wiſſenſchaftlich und praktiſch endlich
dahin gelangt, die Förderung der Colonie wie des Mutterlandes
nicht in der Ausrottung und Verdrängung, ſondern gerade um=
gekehrt hauptſächlich in der materiellen und ſittlichen Hebung der Ein=
gebornen zu ſuchen. So hat ſich unter der wohlwollenden und
doch kräftigen holländiſchen Herrſchaft Java's Bevölkerung von
3 Millionen (1780) auf 14 Millionen (1866) vermehrt. Aehn=
liches berichtet Crawford von den Philippinen. Allerdings ſcheint
in Oſtaſien die Papua= und Afuren=Race abzunehmen, da ſie aber
von mongoliſchen und malayiſchen Elementen überall durchſetzt iſt,
ſo wird für Europäer dadurch nicht allzuviel Raum gewonnen.

Im Gegentheil haben diese genug zu thun, um sich der starken chinesischen Einwanderung, welche das asiatische Indien überfluthet, zu erwehren. Im günstigsten Falle würden also deutsche Farmer sich nur mit Hülfe gemietheter eingeborner Tagelöhner, neben der Arbeit freier Eingeborner, aber auch dann erst erhalten können, wenn sie im Großen producirten. Sobald dies aber der Fall, sind sie nicht mehr Ackerbauer, sondern Pflanzer und Plantagen= besitzer, und ihre Zahl kann, wie die unserer großen Ritterguts= besitzer, nur eine verhältnißmäßig beschränkte sein.

Gleichwohl ist immerhin Aussicht vorhanden, mit diesen tro= pischen Handels=, Pflanzungs= und Eroberungs=Colonieen deutsche Ackerbau=Niederlassungen im nordöstlichen Asien, in Neuholland, Oceanien Und Westamerika in späterer Zukunft zu verbinden, und wird uns die vielleicht mit kleinen Opfern bezahlte Vorerfahrung dann vor großen Verlusten bewahren. Hätten wir solche Er= fahrung vor dem letzten Menschenalter bereits besessen, dann wären sicherlich nicht so viele Tausende unserer unglücklichen Landsleute mörderischen Climaten zum Opfer gebracht worden und Parceria= Verträge, so wie Ackerbau=Colonisationen in Westindien und Mittelamerika eine Unmöglichkeit gewesen.

Ein Einwand, den die Gegner deutscher Colonisation gern im Munde führen, daß nämlich alles Colonisiren von Staats wegen illusorisch sei, indem selbst der genialste Staatsmann keine Ansiedelungen künstlich in's Leben rufen könne, möge hier noch er= örtert werden. Diese Behauptung hat in beschränktem Maße be= züglich der nur durch Massenauswanderung herzustellenden Acker= bau=Ansiedelungen allerdings einige Bedeutung, trifft aber bei Handels=, Pflanzungs= und Eroberungs=Colonieen gar nicht zu. Im Gegentheil sind diese fast durchgängig Producte einzelner unternehmender Staatsmänner, Beamten, Seefahrer, Soldaten u. s. f. So verdanken die tropischen Ansiedelungen Amerika's le= diglich einzelnen genialen Männern, als Columbus, Cortez, Pizarro ihr Dasein; so ist in neuester Zeit die wichtige Handels= und Pflanzungs=Colonie Singapore das Werk des einen Sir Stam= ford Raffles, so ist die blühende Colonie Serawak auf Borneo's Westküste das Werk sogar eines einzelnen Privatmannes, späteren Radschahs Sir James Brooke, und — wenn sich in Deutsch=

land ein zweiter Brooke fände — es würde ihm an Gelegenheit, sich zum Radschah einer deutsch=indischen Colonie aufzuwerfen, nicht fehlen.

„Mit den Persern ist es ganz derselbe Fall wie mit den Türken, mit den Chinesen wie mit den Hindus und mit allen anderen asiatischen Völkerschaften — überall, wo die vermoderte Cultur Asiens mit der frischen Luft von Europa in Berührung kommt, zerfällt sie in Atome, und Europa wird über kurz oder lang sich in die Nothwendigkeit versetzt sehen, ganz Asien in Zucht und Pflege zu nehmen, wie bereits Ostindien von England in Zucht und Pflege genommen worden ist. In diesem ganzen Länder= und Völker=Chaos findet sich keine einzige Nationalität, die der Erhaltung und Wiedergeburt werth oder fähig wäre. Gänzliche Auflösung der asiatischen Nationalitäten scheint daher unvermeidlich und eine Wiedergeburt Asiens nur möglich zu sein vermittelst eines Aufgusses europäischer Lebenskraft, durch allmälige Einführung der christlichen Religion und europäischer Sitte und Ordnung, ver= mittelst europäischer Immigration und europäischer Regierungs= Bevormundschaftung." Also rief schon im Jahre 1842 Deutsch= lands größter wirthschaftlicher Denker und wies in prophetischer Ahnung hierbei auf die maritime Führerschaft Preußens hin. Dieser Ausspruch Friedrich List's zu einer Zeit, wo der Zollverein noch in seinen Geburtswehen lag und von einer Kriegsflotte oder einer staatlichen Einigung Norddeutschlands noch keine Rede war, möge uns endlich zur That entflammen. Der große Stif= ter und Förderer des Zollvereins erfand den Plan preußisch= deutscher Handels=, Pflanzungs= und Eroberungs=Colonisation im Indischen und Stillen Ocean; an uns, die Söhne, ergeht der Mahnruf, den Plan zur Ausführung zu bringen.

II. Specieller Theil.

1. Der ethische Gesichtspunkt.

a. Im Allgemeinen.

Die Geschichte der Colonisation ist die Geschichte der Ausbreitung der Cultur über den Erdball und der Sittlichkeit unter der Menschheit. Die Besitznahme der bewohnbaren Länder ist von jeher colonisationsweise erfolgt, und gerade diejenigen Völker, welche durch Sittlichkeit und Bildung vorzugsweise hervorgeragt haben, sind, wie die Geschichte lehrt, die vorzüglichsten Colonisatoren gewesen. Im Allgemeinen verwerflich sind nur Colonieen, welche unsittlichen Zwecken (Sclaven-, Opium-, Schmuggel-Handel) dienen, oder nur durch Sclavenarbeit erhalten werden sollen. Hiervon ist bei einer Ansiedelung auf Formosa 2c. keine Rede, vielmehr, wie die meisten Colonieen der Menschheit zum Segen gereichen, so werden sie es auch auf jener großen Insel, welche der Wiedererschließung für europäische Cultur schon so lange harrt.

b. In Bezug auf die Colonie.

Nachdem in früheren Jahrhunderten mehrfache Versuche der Europäer, ihren civilisatorischen Beruf auch auf die Völker des östlichen Asiens dauernd auszudehnen, scheiterten, sind die Letzteren seit dem vergangenen Menschenalter von Neuem ein Hauptziel der europäischen Mission geworden. An dem schönen Ziel der Verbreitung christlicher Religion und Bildung haben sich auch die Deutschen lebhaft betheiligt, und von vielen unserer Landsleute ist im Interesse der holländischen und englischen Regierung Hab und Gut, Gesundheit und Leben willig dargebracht worden. Deutsche Glaubensboten haben mit unermüdlicher, opferfreudiger Hand die Keime des Evangeliums von Indien bis China, von Japan bis Neu-Guinea verpflanzt und sind diesem Berufe in ernster Pflichttreue noch gegenwärtig zugewendet. Von nun ab soll diesen Sendboten des Evangeliums und der Cultur Gelegenheit geboten wer-

den, in ehrenvollem Dienste und zu Heil und Frommen unseres
Vaterlandes unter den Heiden zu wirken. Nicht allein wird die
Lage der Missionäre äußerlich dadurch erleichtert, wenn sie ihre
heimische Flagge über sich wehen sehen und preußischen Boden
unter den Füßen fühlen, sondern auch die Mission wird da ungleich besser gedeihen, wo die Missionäre mit der Colonial-Schutzmacht durch gemeinsame Confession, Sprache, Heimath und Interessen sich verbunden fühlen.

Daß es mit der Verbreitung materiellen Wohlstandes unter
den Eingebornen der Colonie nicht genug, vielmehr es eine hei-
lige Pflicht der Colonial-Schutzmacht ist, auch die Förderung der
ethischen Interessen, insbesondere des Christenthums eifrigst zu betreiben, scheint mir ein Postulat zu sein, dessen Nothwendigkeit
nicht erst bewiesen zu werden braucht. Gegenwärtig vermag ein
wirklich gedeihliches Leben sich nur unter christlichen Nationen zu
entwickeln, und die Holländer, welche den Muhamedanismus auf
Java systematisch begünstigen, sind in einer sittlichen Verirrung
befangen, die bereits, wie später gezeigt werden soll, ihre bitteren
Früchte getragen hat und noch weiter tragen wird.

Zum Glück tritt den Missionen auf Formosa und den Punkten, welche sich außer dieser Insel zunächst als Handels- und
Pflanzungs-Colonieen für Preußen eignen würden, der Muhamedanismus nicht in den Weg, vielmehr werden sie es vorzüglich
mit Heiden zu thun haben. Auch hier hat man gegnerischerseits
aufgestellt, daß 1. den asiatischen Religionen gegenüber das
Christenthum sich ohnmächtig zeige, und daß 2. der einfache Natur-
dienst (welchem viele Wildenstämme auf Formosa huldigen) für
Völkerschaften, die auf der Kindheitsstufe stehen, überhaupt die
geeignetste Religion sei. Beide Behauptungen treffen nicht zu.

(Zu 1.) Daß die uralten asiatischen Religionen, welche über
eine reiche Literatur, eine spitzfindige Dialectik, reiche äußere
Mittel, einen glänzenden Cultus mit Priestern, Mönchen, Nonnen,
Tempeln ꝛc. gebieten, dem Christenthum einen hartnäckigeren Wi-
derstand bereiten, als rohe Natur-Religionen, versteht sich von
selbst; indessen beweisen die blühenden christlichen Missionen, welche
im 16. und 17. Jahrhundert in Japan und China bestanden
haben, deutlich, daß man selbst in diesen Ländern einer viel äl-

teren Cultur, als der christlichen, staunenswerthe Erfolge erzielen
kann. Seitdem in den letzten Jahren die Bekehrungen practischer
vorbereitet werden, seitdem Missionär und Gelehrter, Theologe
und Arzt u. s. f. Hand in Hand wirken, haben sich die Erfolge
namentlich der evangelischen Missionen überraschend vermehrt.
Völkern von einer hohen Cultur, die indessen eine andere Richtung
als unsere abendländische eingeschlagen hat und darin seit Jahr=
hunderten einseitig verharrt, muß man vor Allem beweisen, daß
die christliche Cultur der ihrigen überlegen ist; dann erst werden
sie ihren Dünkel und Hochmuth so weit verleugnen, daß sie die
Möglichkeit des Vorrangs der christlichen Lehre vor ihrer Lehre
zugeben. Erst damit wird der Boden für die eigentliche christliche
Propaganda gebant.

Die Chinesen, auf welche hier besonders zu rücksichtigen ist,
da sie ohne Zweifel in die preußischen Niederlassungen zahlreich
einwandern werden, und deren drei Hauptsecten (Buddhisten, Con=
fucianer und Tauisten) in Taiwanfu, der Hauptstadt des chine=
sischen Formosa's, mehrere Tempel haben, sind von religiösem
Fanatismus vielleicht freier, als irgend ein Volk, so zwar, daß
man ihnen nicht selten religiöse Indifferenz vorwirft. Jedenfalls
ehren sie die herrschende Religion überall, wo sie sich hinbegeben,
als Mittel für, die Aufrechterhaltung der öffentlichen Ordnung und
für die Zwecke des Staats überhaupt. Auch ist die Zahl der
Chinesen, welche, wie der treffliche im April 1855 zu Shanghai
verstorbene Leang=Afah, den Geist des Christenthums tiefinnerlich
ergreifen und unter ihren Landsleuten weiter zu verbreiten stre=
ben, nicht gering; ja selbst die furchtbare Bewegung der Taipings,
möge das von ihnen adoptirte Christenthum noch so entstellt ge=
wesen sein, ist in ihrem innersten Grunde religiöser Natur gewesen
und zeigt die Sehnsucht auch der mongolischen Race nach der Er=
lösung aus der Nacht des Heidenthums.

(Zu 2.) Was nun weiter die sogenannten Natur=Religionen
bei den auf den untersten Stufen der Civilisation stehenden wilden
Völkern betrifft, so wird ihre Vortrefflichkeit nur von Denjenigen
gepriesen, die selbst dem christlichen Bekenntniß gegenüber lau sind.
Derartige Vorstellungen herrschten namentlich im vorigen Jahr=
hundert zur Zeit der Aufklärungs=Philosophen, als J. J. Rousseau

der damaligen sittlich verkommenen und zersetzten Gesellschaft einen
sogenannten Urzustand der Menschheit in hinreißender Weise mit
glühenden, idealen Farben ausmalte. So schwärmten, um ein
auch für die Gegenwart höchst lehrreiches Beispiel anzuführen, die
sämmtlichen jungen Gelehrten, welche an der großen Weltumsege=
lungs=Expedition Theil nahmen, die in den Jahren 1800 bis
1804 von der französischen Republik auf neue Entdeckungen aus=
geschickt wurde, natürlich auch für die urwüchsige Ethik der Natur=
kinder Neuhollands und Vandiemenslands. „Namentlich war",
wie G. H. von Schubert in seiner Selbstbiographie (Erlangen
1856. Bd. 3. I. Abth. S. 180) erzählt, „Franz Peron, der
Zoologe und Anthropologe, schwärmerisch für den Wahn von dem
unschuldigen, glücklichen Zustande der Naturmenschen eingenommen.
Lange hatte er vergeblich auf die Gelegenheit einer näheren Be=
kanntschaft mit diesem harmlosen Kindergeschlecht gewartet. — So
wie man bei dieser Entdeckungsreise nach Vorschrift der franzö=
sischen Republik überall bei solchen Gelegenheiten zu thun pflegte,
benahm man sich mit zutraulicher Freundlichkeit gegen die Wilden
(auf Tasmanien), überhäufte sie mit Geschenken und es schien den
Leuten so wohl bei den fremden Gästen zu gefallen, daß sie den
ganzen Tag bei ihnen blieben. Einer der See=Cadetten hatte sich
zur Belustigung der Gesellschaft mit einem Vandiemensländer im
Ringen geübt. Die Zutraulichkeit von beiden Seiten schien für
immer befestigt; man fügte den gegebenen Geschenken beim Ab=
schiede noch neue hinzu. Als aber die Franzosen in der Freude
über das gelungene Werk ihrer Wohlthätigkeit und ihres Freund=
schaftsbundes hinab zur Küste nach ihrem Boot gingen, da flog
auf einmal ein scharfer Wurfspieß, von kräftiger Hand geschleu=
dert, aus dem Gebüsch hervor, welcher den See=Cadetten am
Rücken und in sehr schmerzlicher und bedenklicher Weise verwundete.
Die Mannschaft des Bootes suchte vergeblich nach den tückischen
Verräthern; diese hatten sich alsbald zwischen dem Gebüsch und
den Felsen der wohlverdienten Züchtigung entzogen. Vielleicht
waren es dieselben durch Wohlthun gewonnenen Freunde, welche
einige Tage nachher die Fremden aus dem Gebüsche hervor mit
einem Hagel von Steinwürfen begrüßten. Dennoch ließ man sich
in dem bisherigen freundschaftlich=friedlichen Benehmen und in dem

Laufe der überfließenden Freundlichkeit nicht hemmen; man belastete die Wilden, die in blinder Wuth auf den Maler Petit losstürzten und ihm mit einem Stück Holz den Kopf zerschmettern wollten, für ihre Unthat noch mit Geschenken, für welche die Naturmen=schen die Geber mit Steinwürfen lohuten, davon einer den Ober=befehlshaber in sehr eindrücklicher Weise an den Rücken traf. Eine Erfahrung nach der andern von der Heimtücke und Bosheit der Naturkinder gab von nun an dem gutmeinenden Peron, so wie dem Botaniker Lechenault, der von dem gleichen Wahne mit Peron be=fangen gewesen war, eine richtigere Ansicht über den sogenannten Naturzustand des Menschen." — Ein neueres trauriges Beispiel von den sittlichen Anschauungen des sogenannten Naturmenschen giebt der 1840 auf den Andamauen erfolgte Tod des Dr. Helfer. Dieser hatte mit den Wilden lange Zeit friedlich verkehrt; eines Tages erschossen sie ihn, ohne im mindesten von ihm oder der übrigen Schiffsmannschaft behelligt worden zu sein, mit Pfeilen. — Was hier geschildert worden ist und durch zahlreiche andere Fälle weiter belegt werden könnte, resultirt aus einem unerschütterlichen göttlichen Gesetze: ohne Bekenntniß ist keine Religion, ohne Re=ligion keine Sittlichkeit und die höchste Sittlichkeit ist verkörpert im Christenthum.

Die heidnischen Formosaner, welche einem Naturcultus an=hängen, werden ohne Schwierigkeit für das Christenthum zu ge=winnen sein, wie denn während der holländischen Herrschaft (1620 bis 1662) ein Theil von ihnen bekehrt war.*) Noch 1714 fanden die Jesuiten verschiedene Eingeborne, welche Holländisch sprachen, schrieben und lasen und Stücke von holländischen Bibeln besaßen, auch über die Taufe, die Dreieinigkeit 2c. sich auszulassen vermoch=ten.**) In neuester Zeit hat Pater Fernando Sainz eine römisch-

---

*) Aus dieser Zeit stammt z. B.: Formulier des Christendoms in de Sideis - Formosaansche taale. Door Dan. Gravius, Amsterdam 1664, 4; siehe bei Klaproth a. a. O. p. 353.

**) Daniel Defoe, dessen Erzählungen über fremde Länder bekannt=lich aus gleichzeitigen Reisebeschreibungen entlehnt sind, berichtet 1719: We came there (an der Südwestküste Formosa's unter 22° 20') to an anchor, in order to get water and fresh provisions, which the people there, who are very courteous and civil in their manners, supplied us willingly, and dealt very fairly and punctually with us in all their agreements and bargains, which is what we did not find among

katholische Mission unter den Kali - oder Kalli-Wilden, die
einen Gebirgsdistrict im Südwesten der Insel bewohnen, eröffnet
und eine Kirche in dem Dorfe einer Mischlings - Race gegründet
und bereits gegen vierzig Convertiten gemacht. Die Bewohner
dieses Bang-Kimsing genannten Dorfes sprechen chinesisch und so
auch er in seinen Predigten; aber neuerdings hat er sein Augen-
merk auch auf die Kali-Sprache gerichtet. In den Nachbardörfern
dieses christlichen Dorfes leben hauptsächlich Halla-Chinesen, die
fortwähreud mit den Kalis in Fehde liegen, deshalb kommen diese
nur Nachts von den Bergen, um den christlichen Priester zu besuchen; daß sie dies unter so bewandten Umständen thun, zeugt
nicht blos für ihre ernste Auffassung des Christenthums, sondern
für ihre Civilisationsfähigkeit. Herr Edwards, ein unternehmender Photograph, besuchte das Dorf mit Swinhoe und nahm
daselbst Bilder von zwei Gruppen dieser intelligenten Naturmenschen auf. (Bericht Swinhoe's nach einer Mittheilung Franz
Maurer's in der „Voss. Ztg." Nr. 246 vom 20. October 1865.)
Endlich findet auch bereits wieder zufolge einem anderweitigen Berichte Swinhoe's eine evangelische Mission auf Formosa statt.
„Man findet", erzählt Pater de Mailla, „unter den Eingebornen,
wie die Chinesen selbst gestehen, weder Betrug, noch Dieberein,
noch Zank, noch die geringsten gerichtlichen Streithändel, außer
nur gegen ihre Dolmetscher. Sie üben auch alle Pflichten der
Billigkeit und Menschenliebe aus. Was Einem von ihnen gegeben
worden ist, darf er nicht eher anrühren, als bis Diejenigen,
welche an der Arbeit Theil genommen haben, auch ihren Antheil
davon bekommen. Diese Leute beten keine Bilder an und verabscheuen sogar Alles, was die geringste Aehnlichkeit damit hat." —
Nach solchen vortheilhaften Berichten aus alter und neuer Zeit
wird man sich von einer preußisch-deutschen Missionsthätigkeit große
Erfolge versprechen dürfen. Die Uebersetzung des neuen Testaments

other people, and may be owing to the remains of christiauity,
which was once planted here by a Dutch mission of Protestants,
and is a testimony of what I have often observed, viz. that the
Christian religion always civilizes the people and re-
forms their manners, where it is received, whether it
works saving effects upon them or not (Robinson Crusoe,
Tauchnitz — Ed. p. 430).

und von Erbauungs-Schriften in den formosanischen Hauptdialect dürfte eine der ersten Aufgaben der evangelischen Propaganda sein.

Während der kurzen Zeit der brandenburgischen Colonial-herrschaft in Afrika hatten unsere Landsleute schon einen wahrhaft versittlichenden Einfluß auf die wilde Urbevölkerung ausgeübt. „Und auch jetzt noch, nach beinahe zweihundert Jahren, ist, wie Reisende versichern, der Einfluß deutscher Gesinnung und Gesittung unter den Mohrenstämmen unverkennbar, in deren Mitte einst die brandenburgische Flagge geweht hat; sie sind weniger roh im Um-gange, ehrlicher im Handel, sie tragen und betragen sich besser, als die andern Stämme." *)

c. In Bezug auf das Mutterland.

Mannigfaltig sind die ethischen Vortheile der Colonisation sowohl für den Colonisten, als auch für die im Mutterlande ver-bleibende Bevölkerung.

Dadurch, daß der Auswanderer in einem fremden Lande, von der Heimath abgeschnitten, rein auf sich selbst, auf sein Herz, seinen Kopf, seine Faust angewiesen ist, wird sein Erfindungsgeist, sein Fleiß, seine Thatkraft, seine Selbstverleugnung und jede edlere Leidenschaft ganz besonders angespornt. Die individuelle Thätigkeit wird im Colonialleben vorzüglich in Anspruch genom-men; es ist nicht der Staat, nicht die Gemeinde, welche hier, wie in der Heimath, in unzähligen Dingen vorarbeitet, sondern der Einzelne muß sich selbst anstrengen, selbst Polizei üben ꝛc. Eine rastlose Geschäftigkeit, die Heimathslosigkeit, in welcher sich nament-lich in Handels-, Pflanzungs- und Eroberungs-Colonieen der Einwanderer lange Zeit befindet, das Streben, möglichst bald selbstständig zu werden, aus der dienenden in die herrschende Klasse zu gelangen, Mühseligkeiten und Gefahren vielerlei Art, alles das erzeugt unter den Colonisten einen harten, verwegenen Menschenschlag, der seinen Nacken nicht leicht unter das Joch beugt, und was er mit Anstrengung aller geistigen und körperlichen Kraft errungen, gegen wen auch immer vertheidigt.

---

*) Vertrauliche Mittheilungen vom preußischen Hofe und aus der preußischen Staatsverwaltung. Berlin 1865. gr. 8. S. 177.

Nun kommen und ziehen besonders in Handels-Colonieen die Ein- und Auswanderer beständig hin und her. Personen, die in der Colonie ihr Glück gemacht, gehen, um ihr Besitzthum in Muße zu genießen oder anderweit zu verwerthen, in die Heimath zurück, wo ihr Vorgang wieder Andere zur Auswanderung an- stachelt. So entsteht ein fortwährendes Hin- und Herwandern, nicht blos der Menschen, sondern auch der mannigfaltigsten geistigen und intellectuellen Kräfte, ein sittlicher Ideenaustausch, eine ethische Endosmose und Exosmose, die auf das Mutterland, auf das Ge- sammtvolk belebend und stärkend zurückwirkt.

Nicht minder heilsam in sittlicher Rücksicht ist die Solidarität der materiellen Interessen, welche sich zwischen Mutterland und Colonie durch die öconomischen Wechselbeziehungen, in welchen beide andauernd stehen, von selbst ausbildet. Am meisten ist dies der Fall, wo die wirthschaftliche Lage beider Theile einander mög- lichst entgegengesetzt ist, wo also z. B. in der Heimath (wie in Preußen) die Manufacturkraft, in dem Tochterlande dagegen die Rohproduction (wie in Formosa) überwiegt. Hier entwickelt sich unter einem ehrenfesten, wahrhaft nobeln Kaufmannsstande eine Solidität in Handel und Wandel, die dem Schwindel und der Glücksjägerei abhold, das Geschäftsleben auf Ehrlichkeit und Recht- schaffenheit, auf Treu und Glauben basirt. Wohl dem Volke, welchem Colonieen erlauben, seine pecuniären und öconomischen Beziehungen an eine solche Grundlage zu lehnen, und wohl dem Volke, das durch Anlegung derartiger Colonieen einen solchen ethischen Fonds im Gebiete der materiellen Interessen hervorzu- bringen trachtet!

Ferner entwickelt der gesteigerte Verkehr auf und mit dem Meere, den eine Colonie sofort hervorruft, ebenfalls den Volks- geist nach seinen edelsten Richtungen hin. Nicht ohne eine tief- bedeutungsvolle Vorsehung lautet der kühne Wahlspruch der Hohen- zollern und damit zugleich der Preußens: „Vom Fels zum Meer!" Ein See- und Colonial-Volk muß kühn, stark, nationalstolz, frei- heits- und vaterlandsliebend werden. Vertraut mit den jähen Schrecken der launischen Elemente, den Tod stündlich vor Augen, verachtet der Seemann menschliche Feinde. Je länger und je öfter er von der Heimath um des Berufs willen getrennt wird, um so

lieber wird ihm dieselbe. Von solchen Eigenschaften des See-
manns geht aber etwas auf die gesammte Bevölkerung des Landes
über, wofür die Briten ein redendes Beispiel sind. Erst sobald
ein Volk die Enge seiner Gebirge oder die Nüchternheit seiner
Ebenen verlassend die Seeküste gewinnt, wird es vollberechtigt, im
Rathe der Völker mitzusprechen. Die dumpfe Enge des Binnen-
landes macht auch den Geist seiner Bewohner engherziger, und
erst da, wo die Seebrise erfrischend die Stirn umspielt, wo die
rastlose Woge donnernd an das Gestade schlägt und von den Wun-
dern der fernen Lande jenseits des blauen Wassers, die sie vor
Kurzem erst verlassen hat, erzählt, erst da erweitert sich mit dem
räumlichen Blick auch die ethische Anschauung, mit dem Auge
das Herz.

Welche Fülle von Talent, Mannesmuth und Thatkraft findet
im See- und Colonialdienst fortwährend Verwendung, und wie
viele treffliche, begabte junge Männer gehen für die deutsche Heimath aus Mangel eines Colonialbesitzes alljährlich verloren! Wie
Viele, welche Beruf und Neigung unwiderstehlich nach fremden
Zonen führt, werden nicht dem Vaterlande ein für allemal ent-
fremdet; wie Viele, die eine unbedachte Handlung, ein sorgloses
Leben Deutschland zu verlassen zwang und die gern jenseits des
Oceans, wenn dort Preußens Flagge wehte, von Neuem zu ringen
und streben und für ihr Volk und ihre Familie willig im Schweiße
ihres Angesichts zu arbeiten anfangen würden, werfen sich, da dies
unmöglich ist, in Verzweiflung dem Auslande in die gierig geöffneten Arme, wo sie gewöhnlich, an Geist und Körper bald zer-
rüttet, ein vorzeitiges Ende finden. Vor solchem ethischen Schiff-
bruche würde auch schon eine kleine preußische Colonie manchen
Deutschen wie ein Rettungshafen bewahren.

Einen unwiderleglichen Beweis für den ethischen Gewinn,
den unser preußisch-deutsches Vaterland durch die Colonisation
machen würde, liefern diejenigen Deutschen, welche sich als Ge-
schäftsleute, Missionäre u. s. w. bereits längere Zeit im östlichen
Asien befinden und die um so mehr als die Pioniere deutscher
Colonialherrschaft anzusehen sind, als, so viel uns zu Ohren gekommen, ihr Urtheil der Anlegung preußisch-deutscher Ansiedelungen
im Indischen und Stillen Ocean ebenfalls lebhaft das Wort redet.

Einen aufgeklärteren, vorurtheilsfreieren Kaufmannsstand, als den „draußen", wird man in ganz Deutschland schwerlich finden. Alle die kleinlichen Beschränktheiten und Vorurtheile, jenes leidige nega- tivistische Wesen, das dem Deutschen seit Jahrhunderten anklebt und der Fluch der Kleinherrschaft, der politischen Zersplitterung und Ohnmacht ist, verschwinden, sobald der Deutsche eine Zeit lang „draußen" gelebt hat. Er kennt, wenn er Neptun's blaue Jacke zwischen sich und der Heimath hat, wenig oder nichts mehr von engherzig particularistischen Interessen. Wo es das Wohl des ganzen großen herrlichen Vaterlandes gilt, wägt er in der Fremde nicht mehr kleinliche doctrinäre Bedenken ängstlich ab, sieht nicht mehr auf das protestantische Preußen scheel und läßt sich dessen Führer- schaft unter vernünftiger Erwägung der realen Verhältnisse gern gefallen. Das Philisterthum und die Kirchthums-Perspective hat er zu Hause gelassen; Hamburger, Bremer und Preuße, Hanno- veraner, Sachse und Holste reichen sich brüderlich die Hand, ohne den Weingeistrausch der Schützen-, Turner- und Sängerfeste zu bedürfen. Mannhaft stehen sie neben dem stolzen Briten und dem rührigen Amerikaner da, wohl wissend, daß wir Deutsche die dritte Handelsmacht der Erde sind, und daß die großen kriegerischen Erfolge Preußens dem gesammten Deutschland zum Heile und Segen gereichen müssen. Eine solche ethische Ideenfrische mögen wir Deutsche daheim uns nur zum Muster nehmen, und wie viel selbstbewußter würden unsere Landsleute „draußen" erst auftreten, wenn sie deutschen Colonialboden unter ihren Füßen fühlten und den beständigen, mächtigen Schutz preußischer Kriegsfahrer und Bajonnete in der Nähe wüßten?

Welch' eine weite Perspective eröffnet uns endlich die Coloni- sation Formosa's in wissenschaftlicher Beziehung! Ein Land der Wunder und Räthsel seit langer Zeit genannt, nach seinen geo- graphischen Verhältnissen, seinen Naturschätzen, nach seiner Be- völkerung erst wenig bekannt, bietet es ein noch in vieler Hinsicht jungfräuliches Feld für Forschungen aller Art. Und wer ist be- rufener dasselbe auszubeuten, als das deutsche Volk, welches mit der Gesundheit und dem Leben seiner edelsten Söhne sich längst die Anwartschaft auf einen eigenen Colonialbesitz erworben, und vor Allem, als Preußen, welches so viele wissenschaftliche und

practische Expeditionen in die fernsten Länder unternommen und
mit freigiebiger Hand ausgestattet hat? Humboldt, Leichardt,
Schlagintweit, Kämpfer, Gützlaff, Goßner, Overweg,
Barth, Vogel, Junghuhn u. A. sind Namen, um welche uns
die größten See- und Colonialstaaten beneiden, und wir werden
jedes auf deutsche Colonisation gerichtete Unternehmen mit Fug
und Recht zugleich einen Act der Pietät gegen unsere in fremder
Erde ruhenden Märtyrer der Wissenschaft und Religion nennen
können.

---

2. Der rechtliche Gesichtspunkt.

Oeffentliches Recht.

A. Aeußeres Staatsrecht (Völkerrecht).

Nach allgemein anerkannten völkerrechtlichen Grundsätzen steht
es jedem selbstständigen Staate frei, sich

    a) jedes herrenlosen,

    b) jedes völkerrechtlich nicht anerkannten und

    c) jedes feindlichen Landes

zu bemächtigen.

Diese Regel erleidet zu b. und c. eine Ausnahme bezüglich
des Territorialbestandes innerhalb Europa's, indem Occupationen
in diesem Erdtheil ohne eine gewisse Mitwirkung der Großmächte
nicht statthaft sind. Dies beruht lediglich auf lex specialis,
nämlich auf den Verträgen von 1814—1815 und den späteren
völkerrechtlichen, von den europäischen Mächten garantirten Sti-
pulationen.

Eine zweite, jedoch keineswegs allgemein anerkannte Ausnahme bildet die sogenannte Monroe-Doctrin vom Jahre 1823,
wieder aufgestellt in der Botschaft, mit welcher der Präsident
Andrew Johnson 1865 den Congreß eröffnete. Danach soll die
Ausdehnung des monarchischen Princips auf Nordamerika, folglich

auch die Anlegung neuer Colonieen seitens einer Monarchie da=
selbst als ein Act der Feindseligkeit wider die Vereinigten Staaten
angesehen werden.*)

Beide Ausnahmen gehen unsern Fall nichts an, da es sich
vor der Hand um preußisch=deutsche Colonieen in Asien handelt.

In völkerrechtlicher Beziehung ist in Asien nur noch auf den
chinesischen Kaiserstaat zu rücksichtigen.

Personen, die keine genaue Kenntniß der localen Verhältnisse
haben, hegen nicht selten die Meinung, daß die Insel Formosa
zu China gehöre. Dies ist vollkommen irrig. Mit demselben
Recht würde man sagen: Nordamerika gehört der Union und
Nordafrika den Franzosen. Nur ein Theil der Insel steht unter
chinesischer Oberhoheit, und zwar nicht als integrirender Theil des
chinesischen Reichs, sondern lediglich als Dependenz desselben, als
Colonie, ähnlich wie Algier zu Frankreich, in welcher Colonie auch
viele tausend Franzosen leben, ohne daß Jemandem beifallen wird,
Algier in derselben Art, wie die Normandie oder Auvergne, für
einen Theil Frankreichs zu halten. Der von den Chinesen occu=
pirte Theil ist von einem malayischen Stamme bewohnt, der durch
die chinesischen Ansiedler und Regierungs = Organe nur mittels
Waffengewalt behauptet wird. Nur in den Hauptplätzen ist die
chinesische Bevölkerung zahlreich, auf dem platten Lande überwiegen
die Eingebornen. Mit einem Wort: die Kaiserlich chinesische Re=
gierung besitzt auf Formosa lediglich eine Handels=, Pflanzungs=
und Eroberungs = Colonie, und es kann keiner Macht verwehrt
werden, ihrerseits ebenfalls auf der Insel Colonieen anzulegen,
wie denn im 17. Jahrhundert auf derselben zu gleicher Zeit die
Spanier, die Niederländer, die Japaner und die Chinesen eine
Colonie besaßen, ohne daß es einer dieser Nationalitäten einge=
fallen wäre, der andern das Recht zur Colonisation an und für
sich zu bestreiten. Wie erwähnt, ist die ganze Südküste, fast die
ganze Ostküste und ein beträchtlicher Theil der Südwestküste theils
völlig unbewohnt und herrenlos, theils von barbarischen See= und
Strandräubern bewohnt, welche die preußische Flagge beschimpft
und deutsche Schiffe geplündert, so wie deren Mannschaften er=

---

*) Siehe jedoch Mexico!

morbet haben. Preußen ist sonach zur Occupation und Annexion auf diesem ganzen Gebiete in bester Form Rechtens befugt.

Will man trotz des unzweifelhaftesten internationalen Rechts-titels vor oder bei der Occupation der Regierung zu Peking durch einen besondern Act diplomatischer Courtoisie zeigen, daß man durchaus keine Eingriffe in ihre Rechte beabsichtigt, so läßt sich dies wie folgt bewirken. Nach Artikel 33 des Handels- und Freundschafts-Vertrages vom 2. September 1861, der nicht blos zwischen den Staaten des deutschen Zollvereins, sondern auch zwischen den jetzt durch Preußen besonders beschützten Großherzog-thümern Mecklenburg-Schwerin und Strelitz, so wie den Hanse-städten Lübeck, Bremen und Hamburg einer- und China anderer-seits abgeschlossen ist, sind die chinesischen Behörden, falls Schiffe der contrahirenden Staaten in chinesischen Gewässern von See-räubern geplündert werden, verpflichtet, alle Mittel zur Habhaft-werdung und Bestrafung der Räuber aufzubieten. Die geraubten Waaren sollen, wo und in welchem Zustande sie sich auch befinden mögen, in die Hände des betreffenden Consular-Beamten abge-liefert werden. Nach Artikel 26 sollen die chinesischen Behörden der Person und dem Eigenthum deutscher Unterthanen zu jeder Zeit den vollsten Schutz angedeihen lassen, namentlich wenn den-selben Beleidigung oder Gewalt widerfahren sollte. In allen Fällen von Brandstiftung, Raub oder Zerstörung soll die Orts-behörde sofort die bewaffnete Macht absenden, um die Zusammen-rottung zu zerstreuen, die Schuldigen zu ergreifen und sie der Strenge der Gesetze zu überliefern. Hiernach ersucht der König-liche Gesandte zu Peking die Kaiserliche Regierung um Genug-thuung wegen der auf der Südwestküste vorgefallenen — bekanntlich völkerrechtlich unverjährbaren — Beleidigung der Königlich preußischen Kriegsflagge, so wie um Schadenersatz für geplünderte Schiffe und beraubte Schiffsmannschaften. Von einer Auslieferung der Verbrecher, von einer Bestrafung derselben, kurz von einer Genugthuung kann aber, wie Jeder weiß, der die chinesischen Ver-hältnisse einigermaßen kennt, nicht die Rede sein. Die Chinesen werden und müssen antworten: die Fälle haben sich nicht auf chinesischem Gebiete zugetragen, jene Wildenhorden liegen außer unserem Machtbereich; so gern wir auch möchten, sind wir doch außer Stande, die verlangte Genugthuung zu gewähren. *) — Hiernach dürfte auch das letzte Bedenken des vorsichtigsten Diplomaten sich erledigen.

Bereits zu Ende des Jahres 1865 traten die Admirale der Westmächte wegen Unterdrückung des Seeraubes an den formosanischen Küsten in Unterhandlungen; auch der preußische Gesandte machte bei der ersten Nachricht, daß Seeräuber an der chinesischen Küste wieder den Handel beunruhigten, wegen Ergreifung der erforderlichen Maßregeln zur Unterdrückung des Piratenwesens die geeigneten Vorstellungen bei der Regierung zu Peking. Seitens der letzteren ist hierauf unter dem 3. Mai 1866 dem Königlichen Gesandten die Zusage gemacht worden, daß sie energische Maßregeln ergreifen und ohne Zeitverlust sich in Besitz der erforderlichen Dampfschiffe selbst durch Miethe setzen wolle. Wie vorauszusehen war, ist es bei den Redensarten verblieben, im Sommer 1866 der Flensburger Schiffscapitän Bradtborn von formosanischen Piraten ermordet und wieder eine Anzahl deutscher Handelsschiffe nahe der Insel angefallen worden. Die Anwesenheit der Kriegscorvette „Vineta" in den formosanischen Gewässern wird daher von den deutschen Rhedern und Kaufleuten mit Freuden begrüßt, eine durchgreifende Abhülfe des Piraten-Unfugs erkennen dieselben jedoch nur in der dauernden Occupation und Colonisirung eines geeigneten Punktes auf Süd-Formosa. — (Vergl. Preuß. Staats-Anzeiger vom 13. December 1866. Ueber den beabsichtigten Angriff formosanischer Seeräuber auf die preußische Segel-Fregatte „Thetis" f. Die preußische Expedition nach Ost-Asien. I. S. 235—239.)

Ich darf aber nicht verschweigen, daß die Völkerrechts-Praxis im Orient nichtchristlichen Staaten gegenüber bei Weitem nicht so bedenklich ist, wie unter europäischen Verhältnissen. So wurde während der drei großen Conflicte zwischen China und England der Krieg immer nur auf wenigen Punkten geführt, im Großen und Ganzen aber Handel und Wandel an den verschiedentlichsten Punkten des großen Reichs zwischen Engländern und Chinesen

---

*) So ist wegen der Christenverfolgung auf Korea (1866) seitens des Pekinger Cabinets jede Verantwortlichkeit abgelehnt worden, obwohl Korea ein Tributärstaat von China ist.

aufrecht erhalten, wie vor Abbruch der diplomatischen Beziehungen.
Umgekehrt erlauben sich solchen halbcivilisirten Nationen gegenüber
die Europäer, um sich Recht zu verschaffen, Handlungen, die in
Europa unfehlbar casus belli sein würden, in China aber kein
Aufsehen erregen. Ein eclatanter Fall, wie summarisch ein englischer Stationschef gegen formosanische Mandarine auf seine
eigene Verantwortlichkeit hin im Jahre 1861 verfuhr, ist bereits
mitgetheilt. Mit Recht bemerkt daher ein gründlicher Kenner, Capitän Werner: „Ein Gesandter oder Consul ohne Kanonen hat
in China ziemlich dieselbe Bedeutung, wie in Haïti, und das Erscheinen von Kriegsschiffen in irgend einem chinesischen Hafen, wo
ein Streitfall entsteht, ist ein Argument, dessen practischer Werth
von den Mandarinen nie unterschätzt wird. Von der Nothwendigkeit einer physischen Macht hier draußen muß Jeder überzeugt
sein, der die Verhältnisse in China kennen gelernt; und jeden
Augenblick bieten sich schlagende Beweise dafür.“

B. Inneres Staatsrecht (Verfassungsrecht).

a. Staatsverfassungsrecht.

1. Stellung Preußens zum deutschen Bunde.

Artikel VI. der Bundesreform-Acte vom 10. Juni 1866,
welche seitens der preußischen Regierung den übrigen deutschen
Staaten mitgetheilt wurde, bestimmt:

Der Gesetzgebung und Ober-Aufsicht der Bundesgewalt
unterliegen die nachstehenden Angelegenheiten:

2c. 2c.

6) Die Bestimmungen über die Freizügigkeit, Heimaths-
und Ansiedelungs-Verhältnisse, den Gewerbebetrieb, die
Colonisation und Auswanderung nach außerdeutschen
Ländern.

7) Die Organisation eines gemeinsamen Schutzes des deutschen
Handels im Auslande, der deutschen Schifffahrt und ihrer
Flaggen zur See und Anordnung gemeinsamer consulari-
scher Vertretung, welche vom Bunde ausgestattet wird.

Hiermit ist zum ersten Male, seit Preußen existirt, die Colonisationsfrage auf die Tagesordnung gesetzt und zu einem Gegenstande des deutschen Staatsrechts gemacht. Preußen hat von nun ab die Verpflichtung und das Recht, das Colonialwesen unter eigener Initiative für ganz Deutschland anzubahnen, wobei ihm die Constitution des neuen norddeutschen Bundes, der Preußen zum Vertreter Deutschlands macht und in welche jener Art. VI. übernommen ist, außerordentlich zu statten kommt.

2. Stellung der Krone und der Landesvertretung.

In England, Frankreich, Holland, Spanien und Portugal, fünf constitutionellen Staaten, erfolgt die Anlegung neuer Handels-, Pflanzungs- und Eroberungs-Colonieen, insbesondere die erste Occupation der dazu nöthigen Ländereien regelmäßig ohne vorherige Befragung der Landesvertretung, rein aus Königlicher Machtvollkommenheit, entweder auf directen Befehl des Herrschers oder auch nur des Colonial-Ministers oder endlich sogar nicht selten lediglich auf Verantwortung eines einzelnen Militär- oder Marine-Befehlshabers. Der Grund liegt auf der Hand. Wollte ein Marine- oder Militär-Chef, welcher einen geeigneten Punkt zur Anlegung einer Colonie entdeckt, erst an den Colonial-Minister oder die Krone berichten, oder wollte die Krone, falls der Anstoß unmittelbar von ihr ausgeht, erst eine Vorlage an das Parlament machen und dessen Genehmigung einholen, so würden darüber Monate vergehen, andere Mächte aufmerksam gemacht und die Occupationen inzwischen vereitelt werden.

Auch hier wenigstens zwei Präcedenzfälle. Ein Engländer Namens Roß hatte sich auf den im Indischen Ocean belegenen Kiling- oder Cocos-Inseln niedergelassen und die Erlaubniß der holländischen Regierung, die niederländische Flagge zu führen, nachgesucht. Der Gouverneur in Batavia ließ aber die Sache liegen, und Roß erhielt zwanzig Jahre hindurch keinen Bescheid. Im April 1857 ankerte zufällig eine englische Corvette in der vortrefflichen Bai, welche von den Inseln eingeschlossen wird. Roß's Sohn — der Vater war inzwischen gestorben — wandte sich nun an die Engländer behufs Stellung unter britischen Schutz. Der Capitän, welcher die große Wichtigkeit der Kiling-Inseln als

Schifffahrtsstation nach Australien und dem Indischen Archipel er=
kannte, händigte ohne irgend welche Anfrage daheim auf eigene
Verantwortung dem Roß sofort eine englische Flagge aus und
nahm zum nachmaligen großen Verdruß der saumseligen nieder=
ländischen Colonial=Regierung die Inselgruppe im Namen Ihrer
britischen Majestät brevi manu in Besitz.

Sir George Bowen, Statthalter der nordost=australischen
Colonie Queensland, schlug den Lords des Schatzamts und der
Admiralität vor, eine Station nahe Cap York am nördlichsten
Punkte Neuhollands zu errichten. Die Regierung billigte den
Plan, und Commodore Burnett occupirte im Herbst 1862 einen
Platz in der Nähe von Port Albany, natürlich ohne die geringste
Rücksichtnahme auf die zahlreichen Wildenschaaren, welche die
Nachbarschaft durchstreifen. Es soll hier eine Stadt angelegt wer=
den: destined perhaps to be one day the Singapore of
Australia. Von einer Mitwirkung des Parlaments keine Rede.

Kann nun die preußische Krone ohne Mitwirkung des Land=
tags Colonieen anlegen?

Diese Frage muß:

a) aus allgemeinen staatsrechtlichen Gründen und

b) speciell auf Grund der Verfassungs=Urkunde
unbedingt bejaht werden.

(Zu a.) Die preußische Verfassungs=Urkunde ist zwar nach
der modernen sogenannten constitutionellen Schablone angefertigt
und stimmt insbesondere mit der belgischen, welche ihr häufig zum
Vorbild gedient hat, in manchen Punkten überein, dennoch ist die
Entstehung und Wirksamkeit gerade umgekehrt. Das Recht der
belgischen Herrscher schreibt sich aus der Volkssouverainetät, das
der preußischen Herrscher ex pacto et providentia majorum
her. In Belgien hat sich das souveraine Volk nach Losreißung
von Holland freiwillig eines Theils seiner Rechte entäußert und
diese auf den durch die allgemeine Abstimmung gewählten König
der Belgier übertragen. In Preußen hat sich der souveraine König
(gleichviel, ob man hier an die Verheißungen Friedrich Wilhelm's III.
oder IV. denkt) freiwillig eines Theils seiner Rechte entäußert
und diese auf den von ihm selbst berufenen Landtag der Monarchie
übertragen. Folgerecht muß im Zweifel in Belgien die Verfassung

zu Gunsten des Volks wider den König, in Preußen zu Gunsten des Königs wider den Landtag interpretirt werden.

Daß die preußischen Herrscher in der vorconstitutionellen Zeit das Recht gehabt, Colonieen aus eigner Machtvollkommenheit anzulegen, bedarf keines Beweises, auch spricht die Geschichte dafür: drei Regenten, der Große Kurfürst, König Friedrich I. und König Friedrich Wilhelm I., haben Colonieen theils erworben, theils veräußert, ohne daß die Stände beansprucht hätten, dieserhalb gehört zu werden.

Nach allgemeinen Rechtsgrundsätzen werden nun Veränderungen, und namentlich Entsagungen, nicht vermuthet, jedenfalls auch letztere im Zweifel stricte, d. h. so, daß sie dem Verpflichteten am wenigsten lästig sind, interpretirt. Insbesondere spricht das Preußische Recht aus:

„Sind keine rechtlichen Präsumtionen vorhanden, so giebt der Satz den Ausschlag: daß keine Thatsache und keine Veränderung vermuthet wird." Th. I. Tit. 13, § 28 der Allg. Gerichts-Ordnung.

„Daß Jemand sich seines Rechtes habe begeben wollen, wird nicht vermuthet. — Die Willensäußerung zur Entsagung oder Uebertragung eines Rechtes muß also deutlich und zuverlässig sein." §§ 105 u. 106 der Einl. zum Allg. Landrecht.

„Erlaß und Verzichtleistungen erfordern allemal eine ausdrückliche Willenserklärung." Th. I. Tit. 16, § 381 a. a. O.

Soweit also die Verfassungs-Urkunde als eine Entsagung der Rechte des Landesfürsten aufzufassen ist, muß sie im Zweifel sicherlich stricte, nämlich zu Gunsten des Fürsten ausgelegt werden.

Einer solchen stricten Interpretation bedarf es aber im vorliegenden Falle kaum. Die preußischen Könige haben sich des von ihren Vorfahren her überkommenen Rechtes, Colonieen anzulegen, niemals entäußert, folglich besitzen sie es noch. Die Anlegung einer Colonie ist aber eine einseitige Handlung, ein reiner Act der Executive, und ist der König als Oberbefehlshaber über das Heer und die Flotte, die Instrumente der Executive, rechtlich befugt, jederzeit den Befehl zur Occupation eines überseeischen Landes und zur Anlegung einer Colonie zu ertheilen, womit übrigens auch die Art. 45 flg. der Verfassungs-Urkunde vom 31. Januar 1850 übereinstimmen.

(Zu b.) Man könnte entgegnen, daß sich aus bestimmten Artikeln der Verfassung Einwendungen gegen die nach dem zu a. Gesagten, an sich gültige Forderung der Krone, Colonieen anzu- legen, erheben ließen, und daß nach dem Satz: lex posterior derogat priori und lex specialis derogat generali die Ver- fassungs-Urkunde als späteres und specielles Gesetz den früheren Rechtszustand und die allgemeinen in der Einleitung zum Allge- meinen Landrecht ausgesprochenen Grundsätze im concreten Falle aufhebe.

Um dies zu widerlegen, müssen wir die einschlagenden Be- stimmungen der Verfassungs-Urkunde näher prüfen.

Art. 1. „Alle Landestheile in ihrem gegenwärtigen Umfange bilden das Preußische Staatsgebiet."

Art. 2. „Die Grenzen dieses Staatsgebiets können nur durch ein Gesetz verändert werden."

Art. 48. „Der König hat das Recht, Krieg zu erklären und Frieden zu schließen, auch andere Verträge mit fremden Re- gierungen zu errichten. Letztere bedürfen zu ihrer Gültigkeit der Zustimmung der Kammern, sofern es Handelsverträge sind, oder wenn dadurch dem Staate Lasten oder einzelnen Staatsbürgern Verpflichtungen auferlegt werden."

Art. 55. „Ohne Einwilligung beider Kammern kann der König nicht zugleich Herrscher fremder Reiche sein."

Zunächst kann die Anlegung einer Colonie auf fremdem Ge- biete als eine Veränderung des preußischen Staatsgebietes im Sinne der Art. 1 und 2 nicht erachtet werden. Bei der Ema- nation dieser Artikel hat man nicht im Entferntesten an die An- lage preußischer Colonieen gedacht; existirten doch kaum die unbe- deutendsten Anfänge einer preußischen Kriegsflotte. Wollte man diese Artikel auf preußische Colonieen anwenden, so verstieße man gegen den Fundamental-Rechtssatz, daß ein Gesetz nur auf die Fälle, für welche es gegeben ist, angewendet werden kann. Die Entstehungsgeschichte dieser Artikel fällt in jene bewegte Zeit, wo die heterogensten politischen Strömungen sich kreuzten, wo die eine

Parteilosung hieß: Preußen soll in Deutschland aufgehen, die andere: Deutschland soll in Preußen aufgehen, während eine dritte Partei, im Trüben fischend, gewisse angeblich polnische Gebietstheile losreißen wollte. Aus dieser genesis legis geht die ratio legis ganz klar dahin hervor, daß sich Regierung wie Landesvertretung in den wichtigsten Fragen über die Stellung Preußens zu Deutschland die freie Entschließung und Mitwirkung sichern, insbesondere aber einer Emancipation der damals schon halb germanisirten Provinz Posen vorbeugen wollten. Eine andere Absicht verband man mit diesem Artikel damals nicht.

Ferner würden auch überseeische Colonieen überhaupt nicht unter den Begriff des Staatsgebiets im Sinne des Art. 2 fallen. Was das preußische Staatsgebiet ist, sagt Art. 1 deutlich, nämlich „alle Landestheile der Monarchie in ihrem gegenwärtigen Umfange", mit einem Wort: das Königreich Preußen. Keine Colonialmacht der Erde rechnet ihre Colonieen zum engeren Staatsgebiete. Algerien, obwohl von Frankreich nur durch ein Binnenmeer getrennt, und unmittelbar dem Mutterlande benachbart, fällt keineswegs unter den Begriff Frankreich. (Art. 27. No. 1, Const. du 20/21 Déc. 1851.) Es fällt der holländischen Regierung nicht ein, zu behaupten, ihre asiatischen Colonieen seien ein Theil der Niederlande, sondern sie unterscheidet wohlweislich das Königreich der Niederlande, d. h. das niederländische Staatsgebiet im Sinne unserer Artikel 1 und 2, und das niederländische Ostindien, d. h. die Dependenzen (Colonieen) der niederländischen Krone. Am klarsten wird die Unterscheidung bei der größten Colonialmacht der Erde. Das englische Staatsgebiet im Sinne der Art. 1 und 2 ist Großbritannien und Irland (the United Kingdom of Great-Britain and Ireland); hiervon sind die britischen Colonieen ganz getrennt und geschieden. Will man aber Beides zusammenfassen, so drückt man dies in der officiellen Sprache als britisches Reich (The British Empire) aus. Unter den Begriff eines preußischen Reichs in diesem Sinne würden also die preußischen Colonieen fallen, nicht unter den Begriff des Preußischen Staatsgebiets.

Man hüte sich ja, dieses staatsrechtliche Verhältniß mit der Personal-Union zu verwechseln. Die Per-

fonal=Union ift bie Bereinigung zweier an fich felbftftänbiger Staa=
ten unter einem Oberhaupt. Eine Colonie ift aber burchaus kein
an fich felbftftänbiger Staat, fonbern vielmehr ein abhängiges
Land, in einiger Beziehung etwa einer erweiterten Domäne ver=
gleichbar, baher in ber technifchen Sprache ber Colonialmächte
ftets dependency, dépendance, Dependenz genannt. Diefe
Unterorbnung, bie für Handels=, Pflanzungs= unb Eroberungs=
Colonieen ftets gilt, unb für Acerbau=Colonieen erft bann eine
Aenberung erleibet, wenn biefe fich aus eigener Kraft zu eman=
cipiren beginnen, erklärt fich rechtlich baraus, baß bas Mutter=
lanb mit feinen intellectuellen unb materiellen Kräften ja erft bie
Colonie gefchaffen unb ausgerüftet hat.

Artikel 48 würbe nur auf folche Colonieen paffen, welche
burch läftige Verträge (pactum onerosum) mit fremben Re=
gierungen errichtet werben. Bei ber Colonifation Formofa's ꝛc. han=
belt es fich weber um einen läftigen, noch überhaupt um einen
Vertrag. Wie gefagt, ift bie Anlegung einer Colonie ein Act ber
Executive, bie nach Art. 45 bem Könige allein zukommt, unb be=
fteht in ber Occupation bes entweber herrenlofen ober völkerrecht=
lich nicht anerkannten ober feinblichen Lanbes. Diefe Befitznahme
(occupatio), eine originäre Erwerbsart bes Eigenthums, verleiht
ber Krone bas Recht ber unumfchränkten unb ausfchließlichen
Herrfchaft über bie Colonie. (§ 3 Th. II. Tit. .16; §§ 7, 8
Th. I. Tit. 9 bes Allgemeinen Lanbrechts.)

Am wenigften enblich paßt Artikel 55, benn eine Colonie
ift kein frembes Reich unb überhaupt kein Reich.

b. Staatsverwaltungsrecht (Regierungsrecht).

Daß bie vorftehenbe Auffaffung bes Rechtsverhältniffes einer=
feits ber Krone bezüglich ihrer Machtvollkommenheit zur Anlegung
von Colonieen unb anbererfeits ber Colonie zum preußifchen
Staatsgebiete im Sinne ber Verfaffung vollkommen begründet ift,
zeigt fich auch aus bem Staatsverwaltungsrecht ber verfchiebenen
Colonialmächte. Bei keiner berfelben hat bie Colonie biefelbe Ver=
affung wie bas Mutterlanb. Wären bie Colonieen Theile bes
eigentlichen Staatsgebietes, fo würben fie auch nothwenbigerweife
an ber Verfaffung beffelben Theil nehmen. Inbeffen bei allen
Colonialmächten haben bie Dependenzen ihre befonbern Colonial=

Verfassungen, und concentrirt sich die Regierung der Colonie in der Hand des einen Colonial-Ministers. Unter der eben erwähnten Voraussetzuug wäre die Creirung eines Colonial-Ministers überhaupt ein Unding. Der französische Finanzminister würde auch Finanzminister von Algerien, Gorea, Senegal, Reunion ꝛc. sein, wie er es von der Bourgogne, Gascogne ꝛc. ist. Entsprechend würde es mit den andern Ministerien sein. In Wirklichkeit aber vereinigt der eine Colonial-Minister bezüglich der Colonie sämmtliche Ministerien, welche bezüglich des Mutterlandes sechs bis acht verschiedenen Personen obliegen, ausnahmslos in seiner Hand. Wäre das Verhältniß zwischen Mutterland und Colonie eine Personal-Union, so müßte die Colonie eine getrennte Verwaltung haben, wie sie z. B. Norwegen neben Schweden besitzt. Die Colonie müßte dann einen Colonial-Kriegs-, Colonial-Finanz-, Colonial-Cultus- ꝛc. Minister haben. Bei keiner Handels- oder Pflanzungs-Colonie der Erde ist ein solches Verhältniß vorhanden, vielmehr ist überall durch die Coordinirung des Colonial-Ministers mit den übrigen Ministern des Mutterlandes und durch seine Subordinirung unter das Gesammt-Ministerium des Mutterlandes die eigenthümliche staatsrechtliche Stellung der Colonie als Dependenz des Staatsgebiets bezeichnet.

Daß uns Deutschen diese staatsrechtliche Auffassung, welche in allen übrigen Colonialstaaten längst existirt, nicht geläufig ist, darf nicht Wunder nehmen, da wir eben noch keine Colonie besitzen und somit hier mit einem neuen technischen Begriff des Staatsrechts zu thun haben, der unserer deutschen Doctrin bisher völlig fremd war.

Nicht blos aus diesem Grunde, sondern auch deshalb ist, wie schließlich noch bemerkt werden mag, der Rechtspunkt so eingehend behandelt worden, weil Diejenigen, welche nun einmal auf jede Vergrößerung der preußischen Macht scheel blicken, möge sie auch allen Deutschen ausnahmslos zu Gute kommen, den Versuch nicht unterlassen werden, sei es aus Bosheit oder sei es aus Unverstand, die öffentliche Meinung durch vorgeschützte rechtliche Bedenken in der Colonialfrage irre zu leiten. Und doch gilt gerade hier das schöne und wahre Wort Friedrich Wilhelm's III.: „Nur Deutschland hat gewonnen, was Preußen erworben hat."

3. Der politische Gesichtspunkt.

A. Aeußere Politik.

a. Im Allgemeinen.

Ein durch die Geschichte vielfach bestätigtes Axiom ist, daß ein Staat ohne Meeresküste niemals eine Großmachtstellung behaupten kann, und daß unter den Küstenstaaten diejenigen die gewaltigsten sind, welche die größten Kriegs= und Handelsflotten und zugleich die bedeutendsten Colonieen besitzen. So waren im Alterthum unter den Semiten die Phönizier und Karthager, deren Colonieen sich weithin verzweigten, die mächtigsten; unter den Hellenen aus demselben Grunde die Athener. Wie demnächst das Uebergewicht der Römer sich Schritt vor Schritt mit der Ausdehnung ihres Colonialbesitzes befestigte, so im Mittelalter das der Araber, Venedigs und der Hansa. Endlich haben die Angelsachsen die übrigen germanischen Stämme ebenfalls mit Hülfe des Colonialwesens überflügelt, auf dessen Ausdehnung nicht minder einst die Uebermacht erst Portugals, dann Spaniens, endlich Hollands beruhte, während in unseren Tagen der mächtigste romanische Staat, Frankreich auf gleichem Wege eine Großmachtstellung zur See und im Welthandel zu erringen trachtet, und selbst der jüngste der europäischen Staaten, das Königreich Italien, nachdem er gewaltige Anstrengungen zur Hebung seiner Kriegsflotte gemacht, sich zur Anlegung von Colonieen anschickt.

Es ist keine bloße Zufälligkeit, daß mit dem Anwachsen der preußischen Flotte und mit dem Beginn einer förmlichen preußischen Marine = Politik, wie sie jetzt mit Nachdruck verfolgt wird, Preußens Ansehen wieder steigt und sich auch in Ostasien den civilisirten wie barbarischen Nationen gegenüber bereits mit gutem Erfolge geltend macht. Aber immer noch hat die gewaltige deutsche Handelsflotte, viele Millionen an Werth, welche in den östlichen Seen schwimmt, dort keine Heimstätte; sie lebt nicht blos vom guten Willen unserer Nebenbuhler, der europäischen Seemächte, welche den deutschen Schiffen gnädigst gestatten, in die Häfen ihrer afiatiſchen Colonieen einzulaufen, dort ihre Kranken auszuſchiffen, Kohlen, Holz, Waſſer, Ballaſt, Proviant ꝛc. einzunehmen, die Stürme abzuwarten, die Fahrzeuge zu docken, kupfern, kalfatern, ab= und aufzurüſten u. ſ. f., ſondern ſogar von der Gnade und Ungnade übermüthiger japaniſcher Feudalherren, betrügeriſcher Mandarine, ja beutegieriger Seeräuber und halbnackter Wilden= Häuptlinge. — Sicherlich iſt das unſerer politiſchen Stellung un= würdig. Handelspolitiſche Verträge und einfache von Zeit zu Zeit vorzunehmende Flotten=Expeditionen, dieſe Auskunftsmittel, welche man vorgeſchlagen hat, helfen zu nichts. Die ſchönſten Ver= träge nützen uns den Orientalen gegenüber im kritiſchen Mo= mente wenig, wenn wir der Ausführung nicht mit der ultima ratio regum Nachdruck verleihen können. Flotten = Expeditionen ſind ſehr koſtſpielig, müſſen lange vorbereitet werden und laſſen dem Gegner Zeit, ſich ebenfalls zu rüſten oder ſo lange zu Kreuze zu kriechen, bis die Expedition wieder nach Hauſe gekehrt iſt. Kommen Verwickelungen in Europa vor, ſo kann das Geſchwader nicht abgehen, und iſt es bereits unterwegs, ſo läuft es beſtändig Gefahr, genommen zu werden. Dies iſt nicht der Fall oder die Chancen ſind doch ungleich günſtigere, wenn Preußen im Indiſchen oder Stillen Ocean auch nur eine Marineſtation, die mit einer Handelsfactorei verbunden iſt, beſitzt. Ein eigener Hafen, eine Colonie, wie die auf Formoſa zu gründende, könnte hier alſo ſchon von beträchtlichem Nutzen ſein, wobei es ſich glücklich trifft, daß eine Rivalität Oeſterreichs, deſſen Seehandel dort ohnehin gering iſt, nicht mehr zu befürchten ſteht, während Preußen die handelspolitiſche Führerſchaft Deutſchlands bereits beſitzt. Die Be= hauptung und Ausdehnung der mit China, Siam und Japan ab= geſchloſſenen Verträge, welche uns die Rechte des Meiſtbegünſtigten zuſichern, erheiſcht die dauernde Anweſenheit eines preußiſchen Ge= ſchwaders. Dieſes lehnt ſich zweckmäßig an einen Colonialbeſitz an, indem von dieſem aus die Förderung aller handelspolitiſchen Intereſſen am leichteſten und naturgemäßeſten geſchieht, wie denn hierin allein die große Wichtigkeit kleiner Colonieen und Militär= Stationen, als Singapore, Honkong und Macao, beruht.

Dies waren im Weſentlichen die äußeren politiſchen Vortheile einer preußiſchen Colonie auf Formoſa, welche ich in einem Auf=

fatze: „Ueber deutsche Colonisation unter preußischer Führung" im
October 1865 in der „Vossischen Zeitung" hervorhob. Wie vor=
theilhaft ist seitdem die politische Constellation für Preußen ge=
worden, und um wie viel dringender erfordert unsere Großmacht=
stellung, wenn sie nicht zu ihrem Schaden blos auf die Binnen=
Verhältnisse Mittel=Europa's beschränkt bleiben soll, daß endlich
ein kühner Schritt vorwärts zur Lösung der deutschen Colonial=
Frage gethan werde! — „Daß Preußen und Deutschland mit auf
den Seehandel angewiesen sind, zeigt ein Blick auf die Karte.
Daß sie, um jetzt schon dem Seehandel und nebenbei doch auch
den eigenen Kräften und später den Colonieen Schutz gewähren
zu können, eine angemessene Kriegsmarine haben müssen, kann
daher, sollte man meinen, von Niemandem in Zweifel gezogen
werden. Daß Preußen und Deutschland ohne Gründung von Co=
lonieen keine große Zukunft haben können, halten wir für er=
wiesen." Also schrieb der preußische General=Consul Rhyno
Quehl im Jahre 1863, und jetzt (1866) erstrecken sich die preu=
ßischen oder unter preußischem Schutze stehenden Küsten westlich
von der niederländischen bis zur dänischen, östlich von der dänischen
bis zur russischen Grenze. Preußen ist nicht länger mehr eine
problematische fünfte Großmacht, sondern ein Großstaat, der eine
stattliche Kriegsflotte zählt, die bald zu denen zweiten Ranges ge=
rechnet werden wird, während die Marine=Provinzen und sonstigen
uns zu Gebote stehenden Hülfsquellen dereinst sogar eine Kriegs=
flotte ersten Ranges erwarten lassen. Aber erst, wenn Preußen
ein Colonialstaat ist, erst dann wird es in ganz Europa und auch
außerhalb Europa's dasjenige politische Vollgewicht in die Wagschale
der Geschichte zu werfen im Stande sein, welches ihm vermöge
seiner providentiellen civilisatorischen Stellung als Vertreter des
germanischen Namens von Rechts wegen gebührt.
   Daß eine solche Colonial=Politik die fest beschlossene Absicht
der preußischen Regierung ist, dafür bürgt uns der Artikel VI.
der Bundesreform=Acte vom 10. Juni 1866, welcher einen jener
tiefen und genialen Gedanken enthält, an denen der große Mann,
den die Vorsehung an die Spitze der preußischen Regierung ge=
stellt hat, so fruchtbar ist. Hiernach, so wie nach Art. IV, Nr. 1
des norddeutschen Bundes=Verfassungsentwurfs darf das preußisch=

7

deutsche Volk vertrauen, daß, sobald die noch immer gährenden und schwankenden politischen Verhältnisse in Europa sich einigermaßen consolidirt haben, die Regierung die Anlegung von Colonieen ernstlich betreiben wird. Daß diese zunächst Handels-, Pflanzungs- und Eroberungs-Colonieen sein werden, liegt nach dem, was wir über das Wesen derselben bereits angeführt haben, auf der Hand.

Durch Anlegung von Handels-, Pflanzungs- und Eroberungs-Colonieen sollen und werden nach kurzer Zeit Preußen die Mittel zur Disposition gestellt werden, die es zur Unterhaltung und Vermehrung der Kriegsflotte und Erhöhung seiner Offensiv- und Defensivkraft bedarf. Die Colonisten und Eingebornen werden uns abgehärtete Matrosen und leichte, an Gefahren gewöhnte Truppen liefern, die Colonie giebt uns Gelegenheit, unbemerkt Truppen- massen und Schiffe auf entfernten Punkten zu concentriren, von denen aus ein heilsamer politischer Druck selbst auf die größten Seemächte ausgeübt und mit Leichtigkeit zu einem wirksamen offenen Kriege übergegangen werden kann. In einem solchen liefert die Colonie der Flotte, die sich nun nicht mehr wie bisher schleu- nigst in die Häfen des Mutterlandes zu flüchten braucht, Lebens- mittel und Kriegsbedarf. Ihre geschützten Häfen dienen der preußisch- deutschen Kriegs- und Handelsflotte als Zuflucht vor feindlicher Uebermacht, alles dies, ohne daß das Mutterland hierbei erheblich afficirt oder in Anspruch genommen zu werden braucht.

Die politische Wichtigkeit dieser Momente wird sich jetzt, wo die consularische und handelspolitische Führung Deutschlands in Preußens Hand liegt, und wo die preußische Handelsflotte eine so außerordentliche Vermehrung nach jeder Richtung (Mannschaft, Schiffs- und Tonnenzahl, Pferdekraft ıc.) durch die Erwerbung der Provinzen Hannover und Schleswig-Holstein erfahren hat, mit jedem Tage mehr herausstellen. Mit der Anbahnung eines selbst- ständigen Colonialwesens wird endlich Preußen auch bei den fort- dauernden Ventilirungen und Berathungen des internationalen Seerechts, die noch lange zu keinem gedeihlichen und endgültigen Resultate gelangt sind, nicht blos wie früher ein votum consul- tativum, sondern eine gewichtige entscheidende Hauptstimme er- halten.

b. Im Speciellen.

Die specielle politische Bedeutung Formosa's lehrt die Karte und ist bereits vom Professor Karl Friedrich Neumann, welcher die Insel treffend mit Cuba, der Perle der Antillen, vergleicht, in seiner lehrreichen ostasiatischen Geschichte (1861, S. 387) geschildert. In ähnlicher Weise empfiehlt der amerikanische Commodore Perry Formosa aus handelspolitischen Gründen: „Die geographische Lage von Formosa macht dasselbe sehr geeignet zu einem Stapelplatz des amerikanischen Handels, von welchem Verbindungen mit China, Japan, Liukiu, Cochinchina, Cambodscha, Siam, den Philippinen und allen in den angrenzenden Meeren gelegenen Inseln unterhalten werden können. Noch mehr empfiehlt es sich durch die Thatsache, daß es im Stande ist, reichliche Kohlen-Vorräthe zu liefern, ein Umstand, der bei dem jetzigen immer zunehmenden Gebrauch des Dampfes für Handels-Unternehmungen von wesentlicher Wichtigkeit für den östlichen Handel sein dürfte. Bis zum heutigen Tage wird der größere Theil der unendlichen Massen von Kohlen, welche von den zahlreichen Kriegs- und Handelsdampfern in den Gewässern des Ostens verbraucht werden, mit ungeheuren Frachtkosten aus England gebracht, während die Kohlenminen von Labuan nur einen unbedeutenden Theil des Bedarfs liefern. Eine weitere Empfehlung dürfte in den Vortheilen der strategisch-maritimen Lage der Insel zu finden sein, da sich letztere vielen Haupthandelshäfen von China gegenüber befindet. Mit genügender Seemacht würde sie nicht allein jene Häfen, sondern auch den ganzen nordöstlichen Eingang der chinesischen Gewässer decken und beherrschen können, gerade wie Cuba in den Händen einer mächtigen seefahrenden Nation die amerikanische Küste südlich vom Cap Florida und den Eingang in den Golf von Mexico beherrschen könnte. Daneben würde die Ausdehnung und Fruchtbarkeit von Formosa es möglich machen, daß es außer seinem einheimischen Bedarf eine große Menge landwirthschaftlicher und anderer Producte für den Export lieferte. Die Gründung eines Stapelplatzes, der außer einem unbedeutenden Eingangszoll von den Einschränkungen der Abgaben auf ausländischen oder einheimischen Handel frei bliebe, würde die Schiffe aller Nationen

7*

nach seinem Hafen ziehen, und es würde nicht lange währen, so könnte er mit den großen Handelsmärkten von Hongkong und Singapore wetteifern. Es liegt klar zu Tage, daß Alles, was dem Handel der Vereinigten Staaten von Nutzen ist, auch zum Vortheil der anderen handeltreibenden Nationen beitragen wird, und daß die Ausdehnung des amerikanischen Territoriums [Perry beabsichtigte, Kilung in Nordost-Formosa zu einer amerikanischen Colonie zu machen] für andere Mächte nur vortheilhaft sein kann, da sie ihnen neue Märkte zur Verwerthung ihrer Producte, Manufacturwaaren ꝛc. zur Verfügung stellt. Wenn diese Ansiedelungen nicht als befestigte Plätze betrachtet werden, die jemals die Offensive ergreifen, sondern einfach als Handelsplätze, so können sie auf keinerlei Weise den Verdacht oder die Eifersucht anderer Nationen erwecken, sondern würden vielmehr, wie bereits erwähnt, zu ihrer Bequemlichkeit und ihrem Nutzen beitragen." (Nach Heine a. a. O. Bd. II. S. 353 und 354.)

Diese Worte eines erfahrenen alten Seemannes und hohen Staatsbeamten aus dem nüchternsten und practischsten Volksstamme der Erde sollte Preußen, für das sie ebenfalls gelten, schleunigst beherzigen. Formosa liegt halbwegs von Indien nach Japan, so recht im Herzen des Welthandels. Von einer preußischen Niederlassung daselbst wird der letztere stark beeinflußt werden, während zugleich die nächsten kriegerischen Ereignisse in China, die voraussichtlich nicht allzu lange mehr ausbleiben werden, Gelegenheit zur Annexion des chinesischen Inseltheils und des Hafens von Amoy, des festländischen Complements der Insel, versprechen und überhaupt zur Erwerbung und Anfügung neuer Colonieen (der Nicobaren, einzelner Sunda-Inseln, gewisser Theile von Borneo und Neu-Guinea, der Midjacosima- und Ponghu-Inseln, der Carolinen ꝛc.) die Hand geboten wird.

Das Verhältniß zu den einzelnen Seemächten wäre nun im Einzelnen zu beleuchten.

China. Perry, Werner und andere erfahrene Sachkenner betonen, daß bei allen Verhandlungen mit China und den übrigen östlichen Ländern die dauernde Schaustellung einer ansehnlichen bewaffneten Macht aus politischen Gründen nothwendig ist, um die Orientalen davon zu überzeugen, daß die fremde Macht auch im

Stande ist, ihre Ehre und die rechtmäßigen Ansprüche der Staats=
bürger mit Waffengewalt zu behaupten. (Perry bei Heine a. a. D.
S. 342; Werner: Die preußische Expedition nach China 2c.
2 Thle. Leipzig 1863. gr. 8. Vorr. S. IX. u. Thl. 2 S. 223.)
„Die trotz aller Verpflichtungen in bestehenden und obschwebenden
Verträgen zweifelhaften und unbestimmten Beziehungen aller christ=
lichen Völker zu der Regierung von China machen", bemerkt Perry
(a. a. D. S. 344), „den Verkehr mit diesem Reiche unsicher und
schwierig. Die Schwäche der herrschenden Dynastie, der auf=
rührerische Geist des Volks, so wie die daraus entstehenden Nach=
theile in Bezug auf die landwirthschaftlichen und manufacturiellen
Interessen des Landes arbeiten gewaltsam auf eine Störung seines
auswärtigen Handels hin, und es bedarf der seltenen Fähigkeiten
und der ganzen Thatkraft starksinniger Männer (und dies ist die
Mehrzahl der amerikanischen, englischen und deutschen Kaufleute,
die in China leben), um die Geheimnisse zu begreifen und die
Schwierigkeiten zu überwinden, welche allem mercantilen Verkehr
mit einem Volke im Wege stehen, das wohl dazu geneigt, aber
durch nationale Formen und Vorurtheile so verdummt ist, daß es
in vielen unerläßlichen Punkten hartnäckig und unlenksam ist,
dessen Regierung, selbst wenn sie redlich und ohne Kunstgriffe
handeln will, nicht die Macht besitzt, es vor den Erpressungen
der Beamten in den Provinzen oder vor den Plünderungen der
Myriaden von Seeräubern, welche die Küsten des Reichs um=
schwärmen, zu beschützen." In Bezug hierauf empfehlen Perry
(a. a. D. S. 347) und Werner (a. a. D. S. 282) Colonieen als
geeignetste Palliative. Zu diesem Zweck dient den Engländern
Hongkong, den Portugiesen Macao und diente den Holländern
früher Taiwan auf Formosa.

Nach dem Vertrage vom 2. September 1861 sind zwar den
preußisch = deutschen Schutzbefohlenen nur zwei Häfen, Tamsui im
Nordwesten (geräumig und tief) und Taiwan (versandet und werth=
los), namentlich geöffnet, bei richtiger Interpretation des Ver=
trages stellt sich aber heraus, daß uns eigentlich der ganze chine=
sische Inseltheil zu freiem Handel und Wandel offen steht. Denn
wenn auch das gesetzwidrige Anlaufen anderer Häfen an der ge=
sammten chinesischen Küste mit Confiscation von Schiff und Waare

bedroht ist, so findet einmal gegen Geld und gute Worte überall „draußen" seitens sämmtlicher Nationen, die Engländer und Amerikaner voran, eine Umgehung und ein Besuchen jedes beliebigen auch nicht vertragsmäßig geöffneten Hafens statt, und ist die Kaiserliche Controle auf Formosa, das nur eine Colonie von China und ohnehin politisch de facto fast unabhängig von Peking ist, vollends ohnmächtig und illusorisch. Dann aber gestattet Artikel 8 den Unterthanen der deutschen contrahirenden Staaten, auf 100 Li Entfernung und auf einen Zeitraum von fünf Tagen in die Nachbarschaft der dem Handel offenen Häfen Ausflüge zu machen, während gegen Vorzeigung eines diplomatischen oder consularischen Passes das Reisen im ganzen chinesischen Reiche frei steht; Artikel 5 gestattet in den geöffneten Häfen und Städten den Deutschen, sich mit ihren Familien niederzulassen, sich frei zu bewegen und Handel zu treiben. Sie können — sehr beachtenswerth! — zwischen jenen Plätzen nach Belieben (also zu Wasser und zu Lande mit ihren Waaren, Fahrzeugen rc. hin- und herziehen, daselbst Häuser kaufen, miethen und vermiethen, Land pachten oder verpachten, und Kirchen, Kirchhöfe und Hospitäler anlegen, auch (Artikel 10) die christliche Lehre frei bekennen und verbreiten. Hiernach ist eigentlich, bei einer einigermaßen geschickten Interpretation und einer umsichtigen diplomatischen und consularischen Vertretung, in China und auf Chinesisch-Formosa wenig mehr verboten. Sobald also das nichtchinesische Formosa in preußischen Händen ist, kann von dort aus nicht blos ein kräftiger moralischer, sondern auch ein nachhaltiger materieller Einfluß auf den chinesischen Inseltheil ausgeübt werden, der denselben ohne Blutvergießen allmälig unter preußische Herrschaft bringen wird.

Japan und Korea. Japan ist bereits eröffnet, Korea, welches die Christen verfolgt und noch hartnäckig gegen die abendländische Cultur sich verschließt, wird über kurz eröffnet werden. Unsere Handelsbeziehungen zu Japan, schon jetzt nicht unbedeutend, wachsen mit jedem Jahre. Von Formosa und dem trefflichen Habbington-Hafen auf den Midjacosima-Inseln aus würde sich der Gang der Ereignisse in jenen Ländern politisch sehr wesentlich beeinflussen lassen.

Ein Gleiches gilt von **Cochinchina, Anam** und **Siam,** deren wirthschaftliche Bedeutung für Deutschland noch eine große Zukunft zu haben scheint.

England. Gute, bedenkliche Seelen, wie wir Deutsche nun einmal sind, möchten vielleicht fragen: Warum, wenn Formosa solche Vortheile bietet, hat England sich nicht dort festgesetzt, und was wird England dazu sagen, wenn Preußen eine Colonie anlegt? — Die Antwort lautet beruhigend. Alles hat seine Grenze, auch die Ausdehnung des Colonialbesitzes. An diese Grenze ist England angelangt, ja gute Gewährsmänner behaupten, es habe sie schon überschritten und werde im Fall eines Krieges mit einer großen Seemacht erhebliche Einbußen an seinen Colonieen erleiden. England hat daher seit 1814 beinahe keine einzige neue größere Colonie gestiftet, obwohl es dies fast in allen Erdtheilen konnte, es hat vielmehr Besitzungen (so die Militair = Colonie auf den Jonischen Inseln) aufgegeben. Es scheut sich, das gesammte Neu= holland zu occupiren, was geringe Schwierigkeiten haben würde. Es konnte Madagascar, die meisten Inselgruppen Oceaniens, Neu = Guinea, erhebliche Theile von Sumatra und Borneo er= werben, unterließ dies aber — von einer unbedeutenden Station auf letzterer Insel abgesehen — wohlweislich. Das indo=britische Reich, welches andauernd wächst, liefert eine nur scheinbare Aus= nahme. Die von dort aus unternommenen Annexionen von Nach= barstaaten sind militairische Nothwendigkeiten, wie sie sich auch im russischen Asien und anderen Eroberungs = Colonieen herausstellen. So ist der Zug gegen Bhutan (1865) und die damit verbundene Einverleibung der anglo=indischen Regierung förmlich aufgezwungen worden. England, im rechtlichen Besitze von Hongkong und im factischen von Tschusan, bedarf Formosa's, das ihm nur eine Last sein würde, in keiner Weise.

Wenn endlich aus der Losreißung Schleswig = Holsteins und der Gründung einer preußischen Nordseemacht seitens des Cabinets von St. James kein Kriegsfall gemacht worden ist, so wird dies gewiß erst recht nicht wegen einer preußischen Ansiedelung geschehen, die hunderte von Meilen von London entfernt ist. Die Mehrzahl der Engländer hat übrigens nicht vergessen, daß der große jüngst verstorbene Volkswirth Richard Cobden während der Parlaments= Session von 1864 ihnen zurief: England werde von einem Kriege mit Deutschland schwere Verluste auf dem Weltmeere zu erleiden haben; eine Besorgniß, welche die Briten, wie Capitän Werner in seiner Schrift über die preußische Marine hervorhebt, haupt=sächlich von thätiger Parteinahme für Dänemark abgehalten hat.

Diese von mir in einem Aufsatze über die Anfänge preußi=scher Colonial=Politik in Ostasien („Norddeutsche Allgem. Ztg.", Juni 1865) aufgestellten Ansichten hat der große deutsche Krieg bestätigt. England hat nicht nur keinen Finger gerührt, um das sinkende Haus Hannover zu stützen, im Gegentheil, es ist nächst Italien diejenige Macht gewesen, welche Preußen zu den An=nexionen moralisch am meisten aufgemuntert hat. Vollbrachte Thaten imponiren nicht blos der „Times", sondern dem ganzen englischen Volke überhaupt, ja es scheint sich dasselbe sogar mit dem Gedanken einer preußisch=deutschen See= und Colonialherrschaft zu befreunden. In der That bedarf England Angesichts der co=lossalen Panzergeschwader Amerika's, Frankreichs und Rußlands nachgerade das Bündniß einer See= und Colonialmacht zweiten Ranges, wie Deutschland zu werden verspricht. Die Zahl der britischen Handels= und Pflanzungs=Colonieen ist außerdem so groß, daß England eine Rivalität preußischer Colonieen auf dem Weltmarkt wohl noch auf lange Zeit ungefährdet würde ertragen können.

Amerika. Die Vereinigten Staaten waren vor dem vier=jährigen Bürgerkriege (1860—1864) in den chinesischen Gewässern so stark vertreten, daß Commodore Perry ernstlich an die Errich=tung einer Colonie auf Formosa dachte. Der Krieg verbannte die südstaatliche Handelsmarine gänzlich vom Wasser, während die nordstaatliche Marine durch die conföderirten Kreuzer („Florida", „Alabama", „Shenandoah", „Sumter" ꝛc.) furchtbar litt. Nach einer in Hunt's Merchant's Magazine, 1866, enthaltenen Uebersicht sind auf diese Weise meist in den japanisch=chinesischen Gewässern 4 Dampfschiffe, 78 Vollschiffe, 43 Briggs, 82 Barkschiffe und 68 Schooner gekapert worden. Im Januar 1866 legte der Finanz=Secretair dem Repräsentantenhause eine Mittheilung vor, daß während der Kriegsjahre den amerikanischen Kauffahrern 910,666 Tonnen abhanden gekommen seien, und zwar 110,363 durch Zer=störung und 800,303 durch Uebertragung an Ausländer. Den be=

stehenden Gesetzen zufolge verliert überdies jedes einem Ausländer übertragene amerikanische Schiff die Privilegien der amerikanischen Flagge. Die Uebertragung hat nun vielfach an Deutsche (Bremer und Hamburger) stattgefunden, und namentlich sind viele Schiffe, die niemals die Ost= oder Nordsee besuchten, unter preußischer Flagge in den ostasiatischen Gewässern gefahren. Auch dadurch ist die preußisch=deutsche Rhederei der amerikanischen dort eben= bürtig geworden. Aber sie bedarf, um dies günstige Verhältniß namentlich den rührigen Yankees gegenüber zu erhalten, einer un= ablässigen Anstrengung und Unterstützung, welche, wie einleuchtet, am leichtesten und nachhaltigsten von einer Colonie auf Formosa aus gewährt werden kann. — Feindseligkeiten hat Deutschland mit den Vereinigten Staaten, welche eine zu große deutsche Bevölke= rung beherbergen und von der deutschen Einwanderung zu ab= hängig sind, niemals zu besorgen.

Frankreich. Frankreich, dessen Marine und Colonieen unter dem Bürgerkönigthum und dem System des laissez-aller in argen Verfall geriethen, hat, dies ist nicht zu leugnen, in beiden Be= ziehungen unter Napoleon III. einen gewaltigen Aufschwung ge= nommen. Namentlich ist dem Scharfblick des Kaisers die Ent= wickelung des Welthandels und die Wichtigkeit von Colonial= Anlagen im Indischen und Großen Ocean nicht entgangen. Ob= wohl Frankreichs Handel nach China, Cochinchina und Siam 1861 nur ungefähr 70,000 Thlr. (und dies ohne alle Rückfracht) be= trug, hält es in den dortigen Gewässern stets ein Geschwader, hat es sich bei den letzten Ereignissen in China und Japan mit bedeutenden Menschen= und Geldopfern betheiligt und mit großen Anstrengungen eine Handels= und Pflanzungs=Colonie, welche zugleich eine große Eroberungs=Colonie zu werden verspricht, in Anam (Saigun) angelegt. Frankreich wird, was die Thronrede vom 15. Februar 1865 betont, der Handels= und Colonialwirth= schaft, deren Umsatz von zwei Milliarden 614 Millionen Francs (1852) auf die staunenswerthe Ziffer von mehr als 7 Milliarden (1864) gestiegen ist, auch in Zukunft die größte Sorgfalt widmen. Diesem rühmlichen Beispiele sollte Preußen, dessen Handel allein schon den Frankreichs in Ostasien übertrifft, mit allen Kräften nacheifern. Obwohl Frankreich nur Handels=, Pflanzungs= und

Eroberungs-Colonieen und keine einzige Aderbau-Colonie*) besitzt, mithin die Zahl der in den französischen Colonieen lebenden
Franzosen eine verhältnißmäßig nur geringe ist, betheiligt sich die
ganze Nation mit Wort, Schrift und That lebhaft bei der Förderung des Colonialwesens. So existirt neben der berühmten
„Revue maritime et coloniale" seit 1862 eine Zeitschrift:
„L'Economiste français, Organe des intérêts métropoli-
tains et coloniaux. Diese will sein: un journal de la
colonisation du globe, und: un echo des peuples de race
et de langue française à l'étranger; en face du drapeau
Anglo-Saxon il élevera le drapeau Franco-Latin. Sie
will u. A. Canada, Neuschottland (Acadien), Mauritius, so wie
andere den Franzosen verloren gegangene Colonieen in ihren Be-
strebungen „gegen die britische Vergewaltigung" unterstützen.

Unpolitisch wäre es dagegen, der Art und Weise, wie die
Franzosen ihre Colonisationen practisch ausführen, nachzuahmen.
Die übermächtige Centralisation hat dem Volk derartig jede selbstständige Initiative geraubt, daß die Regierung die Anlegung der
Colonieen regelmäßig selbst ausführen muß. Da ereignen sich nun
sonderbare Dinge. Als unter Ludwig Philipp eine Colonie auf
den Marquesas-Inseln angelegt werden sollte, schickte man ein
Schiff voll Beamten, Officieren, Schreibern u. s. f., aber keine
Ansiedler hinaus. Auch Capitain Werner spöttelt in dieser Beziehung nicht ohne Grund: „Die Franzosen wollen nun einmal
durchaus Colonien haben, obwohl kein Volk so wenig das Colonisiren
versteht, wie sie. Nachdem sie Algier erobert, Milliarden von Francs
und Hunderttausende von Menschen dafür hingeopfert, haben sie
nach 30 Jahren endlich eine wohlgezogene Colonie mit Departements, Präfecten, Militair und forcirtem Ackerbau; — dennoch
kostet sie dem Mutterlande jährlich 60 Mill. Francs. Nach 5 Jahren und abermaligen großen Geld- und Menschenopfern hat man
es endlich dahin gebracht, das eroberte Saigun, mit dem Finger
am Drücker der Gewehre, in Departements einzutheilen und Präfecten zu ernennen, wenn auch größtentheils noch in partibus."

---

*) Algerien fällt unter die ersten drei Kategorieen; europäische Ackerbau-
Colonisationen sind bisher, obwohl mehrfach versucht, dort nicht geglückt.

(Werner a. a. O. Thl. 2, S. 281.) Aehnlich urtheilen Roscher (Colonieen ꝛc. 2. Aufl. 1856, S. 80 u. 93) und die Engländer; wir brauchen uns also vor dem colonisatorischen Talente der Franzosen nicht zu fürchten. Gefährlich wäre es freilich immerhin, wenn die Franzosen, Benjowski's Project wieder aufnehmend, einen Theil Formosa's occupirten. 1861 schrieb Carl Friedrich Neumann (Ostas. Gesch. S. 387): „Jetzt sollen die Diener Napoleon's III. ihre Anschläge gegen Taiwan oder Formosa richten, welches nicht minder wichtig als Tschusan." Diese Absichten, welche die entente cordiale mit England denn doch ernstlich gefährden würden, sind glücklicher Weise nicht realisirt worden. England, welches durch eine Ansammlung französischer Truppenmassen auf Formosa in seinem indischen Besitz und in seinem ostasiatischen Handel ernstlich gefährdet werden würde, wird eine Occupation der Insel durch Frankreich schwerlich gestatten können.

Rußland. — In dem Maße, wie die russischen Ansiedelungen am Amur und in Kamschatka sich erweitern, würde sich auch das Absatzgebiet tropischer Colonialproducte und Manufacturerzeugnisse von Seiten der preußischen Niederlassung auf Formosa steigern, da dies die nächste europäische Colonie wäre. Gegen das Vordringen der Russen in Asien von Norden her ist ferner im Interesse des Welthandels ein Gegendruck nothwendig, der insbesondere den Engländern willkommen sein müßte und sich zu geeigneter Zeit von einer deutschen Colonie auf Formosa wohl ausüben ließe. Im Uebrigen haben Russen und Deutsche bei der maritimen Unbedeutendheit der Ersteren bisher im östlichen Asien keinen Grund zur Eifersucht gehabt.

Niederlande. — Holland sucht instinctmäßig einen Anhalt und Beistand gegen die Uebermacht Englands, die das niederländische Colonial- und Handelswesen mit einem Schlage verderben könnte. Einen solchen Beistand kann aber nicht das unruhige, vergrößerungssüchtige Frankreich, das nach Hollands Grenze begehrliche Blicke wirft, sondern nur Deutschland und vor allem Preußen, Hollands Nachbar und die erste Macht im Zollverein, gewähren. Unterstützen wir die Niederländer z. B. im Behaupten Java's und im weiteren Unterwerfen Sumatra's, so werden sie nicht nur zu Gebietsabtretungen im Indischen Ocean zu be-

wegen sein, sondern unsere Colonialpolitik auch in Zukunft mit
Rath und That unterstützen. Werner (a. a. O. S. 282) sagt in
dieser Beziehung: „Ich bedaure nur von Herzen, daß Preußen
nicht ebenfalls Colonieen annectirt. Es giebt deren noch genug,
bei deren Besitznahme kein legitimes Recht verletzt wird, und es
bedürfte wohl nur einer Offerte an Holland, um die Hälfte von
Sumatra oder Borneo zu erlangen*). Sie wären beides gern
los (?), da das Mutterland für die productive Colonisirung so
ungeheurer Länderstrecken zu klein ist, und nach Allem, was man
an Ort und Stelle darüber hört, fürchten die Holländer, am Ende
für andere zu arbeiten. Sie können kaum Java gegen einen feindlichen Angriff halten, geschweige denn die übrigen Sunda=Inseln.
Daraus machen sie sich kein Geheimniß und sie würden es deshalb lieber friedlich an eine stammverwandte Nation abtreten, die
ihnen im Fall der Noth zur Seite steht, als in steter Angst schwe-
ben, es zu verlieren. Java bringt jährlich 40 Millionen Gulden
netto in den Staatsschatz. Sumatra ist ebenso reich, und unsere
Finanzen können, abgesehen von allen andern Vortheilen, wohl
eine solche Unterstützung gebrauchen." In dem überaus herzlichen
Empfange, den die Holländer in ihren Colonieen den preußischen
Officieren und Beamten zu Theil werden lassen (vgl. u. A. Werner S. 288), spiegelt sich die richtige Erkenntniß der Verhältnisse
ab, um so mehr muß die Unklugheit der niederländischen Journa-
listik in Holland selbst befremden, welche, die politischen und maritimen Erfolge Preußens mit scheelsüchtigen Augen betrachtend, die
öffentliche Meinung gegen Preußen aufzuwiegeln sucht. Mynheer
sollte nicht vergessen, daß die Tarife der preußischen Regierung,
als Vertreterin des zollvereinten Deutschlands, die Macht geben,
ihn an seiner empfindlichsten Stelle, dem Geldbeutel, zu schädigen,
und daß der Weg nach Amsterdam für die preußischen Bajonnette
noch bedeutend näher ist, wie der nach Wien. Wir sprechen keine
Drohung aus, möchten vielmehr nur auf die Macht der realen
Verhältnisse aufmerksam machen, überzeugt, daß ein inniger An-

---

*) Von Sumatra, das ein zweites Java zu werden bestimmt scheint,
wohl schwerlich. Dagegen ist ein großer Theil der Nordküste von Borneo
in Händen eingeborner Sultane und vermögen die Holländer selbst das von
ihnen beanspruchte Territorium kaum einigermaßen zu behaupten.

schluß Hollands an Preußen nicht blos in colonialer Beziehung für beide Theile höchst ersprießlich sein wird.

Spanien. Die Colonie der Philippinen würde die unmittelbare Nachbarin der preußischen Niederlassung auf Formosa sein, wie denn bereits ein spanischer Missionär von Manilla aus nach der Insel zum Zweck der Bekehrung übergesiedelt ist. Bei der Abgeschlossenheit des spanischen Colonialwesens steht eine Rivalität mit dem deutschen nicht zu besorgen. Immerhin können wir uns das erstere in manchen Punkten zum Vorbild erwählen. 4 von den 5 Millionen Tagalen auf den Philippinen sind zum Christenthum belehrt und fassen dasselbe, das hier wahrhaft versittlichend gewirkt hat, mit einer Empfindungstiefe auf, die sich viele Europäer zum Muster nehmen könnten. Crawford, der gründlichste Kenner des indischen Archipels, stellt daher diese Colonie selbst noch über Java. (Crawford: Indian Archipelago. II. p. 447.)

Portugal, Schweden, Dänemark, Belgien. Die Interessen dieser Seemächte sind theils derartig localisirt, theils so unbedeutend, daß sie von den preußischen Colonisationen nicht berührt werden. Der größere Theil der Schiffe, welcher früher unter dänischer Flagge fuhr, war schleswig-holsteinisch und ist jetzt für Preußen gewonnen. Dies ist um so erfreulicher, als namentlich viele schleswiger Schiffe wirkliche Ostindien-, China- und Japan-Fahrer sind und nicht nur, wie die meisten preußischen Schiffe, in fremdem Dienste Cabotage betreiben. (Vgl. Rhyno Quehl: das preußische und deutsche Consularwesen im Zusammenhange mit der innern und äußern Politik. Berlin 1863. gr. 8. S. 15.)

Oesterreich. Oesterreich's Handel, in den chinesischen und indischen Gewässern stets unbedeutend, ist durch den Verlust des venetianischen Litorals noch mehr verringert. Seine Rivalität braucht Preußen in Ostasien am Wenigsten zu fürchten. Der Abgang der Corvette „Friedrich" nach den ostasiatischen Gewässern i. J. 1866 wurde durch den deutschen Krieg verhindert. Ob dieselbe, wie verlautet, den Auftrag hatte, einen zur Colonisation geeigneten Punkt auf Formosa zu occupiren, mag dahingestellt bleiben.

Hawaii (Sandwichs-Inseln), Mexico, die Staaten Mittel- und Süd-Amerika's. Mit allen diesen Staaten, deren

Flaggen ab und zu in den chinesischen und indischen Gewässern erscheinen, wird sich, vermöge der bevorzugten Lage Formosa's, ein reger für beide Theile vortheilhafter Verkehr eröffnen lassen.

Fassen wir die politische Uebersicht zusammen, so müssen wir Franz Maurer beipflichten, wenn er ausführt, „daß gegenwärtig keine der außerdeutschen Mächte ein Interesse hat, Formosa in Beschlag zu nehmen, daß es aber für die angelsächsischen sowohl, als für die romanischen Großmächte von ungeheurer Wichtigkeit ist, diese Insel in den Händen einer Macht zu sehen, die in Asien voraussichtlich immer neutral bleiben wird und stark genug ist, um die Neutralität ihres dortigen Gebiets jederzeit schützen zu können, also auch während eines englisch-französischen oder englisch-amerikanischen Krieges."

Was schließlich unsere norddeutschen Verbündeten, die Küsten-staaten Oldenburg, Mecklenburg, Hamburg, Bremen und Lübeck betrifft, so versteht sich von selbst, daß diese an allen Vortheilen der Colonie Theil nehmen, indem Preußen sich nur die Hoheitsrechte reservirt.

B. Innere Politik.

Im classischen Alterthum schon wurden die Colonisationen häufig zur Lösung brennender Fragen der inneren Politik benutzt. Nicht allein geschah es, daß (wie in Phönizien, Karthago und Griechenland) bei Parteikämpfen der unterliegende Theil die Va-terstadt verließ, über Meer zog und eine Colonie stiftete, welche eine treue Bundesgenossin der ersteren wurde, sondern es führten auch (wie in Rom) zum öftern geniale Staatsmänner in Voraus-sicht sonst drohender politischer Wirren die unruhigen Elemente, denen die engen Verhältnisse des Mutterlandes keinen oder einen unheilvollen Spielraum gewährt haben würden, in die Colonieen aus, von wo Mancher später als nützliches Mitglied der Gesell-schaft in die Heimath wieder zurückkehrte. Auch im Mittelalter und in den ersten Jahrhunderten nach Entdeckung des Seewegs nach Ostindien wendeten sich häufig diejenigen Bürger dem Colo-nialwesen zu, welche auf die Herrschaft verzichten mußten, und dienten, ohne ihren politischen Rechten Etwas zu vergeben, demselben Vaterlande, in dessen altländischen Provinzen sie sicherlich unterdrückt worden wären, jenseits des Meeres in vollen Ehren. Die Conquistadores, die Spanien auf den Gipfel der Macht hoben, waren zum großen Theil politisch Unzufriedene, ja selbst geradezu Verbannte. Es ist kein bloßer Zufall, sondern für Den, welcher die Geschichte des Colonialwesens mit Aufmerksamkeit verfolgt, eine historische Nothwendigkeit, daß bei den Stürmen, die 1848 Europa erschütterten, gerade diejenigen 3 Länder, welche die größten Colonieen besitzen, von blutigen Revolutionen verschont worden sind. Ueber England, Holland und Rußland ist die Bewegung am Schwächsten fortgegangen, nicht wegen des besonderen Genies der leitenden Staatsmänner und Fürsten, sondern deshalb, weil in dem ungeheuren Colonialbesitz dieser Länder ein wahrhaft unerschöpfliches Feld für den Unternehmungsgeist der Staatsangehörigen liegt. Für die Mißvergnügten in England z. B. geben die Colonieen stets reichliche Gelegenheit, ihre Kräfte in patriotischer Weise zu verwerthen, ohne in der herrschenden Strömung zu Grunde zu gehen. Während der Deutsche theils in grämlich negativistischer Weise an Allem verzweifelte, theils sich in unfruchtbare Philosopheme und dialectische Spitzfindigkeiten verrannte, während ein Geschlecht von doctrinären Denkern und halben Männern aufwuchs, das seine Kraft in unnützen Hirngespinnsten zersplitterte und im Wortgefecht verpuffte, eroberte der Brite Ostindien, colonisirte Neuholland und Neuseeland und legte einen doppelten Gürtel von Handels- und Militair-Colonieen um den Erdball. So haben wir jenes amerikanische Sprüchwort, wonach den Engländern das Meer, den Franzosen das Land und den Deutschen — die Luft zugefallen ist, nur zu wohl verdient. Darum ist andrerseits aber auch die Entwicklung eines Colonialwesens für unsere inneren politischen Zustände geradezu eine Nothwendigkeit geworden. Daher herrscht in jenen deutschen Städten (z. B. Bremen), die viel mit den Colonieen anderer Länder verkehren, schon wirklich ein kaufmännischer Geist, dessen Elasticität selbst die schwersten Krisen leicht überwindet.

Beherzigen möge man in dieser Beziehung Rhyno Quehl's Worte: „Wir haben keine Colonieen! — freilich, aber wer trägt die Schuld davon? Sind denn etwa die englischen oder holländi-

schen Colonieen von Geheimeräthen gegründet und zur Blüthe gebracht worden? Wenn es freilich in Deutschland keinen national
kaufmännischen Geist giebt, der mit dem mächtigen Capitale der
deutschen Answanderung etwas Besseres anzufangen weiß, als er
bisher anzufangen gewußt hat, so werden wir uns bescheiden müssen, die deutsche Nation von andern Erdtheilen, in denen doch selbst
die Portugiesen noch Niederlassungen haben, ganz und gar ausgeschlossen zu sehen. Aber verdienen wir's besser, wenn wir Zeit
und Kraft mit unnützem Parteigezänke, das doch zu nichts Erfreu-
lichem führen kann, vergeuden, statt sie an große Unternehmungen
zu setzen, die noch nach Jahrhunderten für ihre Urheber ein rühm-
liches Zeugniß ablegen möchten? Und wenn es dem Einzelnen an
Mitteln dazu fehlt, um sich aus dem Copirgeschäft zu befreien —
da giebt es einen reichen Mann, der helfen kann. Er heißt: die
Genossenschaft. Eine große deutsche Handels- und Colonisations-
Gesellschaft würde auch den größten Aufgaben sich gewachsen zeigen. Da könnten Fürsten, Grafen und Barone sich mit an die
Spitze stellen 2c."

Auch Friedrich List wendet sich in dieser Beziehung an unsere
Aristocratie: „der deutsche Adel braucht nur einen Blick auf den
englischen zu werfen, um einzusehen, was innerer Reichthum, großer
auswärtiger Handel, Schifffahrt, Flotten und fremde Colonieen
auch ihm werden könnten und sollten." Denkt man an Vasco
de Gama, Bartholomäus Diaz, Theodoro Doria, Ugo-
lino Vivaldo, Albuquerque, Fernan Mendez Pinto,
Fernan Cortez, Franz Pizarro, Bernal Diaz de Ca-
stillo, Costa da Cabral, Sir Walter Raleigh, unsern
brandenburgischen Otto Friedrich von der Gröben und andere Coryphäen des Marine- und Colonial-Adels, so muß man
List und Quehl beipflichten und nur wünschen, daß viele unserer
Edelleute dem rühmlichen Beispiele des wackern Baron von der
Decken nachahmen, der im Dienste der Wissenschaft und vornemlich der Absicht, für Deutschland einen passenden Colonialbesitz in
Afrika zu erwerben, selbst sein junges Leben nicht geschont hat*).

---

*) Vgl. Dr. Kersten's Bericht in der Zeitschr. der Ges. für Erdkunde.
Berlin 1866 p. 110—114. Der Baron und sein Begleiter Dr. Kersten
schlagen Colonieen am Djuba und im Kilimandjaro-Lande vor.

Jenes beneidenswerthe Selbstständigkeits- und Unabhängig-
keitsgefühl, das den Engländer auszeichnet, beruht hauptsächlich im
Bewußtsein der See- und Colonialmacht seines Landes. Selbst
Portugal, Spanien, Holland und Dänemark, obwohl weniger mächtig als früher, entwickeln einen Nationalstolz, der uns Deutsche
tief beschämen muß, und lediglich in den großartigen maritimen
und colonialen Traditionen dieser Staaten wurzelt. Regierung
und Volk haben sonach einen gleichmäßigen Anlaß, die Anbahnung
eines deutschen Colonialwesens in's Werk zu setzen, und man wird
es nach dem Gesagten nicht mehr gering anschlagen, daß bei der
Begeisterung, welche in Deutschland für deutsche See- und Colonialherrschaft vorhanden ist, die Ausführung einer großen überseeischen Ansiedelung wirklich einmal einen gemeinsamen Brennpunkt
in dem bewegten öffentlichen Leben, einen Mittelpunkt der Ver-
ständigung und des einträchtigen Wirkens aller Parteien inner- und
außerhalb Preußens bietet.

---

1. Der administrative Gesichtspunkt.

A. Aeußere Verwaltung der Colonie.

Die Colonie, als Dependenz der Krone, steht in erster Instanz unter dem Colonialminister. Dieser vereinigt in einer Hand
die sämmtlichen Functionen, welche im Mutterlande auf verschiedene Ministerien (Finanzen; geistliche, Unterrichts- und Medicinal-
Angelegenheiten; Handel, Gewerbe und öffentliche Arbeiten; In-
neres; Justiz; Krieg und Marine; landwirthschaftliche Angelegenheiten) vertheilt sind, mit Ausnahme der auswärtigen Angelegenheiten, welche mit Rücksicht auf die Unterordnung der Colonie
unter den Staatsorganismus des Mutterlandes in der Hand des
betreffenden Ressort-Ministers verbleiben.

Die nächsthöhere Behörde über dem Colonialministerium ist
das Staatsministerium; die höchste Instanz der König.

Der Bequemlichkeit und Kostenersparniß wegen dürfte es sich
empfehlen, so lange die Colonie noch unbedeutend ist, das Colonialministerium entweder mit dem der auswärtigen Angelegenheiten

(wie dies in Preußen mit dem Marineministerium eine Zeit lang geschah), oder mit dem des Handels zu vereinigen.

B. Innere Verwaltung der Colonie.

Die Verfassung richtet sich naturgemäß nach dem Character der Colonie.

Aderbaucolonieen haben eine verwegene, hartköpfige Bevölkerung, die sich vom Mutterlande für immer getrennt hat und, wenig anhänglich, von Anfang an den Gedanken verfolgt, so bald als möglich selbstständig zu werden. So früher die Colonieen von Neuengland, so jetzt die Colonieen von Australien, Canada und Neuseeland. Auf der Hand liegt, daß die Verfassung solcher Colonieen democratisch sein wird.

Eroberungscolonieen haben einen entgegengesetzten Character; die wenig zahlreiche herrschende Klasse der Conquistadores scheidet sich scharf von der beherrschten; Ranges und Standesunterschiede walten vor. Der Character der Verfassung ist oligarchisch.

Handels- und Pflanzungscolonieen haben ebenfalls eine geringe weiße Bevölkerung, die aber weniger von Ruhmbegierde und Nationalstolz, als von Geschäfts- und Speculationsgeist beseelt ist. Sie ist am wenigsten fähig, sich — namentlich gegen die dichte Urbevölkerung — zu vertheidigen und deshalb am meisten abhängig von der Heimath. Die Bevölkerung der Handelscolonie ist außerdem wenig seßhaft, trachtet vielmehr, sobald sie Vermögen erworben, die Heimath wieder zu gewinnen. Die Bevölkerung der Pflanzungscolonie ist als Rohstoff-Fabrikantin ebenfalls besonders auf das industriöse Mutterland angewiesen, da dasselbe die vorzüglichste Absatzquelle der Rohstoffe bildet. Hieraus folgt, daß Handels- und Pflanzungscolonieen nur eine geringe Unabhängigkeit beanspruchen und eine straffe Regierung seitens des Mutterlandes nicht entbehren können, daß folgeweise ihre Verfassungen conservativ und aristocratisch gefärbt sein müssen. So die Verfassungen der zahlreichen britischen Handels- und Pflanzungscolonieen, welche nicht nur ausnahmslos der großen Freiheiten entbehren, deren sich das Vereinigte Königreich und die erwähn-

ten großen Ackerbaucolonieen erfreuen, sondern geradezu absolutistisch sind. Bezeichnend ist es daher, daß in jenen Colonieen der
Einwanderer sich nach der Heimaht, in diesen nach der Colonie
nennt: kein Engländer in der Colonie Indien wird sagen, er sei
ein Indier, wohl aber wird er sich in den Colonieen Australien und
Canada mit Stolz einen Australier und Canadier nennen.

Characteristisch für das Gefühl der Abhängigkeit und Hilflo-
sigkeit, welches Handels- und Pflanzungscolonieen eignet, ist, daß
von ihnen selbst niemals die Verleihung größerer politischer Freiheiten für die gesammte Bevölkerung der Colonie beantragt wird,
daß derartige Vorschläge vielmehr regelmäßig von der unwissenden
radicalen oder doctrinär-liberalen Partei im Mutterlande aus-
gehen. Ein in vieler Beziehung ergötzliches Schauspiel hiervon
bot die Sitzung des Corps législatif vom 6. März 1866. Von
der doctrinär-liberalen Opposition wurde ein Amendement, betref-
fend die Verwaltung der französischen Colonieen, vorgeschlagen.
In dem gewöhnlichen Phrasenstil, welcher den Utopisten eigen ist,
heißt es darin: „die Gerechtigkeit, welche verlangt, daß alle Franzosen vor dem Gesetz gleich sind, verlangt auch, daß dieselben die
nämlichen Rechte genießen und den nämlichen Lasten unterworfen
sind. Wir ersuchen Ew. Maj., daß Sie die 3 großen Colonieen
Martinique, Guadeloupe und Réunion zum Range von Departements des Kaiserreichs erheben." — Ein wahrhaft unsinniger Vorschlag, gegen den Granier von Cassagnac mit Recht einwendete,
daß die weiße Bevölkerung von Guadeloupe und Réunion von
jener Gleichstellung gar nichts wissen wolle, und daß der Colonialrath von Martinique sich gegen die Einführung des allgemeinen Stimmrechts erklärt.

Bei der Verfassung der preußischen Handels- und Pflanzungscolonieen ist vor Allem zu erwägen, daß sich in ihnen zwei Racen
gegenüberstehen werden, deren Interessen entgegengesetzt sind. Die
Weißen, der Zahl nach sehr gering, sind den Farbigen an Talent
und Capital überlegen und haben die natürliche Tendenz, sie auszubeuten; die Farbigen, an Zahl den Weißen überlegen, können
übelbehandelt, leicht zum Aufstande, zu Mord und Plünderung
gereizt werden. Förderung von Handel und Plantagenbau —
Schutz der Weißen gegen die rohe Urbevölkerung — Förderung

der letzteren in materieller und moralischer Hinsicht — wahrlich! es ist kein kleines Unternehmen, so verschiedene Gesichtspunkte in Harmonie zu bringen.

Zunächst die Stellung der Farbigen. Von Sclaverei und Hörigkeit sehen wir natürlich ab, da jene unsittlich, diese unhaltbar ist. Gleichwohl ist eine Gleichstellung der Farbigen und Weißen unmöglich, wie unzählige Versuche seit Jahrhunderten gelehrt haben. Selbst wo z. B., wie in den Vereinigten Staaten und Mexico, die Neger und Indianer viele Jahre unter den Weißen gelebt, deren Künste und Wissenschaften, Religion und Sitten angenommen oder nachgeahmt haben, ist nach Aufhebung der Sclaverei das Schicksal der Farbigen Unterdrückung, und wo die Farbigen unter den Weißen sich selbst überlassen wurden, Ausrottung ihr Loos gewesen, so auf Neufundland, Vandiemensland, Neuholland ꝛc.

Es muß also von vornherein das Schicksal der Eingebornen im Princip festgestellt werden. Eine Ausrottung der Eingebornen in Handels-, Pflanzungs- und Eroberungscolonieen ist ebenso unsittlich, wie wirthschaftlich nachtheilig. Denn in Handelscolonieen soll die große Menge der Eingebornen eine gute Absatzquelle unserer Manufacte, in Pflanzungscolonieen die Arbeitskraft für die Gewinnung der Rohproducte hergeben.

Dazu kommt die besondere Stellung der Asiaten. Die Malayen und Mongolen stehen den Kaukasiern verhältnißmäßig am Nächsten. Sie besitzen eine uralte Bildung, die noch heut in manchen Zweigen die europäische erreicht; sie besitzen einen festen staatlichen Organismus, meist auch ein scharf ausgeprägtes Religionssystem. Ferner haben sie eine zähere Natur als die Racen der Neuen Welt, ihre Ehen sind fruchtbarer, ihre Lebensdauer ist durchschnittlich größer, die Bevölkerung dichter, im Allgemeinen auch seßhafter. Seit der Entdeckung des Seeweges nach Ostindien sind diese Völker mit den verschiedenen europäischen Nationen in Berührung gekommen und im Ganzen von diesen bis auf den heutigen Tag fast gleichmäßig behandelt worden. Man hat sich, da man in der Urbevölkerung der Colonieen die Quelle unendlichen Wohlstandes für das Mutterland erkannte, bemüht, jene zu schützen und fördern. Dies ist lediglich durch ein eigenthümliches

Bevormundungs- oder besser Erziehungs- und Schutzsystem erreicht worden.

Dies System ist besonders von den Holländern consequent ausgebildet und durchgeführt worden; nächstdem von den Spaniern. Daher sind auch das niederländische Ostindien und die spanischen Philippinen die blühendsten Handels-, Pflanzungs- und Eroberungscolonieen auf der Erde. Das glänzendste Muster solcher Colonial=Administration bietet Java. Durch ein weises, gerechtes Erziehungs- und Schutzsystem sind die trägen, betrügerischen, rachsüchtigen und fanatischen Javanen in ein fleißiges, sittsames, heiteres und glückliches Volk, die wegen ihrer Ungesundheit einst verrufenen, versumpften und verwilderten Gefilde Java's in eine paradiesische Landschaft verwandelt worden, welche das Auge auch des nicht wirthschaftlich gebildeten Reisenden mit Entzücken erfüllt.

Formuliren wir die Pflichten der Colonial=Regierung specieller, so sind dieselben, wie sie der berühmte englische Colonialwirth Merivale ausdrückt, doppelter: negativer und positiver Art, Schutz (protection) und Erziehung (civilisation).

a. Schutzsystem.

Mannigfache Erfahrungen haben gelehrt, daß der Colonial= Gouverneur nicht die geeignete Person ist, welchem das wichtige Amt der Beschützung der Farbigen allein übertragen werden kann. Einmal würde er, falls er das Patronat gegen die Weißen ohne Rücksicht ausübte, bald das Vertrauen derselben einbüßen. Andrerseits nicht mit voller Energie ausgeübt, schützt es die Eingebornen nicht*). Weiter ist die Stellung des Gouverneurs eine so erhabene, daß mit Berücksichtigung des orientalischen Characters, eine Vertraulichkeit, wie sie zwischen Patron und Schützling leicht eintritt, bald die Farbigen zu Ueberhebung und Ueberschätzung verleiten würde. Endlich nehmen die Geschäfte des Gouverneurs bezüglich der Heimath und der Colonie so viel Zeit und Kraft in Anspruch, daß er das Patronat ohnehin nicht gehörig versehen kann. Es ist daher vorgeschlagen worden, ein besonderes, von der

---

*) Man denke an den Fall des Gouverneur Eyre während der Negerunruhen auf Jamaika 1865.

Colonial=Regierung im Wesentlichen unabhängiges Amt, die Kron=
anwaltschaft, zu gründen, welche die Rechte der Farbigen Na=
mens des Colonial=Ministers, von dem sie direct ressortirt, der
Colonial=Regierung und den weißen Colonisten gegenüber vertritt.

Die Farbigen, als Schutzbefohlene, gelten den Weißen
gegenüber civilrechtlich als Minderjährige und werden vom
Kronanwalt bevormundet. Unter sich gelten die Farbigen als selbst=
ständig. Aus dem Princip folgt, daß sich Farbige Weißen gegenüber
nur unter Genehmigung des Kronanwalts oder seiner Gehülfen,
beziehentlich des von diesen dem Schützling bestellten Beistandes,
läßig (ex titulo oneroso), ohne diese Genehmigung aber nur
zu ihrem Vortheil (ex titulo lucrativo) verpflichten können.

Mischlinge gelten im Allgemeinen den Farbigen gleich.

b. Erziehungssystem.

Da die Farbigen sich in der Mundschaft befinden, so liegt
der Regierung, wie bei jedem Unselbstständigen, die Sorge für ihre
Erziehung ob. Diese Erziehung kann bezwecken:

I. Civilisation der Farbigen, vollständig oder theilweise, unter
   sorgfältiger Absperrung von jeglichem Verkehr mit den
   Weißen oder

II. Amalgamirung der Farbigen mit den Weißen.

Mit Merivale halte ich das Erstere für unmöglich und da=
gegen den Amalgamirungsprozeß für das höchste Ideal einer guten,
weisen, christlichen Colonial=Regierung.

Unter Amalgamirung verstehe ich die Vereinigung von Ein=
gebornen mit Ansiedlern in derselben Gemeinde, als Herr und
Diener, als Mitarbeiter, als Mitbürger, und, wenn möglich, als
verbunden durch Zwischenheirath, da nur so europäisches Blut die
climatischen Schwierigkeiten vollständig überwinden kann.

Um diesen Prozeß zu erleichtern, wird das System der Eman=
cipation eingeführt, wonach jeder Farbige oder Mischling beim
Kronanwalt eine causae cognitio beantragen darf. Wird der
Farbige hiernach für fähig befunden, seine Rechte in jeder Bezie=
hung allein, auch Weißen gegenüber, wahren zu können, so wird
er für selbstständig erklärt. Damit erhält er alle Rechte, aber auch
alle Pflichten der weißen Staatsbürger.

Die Erziehung begreift die religiöse, sociale und politische Ausbildung.

I. Die religiöse Ausbildung.

Sie ist in der Coloniallehre eins der bestrittensten Capitel. Man kennt hier drei Systeme:

1) Ausschließung jeder Belehrung von Amtswegen (Holländisches System auf Java und Madura).
2) Belehrung von Amts wegen, (Spanisches System) und
3) Ueberlassung der Belehrung an die Privaten (Englisches System).

1) Das holländische System.

Nicht in allen indischen Colonien begünstigen die Holländer den Muhamedanismus, wie denn die meisten Bewohner der Molukken reformirt, die der Solor-Inseln katholisch sind. Allerdings bekennt sich die große Masse der Javanen (gegen 14 Millionen) zum Muhamedanismus und werden nicht nur christliche Missionen nicht geduldet, sondern es gewährt auch Uebertritt zum Christenthum keinen staatsbürgerlichen Vortheil, ja die muhamedanischen genießen vor den christlichen Gemeinden sogar Vorrechte. Dies System hat in Dr. S. Friedmann (Niederländisch Ost- und Westindien, München, 1860) einen beredten Vertheidiger gefunden; dennoch muß es bedenklich erscheinen, daß ein christlicher Staat eine feindliche Religion unterstütze, und man kann wohl behaupten, daß, wenn die Niederländer jetzt erst die Zügel Java's überkämen und hier tabula rasa vorfänden, sie sich sicherlich hüten würden, den Muhamedanismus zu verhätscheln. Besonnene Niederländer, wie Prof. Veth, machen sich aus der Gefahr, den der muhamedanische Fanatismus den Colonien bereiten wird, keine Illusion. Es zogen von Java Pilger nach Mekka:

1850:	71;	1854:	1295;
1851:	105;	1855:	1495;
1852:	413;	1856:	2642;
1853:	953;	1860:	ca. 5000.

Welche Massen wilder Fanatiker, denen in der Wiege Mahomeds alljährlich Haß und Verachtung gegen das Christenthum

eingeimpft werden und die gerade bei den Japanen das höchste
Ansehen genießen! Trotz der hohen Wallfahrtssteuer nimmt die
Zahl der Mekka=Pilger noch immer zu, und die unheilvollen Fol=
gen dieses Unwesens werden nicht ausbleiben. (Vgl. a. a. O.
S. 47.)

Weit weniger gefährlich sind die Chinesen, welche mit einem
instinctiven Ordnungssinn begabt, sich jede Obrigkeit und Religion
gefallen lassen, die sie nicht in Handel und Wandel beschränkt.

2) Das spanische System.

Nicht selten wurden von den Spaniern, selbst noch im 18. Jahr=
hundert Colonieen einzig in der Absicht, Proselyten zu machen,
angelegt; jedenfalls war es gewöhnlich, bei allen Colonisationen
sofort die Belehrung der Farbigen in Angriff zu nehmen. Wie
die Geschichte Mexico's und Peru's lehrt, belehrte man selbst ge=
waltsam. Dennoch ist nicht zu verkennen, daß namentlich in Ca=
lifornien, Mexico und Paraguay die Belehrung der Indianer gute
Früchte trug. Nicht allein sind ungeheure Landstrecken urbar ge=
macht und der Civilisation erschlossen, sondern Hunderttausende von
Farbigen dem Zustande rohester Wildheit entrissen worden. Allein
die Herrschsucht der Missionäre, besonders der Jesuiten, ging
überall so weit, daß sie nie daran dachten, die von ihnen am
Gängelband geführten Wilden zu freien und selbstthätigen Men=
schen zu machen; vielmehr wurden sie von der Berührung mit
Europäern ängstlich abgeschlossen und mit unglaublicher Consequenz
in einem Zustand hilfloser Kindheit erhalten. Die natürliche Folge
war, daß, als der Eifer der Missionäre erlahmte, als ihre Thä=
tigkeit durch politische Stürme, Säcularisationen der Kirchengüter ꝛc.
beschränkt oder ganz aufgehoben wurde, die Schafe der Hirten be=
raubt, sich sofort wieder verirrten und in den Urzustand zurück
verfielen. „Die Absicht der Jesuiten, sagt Southey (History of
Brazil. II. p. 225.) mit Recht, war nicht, ihre Unterthanen in
der Civilisation zu fördern, sondern sie bis zum äußersten Grade
der Gelehrigkeit abzurichten." Womit Merivale übereinstimmt:
„Die Politik der spanischen und portugiesischen Priester ging un=
wandelbar dahin, ihre Neubelehrten abzuhalten, irgendwie selbst=
ständig für sich Etwas zu thun, sie, um Sismondi's Ausdruck zu

brauchen, zu Kindern zu machen, die zuhören, ohne zu verstehen, und gehorchen, ohne zu wissen weshalb."

3) Das englische System.

Die Engländer unterstützen die Propaganda nicht von Staats= wegen. Allerdings ist die anglikanische Kirche in den Colonieen dotirt, aber nicht besser, als daheim. Die Dissenters, z. B. die Baptisten, unterhalten ihre Missionen aus eigenen Mitteln. Aus diesem eigenthümlichen Verhältniß erklärt sich die Kirchennoth in vielen englischen Colonieen, wie sie besonders zu Anfangs dieses Jahrhunderts herrschte. (Roscher a. a. O. S. 27.)

4) Das preußische System.

Es wird etwas weiter, als das englische gehen müssen, ohne das Extrem des spanischen zu erreichen.

Preußen findet auf Formosa, sowie auf andern Punkten des Indischen und Stillen Oceans, deren es sich allmälig bemächtigen kann, keinen Muhamedanismus wie auf Java, keine erstarrten bud= dhistischen oder parsischen Dogmen, wie in Ostindien, sondern die rohesten heidnischen Religionen vom einfachsten Naturgottesdienst bis zum krassesten Götzen= und Fetischdienst. Gerade solche ein= fachen Heiden sind die dankbarsten Schüler der Missionäre. Ihre Bekehrung ist leicht und nachhaltig. Womöglich müssen die Mis= sionäre ärztliche und mechanische Kenntnisse besitzen, wie man denn mit Verwerthung dieser selbst unter den Chinesen in neuester Zeit wieder mit gutem Erfolge Proselyten macht. (William Lockhart: The medical missionary in China. London 1861. pag. V bis VII und 134—137.) Bei Formosa kommt der glückliche Umstand hinzu, daß im 17. Jahrhundert eine Menge Formosaner Christen waren,. und daß sich Traditionen davon und eine gewisse Vorliebe für den christlichen Cultus im Volk erhalten, auch die evangelische Propaganda bereits wieder begonnen hat.

Um so schwieriger ist aber die Frage, welche Mission die preußische Regierung zu unterstützen hat? Wäre in Preußen nur eine Confession, so entschiede sich die Frage leicht; wie die Ver= hältnisse liegen, muß auf die katholische, wie evangelische Bevöl= kerung gerücksichtigt werden. Die katholische Kirche ausschließlich zu begünstigen, ist schon deshalb unmöglich, weil es zu jeder Zeit in deren Tendenz gelegen hat, dem evangelischen Bekenntniß exclusiv und feindlich gegenüber zu treten. Zudem ist bei Weitem die Mehrzahl der Deutschen, welche sich in die ostasiatischen Handels- und Pflanzungscolonieen begeben werden, evangelisch. Fast die ganze Mannschaft der Kriegs- und Handelsflotte und die Bevölkerung der norddeutschen Küstenstaaten ist evangelisch. Endlich liegt im Wesen der evangelischen Confession die Toleranz und Anerkennung der Berechtigung der katholischen Lehre. Es wird also von Staatswegen die evangelische Mission zu befördern und die katholische nicht zu unterdrücken sein. Jedenfalls wird der kirchliche Frieden in der Colonie mit aller Energie aufrecht erhalten werden müssen. Nur deutsche Missionen können zugelassen werden. Mit Rücksicht auf die eigenthümlichen Anschauungen des Orientalen wird der evangelische Cultus auch äußerlich mit einem würdigen Gepränge ausgestattet sein. Befähigte Farbige sind zum Predigt- und Missionsamt auszubilden, oder als Sänger, Küster, Diaconen 2c. zu verwenden.

Eine wichtige Frage drängt sich hier auf: wie weit soll der Zwang zur Belehrung gehen? Wegen der Unmündigkeit der Farbigen hat die Colonial-Administration das Recht und die Pflicht, in die religiöse Erziehung einzugreifen. Naturvölker können wie Kinder zum Bösen oder Guten systematisch ausgebildet werden. Ein Kind, welches von klein auf nur gute Beispiele sieht, ahmt das Gute mechanisch nach, die Sittlichkeit wird ihm zweite Natur; ohne zu schwanken erfüllt es auch als Mann demnächst seine Pflichten. Gerade so bei den Wilden, wo der ersten Generation die christliche Lehre auch vielleicht nur äußerlich eingeprägt wird, welche dann der zweiten, schon im Christenthum gebornen Generation, bereits in Fleisch und Blut übergeht. Es ist daher von Amtswegen darauf zu halten, daß möglichst alle heidnischen Eingebornen im Wort Gottes unterwiesen, die Bekehrten belohnt und bevorzugt, keine Heiden zu Vorgesetzten von Neophyten gemacht werden u. s. w. Zwangsweise Belehrung Erwachsener darf aber — abweichend vom spanischen System — niemals stattfinden. Sämmtliche Kinder werden getauft und als Christen erzogen.

Es gelten diese Vorschriften nur bezüglich der malayischen

und melanesischen Eingebornen. Hinsichtlich der Chinesen, die einen uralten Cultus mit sehr ausgebildeten Dogmen haben, und die in ihrer ganzen socialen Stellung sich von allen übrigen Einwohnern regelmäßig absondern, können Ausnahmen statuirt, z. B. die religiöse Erziehung der Kinder den Eltern überlassen werden.

Neue Testamente*), Catechismen, Gebet- und Andachtsbücher sind in den einheimischen Sprachen zu drucken und möglichst zu verbreiten. Unsittliche Institute, als Wittwenverbrennung, Selbstverstümmelung, Blutrache, Menschenopfer, Menschenfresserei, Sclaverei sind schlechterdings nicht zu dulden. Polygamie kann nur ausnahmsweise bei Muhamedanern ꝛc. nachgesehen werden.

II. Die sociale Ausbildung.

Formosa und die übrigen Colonieen im Indischen und Großen Ocean sollen Rohstoffe produciren. Was deren Cultur betrifft, so werden die europäischen Pflanzer von den Eingebornen in vieler Beziehung zu lernen haben; dagegen werden bei der Gewinnung und ersten Verarbeitung die verbesserten Maschinen der Europäer dem Eingebornen zum Vorbild dienen können. Durch gute Schulen wird man die Eingebornen zur Erreichung einer höheren Culturstufe vorzubereiten suchen. Unterrichtsgegenstände, hauptsächlich deutsche Sprache, Lesen, Schreiben, Gesang, Rechnen, Geschichte, Erd- und Naturkunde. Der Wetteifer muß durch Belobigungen und Preise angestachelt, durch geeignete periodische Blätter, öffentliche Vorträge, Theater ꝛc. auf die Theilnahme und Ausbildung der älteren Generation hingearbeitet werden.

Kraft der Mundschaft, auch Kraft des Occupations- und Eroberungsrechts hat die Regierung freie Hand, über die wirthschaftliche Einrichtung der Eingebornen zu disponiren; sie muß dies in der energischsten Weise thun, wenn sie die Colonie zur Blüthe bringen und das sociale Wohl der Farbigen wirklich dauernd befördern will. Der Orientale ist von Natur indolent und träge, er muß zur Arbeit angehalten werden. Höchst bezeichnend ist,

---

*) Die Verbreitung von Alten Testamenten unter den Heiden bringt gewöhnlich mehr Schaden als Nutzen; weshalb? wird man sich bei einigem Nachdenken selbst sagen können.

was Friedrich Junghuhn in dieser Beziehung von Tjandjur unter dem 8. December 1856 an Alexander v. Humboldt schrieb: „Die Javanen arbeiten fleißig, so lange man sie durch Wort und Beispiel dazu aufmuntert, aber länger nicht. Hierin liegt auch die Rechtfertigung des Cultursystems der Regierung; denn ohne Uebertreibung könnte sich Jemand anheischig machen, den Kaffee in Zeit von drei Tagen aufzutrinken, den die Javanen, sich selbst überlassen, produciren und auf den europäischen Markt bringen würden." So äußert ferner ein anderer Reisender, Dr. Eduard v. Martens: „Im Allgemeinen finde ich, daß die Fremdherrschaft für die Eingebornen ein weit kleineres Uebel ist, als die Herrschaft ihrer eigenen Fürsten, wo solche noch bestehen, und daß die Bedürfnißlosigkeit, das Ideal des Diogenes, die Ursache und ebendamit Entschuldigung der allgemeinen Trägheit, des Nichtarbeitens, des Nichtvorwärtskommens der Eingebornen sind. Thut man recht daran, Bedürfnisse in ihnen zu wecken, um sie zur Arbeit zu zwingen, um sie an Arbeit zu gewöhnen? eine Art Vorsehung mit ihnen zu spielen, welche individuelles Behagen, sorglose Ruhe dem allgemeinen Fortschritt opfert? Je nachdem man diese Frage beantwortet, muß man den Holländern vorwerfen, daß sie zu wenig oder zu viel thun." (Brief aus Batavia vom 9. März 1863 in der Zeitschrift: Zoolog. Garten, IV. 1863. Frankf. a. M., S. 109.)

Ich schlage unter Amendirung des holländischen Systems Folgendes vor:

1) Alles mit Waffengewalt unterworfene Land der Colonie ist Eigenthum der Krone, die es, soweit sie es nicht anderweit verwenden will, den Eingeborenen in Erbpacht (emphyteusis) überläßt. Die Regierung bestimmt, was auf dem Erbpachtsacker gebaut wird. Ein bestimmtes Fruchtquantum muß der Emphyteuta bauen und zu einem von 2 zu 2 Jahren zu bestimmenden festen Preise an die Regierung abliefern. Was hiermit geschieht, darüber siehe den V. Abschnitt. Dies Quantum ist der vom Eingebornen zu entrichtende Erbpachtscanon (Grundsteuer). Im Falle von Mißernte findet Remission statt. Dies Quantum wird so bemessen, daß es weder den fleißigen Bauern, noch den Boden überlastet, dem ersteren vielmehr gestattet, noch ein Erkleck-

liches mehr zu bauen. Die Fruchtart dieses Plus' wird auch von der Regierung bestimmt und an sie verkauft, jedoch zum jeweiligen Marktpreise.

2) In Betreff der Ländereien derjenigen Eingebornen, welche sich freiwillig unterworfen, wird Fruchtart und Quantum ebenfalls von der Regierung bestimmt, auch sie müssen an die Regierung verkaufen, brauchen dies aber nur zum Marktpreise.

Die Regierung darf diese Regalien und Monopole verpachten.

3) Diejenigen Ländereien, welche in den Besitz von weißen Privaten (Plantagenbesitzern) kommen, sind von dem Schutzsystem gänzlich frei.

Der Regierung steht frei, besonders befähigte und verdiente Farbige nach Anhörung des Kronanwalts in diese 3. Klasse zu befördern; überhaupt muß versucht werden, womöglich sämmtliches Culturland binnen 30 Jahren in die 3. Klasse überzuführen.

Ein solches wohlwollendes, zugleich aber energisches System mag dem faulen Südländer zuerst drückend vorkommen, bald aber empfindet er dessen Wohlthaten in moralischer und materieller Beziehung. Und was ist diese straffe und gerechte Handhabung von Zucht und Ordnung gegen die Erpressungen, gegen die Grausamkeiten und blutigen Gräuel der einheimischen Sultane und Häuptlinge! —

III. Die politische Ausbildung.

Diese wird das Werk der preußischen Civilisation beschließen. Nur ein religiös und social reifes Volk kann politische Freiheit vertragen. Wollte man ohne Weiteres Schwurgerichte, allgemeines Stimmrecht, Parlament, Gemeinderath u. s. w. unter halbcivilisirten Völkern einführen, so würde man ihnen statt Wohlthat Fluch bringen. Einem auf der Kindheitsstufe stehenden Volke können nur die allerbeschränktesten politischen Rechte gegeben werden.

Man belasse den einheimischen Fürsten, welche sich freiwillig unterworfen und der Regierung freundlich erweisen, ihre Titel und entschädige sie für ihre Macht. Man ziehe die Farbigen zum Militair-, Marine-, Polizei-, Communal-, Post-, Telegraphen- und Zolldienst heran und befördere tüchtige Individuen zu höhern Aemtern. Man belasse für geringe Criminal- und Civilsachen (Ba-

gatellen) die alten formosanischen Volksgerichte, die von jeher be=
rühmt gewesen sind und selbst von den despotischen Chinesen ge=
achtet werden.

Ein Gesetzbuch nach Art des Wedboek für niederländisch Ost=
indien oder des Code noir für das ehemalige französische West=
indien regelt die rechtlichen und politischen Verhältnisse unter Be=
rücksichtigung der localen Eigenthümlichkeiten. Eine unabhängige
Justiz muß für die ganze Colonie gelten. Untergerichte nach Be=
dürfniß. Im Hauptort der Colonie ein Obergericht. Höchste In=
stanz das Königliche Obertribunal zu Berlin. Die Begnadigungs=
Instanz: Gouverneur — Colonialminister — König.

In einem Verfassungsentwurf für die preußisch=deutschen Han=
dels= und Pflanzungscolonieen würden hauptsächlich folgende Be=
stimmungen Platz finden:

1) Die innere Verwaltung liegt in den Händen:
   a. des Statthalters,
   b. des Colonialraths und
   c. des gesetzgebenden Körpers.

2) Der Statthalter wird vom Könige ernannt, er übt im Na=
   men des Königs die Administrative und Executive aus. Er
   handelt im Allgemeinen auf eigene Verantwortlichkeit und
   ist nur in gewissen vom Gesetz näher bestimmten Fällen
   gehalten, vorher Verhaltungsmaßregeln vom Colonialminister
   einzuholen.

3) Der Statthalter präsidirt dem Colonialrath. Dieser wird
   vom Colonialminister ernannt und besteht aus den Chefs
   der einzelnen Regierungs=Sectionen (Finanzen, Cultus, Han=
   del 2c.), außerdem gehören zu ihm der Chef der Truppen
   und der Marinestationen, der Ober=Rechnungssecretair und
   der Kronanwalt. Der Colonialrath hat nur berathende,
   der Statthalter entscheidende Stimme. Der Ober=Rech=
   nungssecretair ist jedoch in Rechnungssachen unabhängig und
   berichtet direct an den Colonialminister.

4) Der gesetzgebende Körper besteht aus 12 Mitgliedern, welche
   ebenfalls von der Krone auf 4 Jahre ernannt werden aus
   der Zahl der weißen Colonisten oder emancipirten Farbigen
   und Mischlinge. Bedingungen sind: ein Alter von mindestens

24 Jahren, einjähriger Aufenthalt in der Colonie, Kenntniß der deutschen Sprache in Schrift und Rede, Nichtempfang öffentlicher Unterstützungen, Nichtbekleiden eines Staatsamts.

Der gesetzgebende Körper wird alle Jahr einmal, nach Bedürfniß öfter, vom Statthalter berufen. Er hat das Recht, neue Gesetze vorzuschlagen; alle vom Statthalter vorgeschlagenen Gesetze müssen ihm zur Begutachtung vorgelegt werden. Der Statthalter begutachtet die Gesetzvorschläge des gesetzgebenden Körpers und berichtet sie an den Colonialminister, welcher sie dem Staatsministerium und dem Könige vorträgt. Vom Könige und dem Colonialminister unterzeichnet und in der Gesetzsammlung publicirt haben sie für die Colonie Gesetzeskraft.

Die 12 Mitglieder des gesetzgebenden Körpers wählen aus ihrer Mitte einen Obmann. Bei der Abstimmung entscheidet einfache Mehrheit, bei Stimmengleichheit die Stimme des Obmanns.

5) Der Kronanwalt wird vom Colonialminister ernannt und vertritt Namens des Königs die Rechte der farbigen Bevölkerung. Als Mitglied des Colonialraths hat er nur berathende Stimme. Im Uebrigen steht es ihm frei, sich in wichtigen Dingen mit Umgehung des Statthalters unmittelbar an den Colonialminister zu wenden.

7) Die Farbigen (Schützlinge) stehen den Europäern gegenüber im Allgemeinen den Minderjährigen (zwischen 14 und 24 Jahren) gleich und unter der Mundschaft des Kronanwalts und seiner Gehülfen. Unter sich gelten die Farbigen als selbstständig.

7) Nach zurückgelegtem 20. Lebensjahr kann jeder Farbige seine Selbstständigkeits = Erklärung beantragen. Der Kronanwalt entscheidet hierüber nach Anhörung des dem Farbigen während des Verfahrens zu bestellenden Beistandes. Im Ablehnungsfalle kann der Farbige unter Mitwirkung seines Beistandes sich an den Colonialminister wenden, bei dessen Entscheidung es verbleibt. Mit der Mündigkeit erhält der Farbige die Rechte und Pflichten eines Weißen.

8) Die officielle Sprache ist lediglich die deutsche. Zu An-

fang oder in dringlichen Fällen sollen die Mundarten der Farbigen berücksichtigt werden.

9) Die herrschende Religion ist die christliche. Alle übrigen Religionen werden geduldet, insofern sie weder die Sittlichkeit noch das öffentliche Interesse gefährden.

10) Die unirt-evangelische Mission wird vom Staat geleitet und unterstützt. Die römisch-katholische Mission wird gestattet, sofern sie sich der deutschen Sprache bedient und den Frieden, sowie die Wohlfahrt der Colonie nicht bedroht. Missionen, welche der deutschen Sprache sich nicht bedienen, dürfen nicht geduldet werden.

11) Die Colonialregierung hat das Recht und die Pflicht der religiösen, socialen und politischen Erziehung der farbigen Bevölkerung.

12) Die Colonialjustiz ist unabhängig.

13) Die Mischlinge stehen den Farbigen gleich.

14) Wegen der chinesischen Bevölkerung werden besondere Vorschriften getroffen. Die Bestimmungen zu 6 und 7 gelten für sie nicht.

5. Der staatswirthschaftliche Gesichtspunkt.

A. Colonial-Einnahmen.

a. Colonial-Regalien.

1) Herrenlose Sachen — Kriegsbeute. Grundstücke, welche noch in Niemandes Eigenthum gewesen, oder die dem Feinde abgenommen, sind Eigenthum des Staats, welcher sie für sich selbst in Besitz nehmen oder auch an Andere sowohl zum Eigenthum als zur Nutzung überlassen kann. § 193 flg. Th. I. Tit. 9 und § 8 flg. Th. II. Tit. 16 des Allg. Landrechts. Da nun das nicht-chinesische Formosa theils als herrenlos, theils als Feindesland (Seeräuber!) zu betrachten ist, so wird dasselbe ausnahmslos dem preußischen Staate zufallen.

2) Das Wasserregal. Nach preußischem Recht gelten die Häfen und Meeresufer und was auf diese von der See angespült

wird, als Eigenthum des Staats. Derselbe begiebt sich aber des Strandrechts zum Besten der Schiffbrüchigen. Ebenso gehören die Nutzungen solcher Ströme, die von Natur schiffbar sind, zum Wasserregal. § 38 folg. Theil II. Titel 15 des Allgem. Landrechts; Bergius: Grundsätze der Finanzwirthschaft mit besonderer Beziehung auf den preußischen Staat. Berlin 1865. S. 88. flg.

3) Das Jagdregal. Dasselbe wird nach dem Vorgange anderer Colonialstaaten in der Colonie nicht anzuerkennen sein. Ein Nutzen ist von der Ausübung nicht zu erwarten. Die Wahrung des Regals würde außerdem unmöglich sein und große Erbitterung sowohl unter den Colonisten wie unter den Eingebornen verursachen.

4) Das Bergregal. Dasselbe ist bei dem außerordentlichen Mineralreichthum Formosa's von großer Bedeutung. Unser mit der Wissenschaft und Wirthschaft fortgeschrittenes Bergrecht wird auf die Colonie mutatis mutandis Anwendung finden. Der Bergbau ist frei, d. h. nach Lösung des Schürfscheins kann Jeder nach Mineralien suchen, und wenn er dergleichen gefunden, Muthung nachsuchen (um Verleihung des Untereigenthums einkommen). Zu beachten werden die von der englischen Regierung für die australischen Golddistricte erlassenen Bestimmungen sein, da sie sich selbst unter einer sehr widerhaarigen Bevölkerung bewährt haben. Die Kohlen-, Schwefel-, Zinnober- und Petroleum-Bergwerke werden eine reiche Finanzquelle abgeben, welche vielleicht noch bedeutend gesteigert wird, sobald es gelingt, die von den Eingebornen geheim gehaltenen Goldlager aufzuspüren.

5) Landstraßen — Telegraphen — Post. Hier wird weniger auf den Staatssäckel, als auf den volkswirthschaftlichen Nutzen zu sehen, auch, soweit dies mit der öffentlichen Sicherheit verträglich, das Regal der Privatspeculation zu überlassen sein.

6) Justiz. Das Justizregal sollte zu keiner Finanzquelle gemacht werden.

7) Die öffentlichen Probiranstalten und die Münze. Diese Regalien werden nur einen geringen Ertrag abwerfen.

b. Colonial-Domainen.

Dasjenige Land, welches die Krone nicht veräußert, bleibt Colonial-Domaine. Es gehört hierin also auch das im Abschnitt IV. erwähnte Erbpachtsland. Die Natural-Erträge des letztern werden zu verpachten oder alljährlich meistbietend in der Colonie zu versteigern sein, wenn man sie nicht nach Europa schaffen und dort entweder in einem Freihafen (Hamburg oder Bremen) oder in einem Zollvereinshafen (Emden, Geestemünde 2c.) verkaufen will. Es müssen hierüber die jeweiligen Conjuncturen entscheiden. Die auf diese Weise in den Pflanzungscolonieen der verschiedenen Seemächte vereinnahmten Summen sind ungeheuer. Hauptsächlich die Erträge aus dem verkauften Kaffee von Java und Madura warfen z. B. im Jahre 1863 40 Millionen Gulden ab, setzten Holland in den Stand, ein wohlgerüstetes Colonialheer von 10,000 Mann nebst Flotte 2. Ranges zu unterhalten und die Zinsen der Staatsschuld zu bezahlen.

c. Colonial-Besteuerung.

I. Directe Steuern.

1) Die Grundsteuer. Sie wird von den Ländereien der 2. und 3. Klasse (vgl. den vorigen Abschnitt) erhoben. Offenbar muß die Tendenz der Colonialregierung dahin gehen, allmälig alle Ländereien 1. und 2. Klasse in solche 3. Klasse zu verwandeln. Einmal ist der Fiscus stets ein schlechter Kaufmann und Fabrikant, dann ist aber auch das Loos der Eingebornen ein besseres, wenn sie in die dritte Klasse rücken. Wenn auch in den ersten Zeiten mit Rücksicht auf die politischen und wirthschaftlichen Interessen des Mutterlandes, der Colonisten und Eingebornen, das Dreiklassensystem des Bodens unvermeidlich ist, so wird doch vorzugsweise die 3. Klasse sich bald rasch vermehren. Hiermit steigt folgeweise auch die Grundsteuer, so daß dieselbe zu großen finanzwirthschaftlichen Hoffnungen berechtigt. Die ersten weißen Pflanzer für die Grundstücke der 3. Klasse sind leicht aus der Zahl deutscher Plantagenbesitzer oder Plantagenaufseher zu beschaffen, die man im englischen und niederländischen Indien überall verstreut findet und die, von den günstigen Bedingungen angelockt, nicht verfehlen werden, die

preußisch-deutsche Colonialherrschaft einer fremdländischen vorzu-
ziehen.

2) Die Klassensteuer. Sie ist zu erheben von den nicht
mit Grundbesitz versehenen Personen geringeren Einkommens (bis
1000 Thlr.) als einfache Klassensteuer, bei den vermögenderen
Personen als classificirte Einkommensteuer. Da erfahrungsmäßig in den Pflanzungs-, Handels- und Eroberungscolonieen eine Menge reicher Capitalisten leben, so verspricht diese
Steuer verlohnend zu werden.

3) Die Gewerbesteuer. Um die Colonie in Flor zu
bringen, wird anfangs gar keine, später nur eine geringe Gewerbesteuer festzusetzen sein. Diese würde vornemlich die Handels-
gesellschaften und die Chinesen betreffen. Die letzteren überschwem-
men nämlich überall die Colonieen im Großen und Indischen Ocean
derartig mit kleinen Handwerkern, daß an eine Concurrenz nicht
zu denken ist und die betreffenden Arbeiten von ihnen förmlich
monopolisirt werden.

4) Die Chinesensteuer. Ueberhaupt kann leicht eine sogenannte Chinesensteuer, wie sie in Neuholland und andern Colonieen eingeführt ist, eine Nothwendigkeit werden, einmal, um den
übermächtigen Andrang mongolischer Einwanderer abzuwehren und
das heimliche, nicht zu unterdrückende Fortschleppen der edlen Metalle, besonders des Silbers, zu verhüten. Eine moralische Berechtigung findet außerdem diese Steuer darin, daß die Chinesen
sich nirgends assimiliren, sondern sich hartnäckig als Staat im
Staate zu constituiren trachten. Die Chinesensteuer bringt in
manchen Colonieen ein Bedeutendes ein.

II. Indirecte Steuern.

1) Die Consumtionssteuern. Die Bedenken gegen diese
Steuern sind bekannt; namentlich von Einführung der Schlacht-
und Mahlsteuer in Handels- und Pflanzungscolonieen wird schwerlich die Rede sein können. Ob und wie hoch der Wein, Brannt-
wein- und Tabacks-Consum zu besteuern ist, muß erst die Erfahrung lehren.

2) Die Fabricationssteuern. Inwiefern die Fabrication
der Colonialproducte (Tabacks-, Rum-, Reispapier-Fabrication ꝛc.)

zu besteuern ist, richtet sich nach der Concurrenz, welche die preußisch-deutschen Colonial-Erzeugnisse den übrigen Colonien auf dem Weltmarkt zu machen im Stande sind. Zu Anfang, wo der Producent sich Absatzquellen erst verschaffen muß, würde eine Fabricationssteuer leicht das Rohproduct so vertheuern, daß es keinen Käufer findet, sie würde also ein wirthschaftlicher Selbstmord sein.

3) Die Einfuhr-, Durchfuhr- und Ausfuhr-Zölle. Da Formosa vermöge seiner ausgezeichneten geographischen Lage einen Hauptvermittelungspunkt des Verkehrs zwischen den Colonien des Indischen Archipels, Ost- und Hinterindiens, Australiens und Amerika's einer- und China, Korea, Japan und dem Amurland andererseits bilden wird, so wird ein Hin- und Hertransport von Waaren und Manufacten aller Art, von Edelmetallen u. s. w. stattfinden, der reichliche Zölle abwirft. Dasselbe gilt

5) von den Schifffahrts-Abgaben. Perry schlägt bei der Colonisirung Formosa's die Anlegung eines Stapelplatzes vor, der außer einem unbedeutenden Einfahrtszoll von allen Belastungen des Handels verschont bleibt. Ich würde, bis die Schifffahrt sich an die neue Rhede gewöhnt hat, einen Freihafen vorschlagen, der auch von Schifffahrts-Abgaben gänzlich frei bleibt. Bei dem ganz enormen Schiffsverkehr, der zu den beiden Längsseiten der Insel Jahr aus Jahr ein vorübergeht, bei den großen Gefahren der umliegenden Meere und bei der Unsicherheit und Unbequemlichkeit der Häfen des chinesischen Inseltheils, ist es geradezu undenkbar, daß nicht ein geschützter preußischer Freihafen in Kurzem äußerst stark besucht wird. Ist die Frequenz einmal durch die Macht der Gewohnheit und die Reellität der Verhältnisse gesichert, dann werden die Schiffer willig ein Hafengeld zahlen, besonders wenn dies zu Gunsten der Schifffahrt wieder verwendet wird.

6) Stempel- und Spielkarten-Steuer, Staatslotterie ꝛc. werden ebenfalls Erträge abwerfen. Eine Salzsteuer ist unwirthschaftlich und zu vermeiden. Andere indirecte Steuern (z. B. Besteuerung des heidnischen Cultus) werden sich aus der Natur der geographischen und ethnographischen Verhältnisse ergeben.

B. Colonial-Ausgaben.

Wie schon früher nachgewiesen, sind die Ausgaben in den Handels- und Pflanzungscolonieen im Vergleich zu Ackerbaucolonieen sehr gering. Die weiße Bevölkerung ist zu unbedeutend, um große Ausgaben zu erfordern, die große Masse der Eingeborenen zu bedürfnißlos.

Die Hauptcategorien sind:

Ausgaben zur Vertheidigung des Landes.

Die Tendenz des modernen Völkerrechts geht dahin, bei den Seekriegen der Zukunft, die Feindseligkeiten gegen die Colonieen abzuschaffen, wie man bereits die Kaperei beseitigt, im letzten Kriege zwischen Preußen und Italien einer- und Oesterreich andererseits überhaupt die Wegnahme von Handelsschiffen nach vorgängigen öffentlichen Bekanntmachungen unterlassen und i. J. 1864 dänischerseits die dänischen Colonieen in Westindien für neutral erklärt hat. Der Grund ist, daß das Zerstören, Brandschatzen und Erobern von Colonieen weit mehr die gegenseitigen Unterthanen, als die Regierungen selbst beschädigt, also eine nicht blos nutzlose, sondern thörichte Grausamkeit ist. Wenn man auch bei den mit starken europäischen Bevölkerungen versehenen großen Ackerbau-Colonieen, als z. B. Canada, vielleicht eine Ausnahme machen wird, weil sie eine zahlreiche, wehrhafte Bevölkerung besitzen, die entscheidend in den Gang des Krieges mit eingreifen könnte, so werden doch die friedlichen Handels- und Pflanzungscolonieen in Zukunft vor den Greueln des Krieges verschont bleiben. Es liegt dies gerade in der Politik der großen Seemächte, als England und Frankreich, die bei dem fortgeschrittenen Schiffbau, wo ein wohlbewaffnetes, gutgepanzertes und vorzüglich schnelles Schiff einer Flotte trotzen kann, im Falle eines Seekrieges selbst gegen Marinen 2. und 3. Ranges ihre weit verstreuten Colonieen nicht alle vertheidigen können. Commodore Perry sagt demgemäß von der Colonie auf Formosa ganz richtig: „Es würde daher unrathsam sein, andere Vertheidigungsmaßregeln zu ergreifen, als nöthig sind, um den Hafen vor den Angriffen der Seeräuber und gemeinen Marodeurs zu beschützen, deren es in den chinesischen Gewässern sehr viele giebt. In Wahrheit, es würde eine weisere Politik sein,

wenn die europäischen Mächte ihre minder wichtigen Colonieen
unvertheidigt ließen, da dieselben unter solchen Verhältnissen
in Kriegszeiten höchstens durch gelegentliche Besuche des Feindes, um Erfrischungen und Lebensmittel, und in den meisten
Fällen wohl gegen Bezahlung, einzunehmen, belästigt werden würden. Als befestigte Plätze würden sie womöglich gleich den europäischen Festungen in früheren Kriegen von den streitenden Mächten in Besitz genommen werden, die Truppen der einen oder andern
kriegführenden Partei sich ihrer bemächtigen und sie als Garniso-
nen betrachten, ohne auf das Interesse oder die Sicherheit der
eigentlichen Bewohner Rücksicht zu nehmen. In neuerer Zeit haben die Einwohner vieler befestigten Städte die gemachten Erfahrungen benutzt und wo es nur irgend in der Macht stand, die
Befestigungswerke abgebrochen und den Ort auf solche Weise für
militairische Zwecke ungeeignet gemacht. Ebenso würde es in der
Politik Englands und Frankreichs liegen, die Vertheidigungswerke
ihrer untergeordneten Colonien zu vernichten, die Besatzungen zu-
rückzuziehen, die Bewohner auf ihre eigenen Hülfsmittel zu ver-
weisen und es denselben freizustellen, sich, wenn sie es wünschen
sollten, ihre Neutralität in Kriegszeiten durch Unterhandlungen zu
sichern." So bemerkt Perry noch, wie die Amerikaner im letzten
Kriege mit Mexico viele Hauptstädte und Plätze, sowie alle See-
häfen des Feindes besetzten, aber die Einwohner so wenig belästig-
ten, daß diese viel besser, als zuvor, daran waren. (Perry bei
Heine a. a. O. Bd. II. S. 352 und 356.)

Was das Colonialwesen noch im vorigen und zu Anfang des
jetzigen Jahrhunderts so vertheuerte: die Anlegung kostspieliger
Befestigungen, wird fast gänzlich fortfallen. Außerdem braucht um
der Colonieen wegen die preußische Flotte nicht um ein Kriegsschiff, das preußische Heer nicht um ein Bataillon vermehrt zu
werden; das Heer und die nach dem längst vorgesehenen Plan er-
weiterte Flotte werden vollständig für Mutter- und Tochterland
ausreichen.

Verhältnißmäßig noch geringer sind in den Handels- und
Pflanzungscolonien die Ausgaben für die Rechtspflege, für den
Cultus, den Unterricht u. s. f. Die Kosten der Regierung werden

wegen der hohen Gehalte, die den Beamten mit Rücksicht auf das kostspielige Leben im Orient gezahlt werden müssen, etwas erheblicher sein, indessen bringt die Regierungsverwaltung der zur 1. und 2. Culturklasse gehörigen Ländereien auch enorme Summen ein. Je mehr Ländereien in die 3. Culturklasse übergehen, je weniger Beamte sind erforderlich, so daß sich gerade bei diesem Punkte Ausgaben und Einnahmen stets in dasselbe richtige Verhältniß zu einander stellen.

C. Colonial-Bilanz.

Wenn bei einer Ackerbaucolonie Ausgaben und Einnahmen einander decken, so ist das Verhältniß ein günstiges; gewöhnlich ist sogar ein Deficit vorhanden. Bei Handels- und Pflanzungscolonien muß aber, wenn sie gut verwaltet und gut bewirthschaftet werden, die Einnahme die Ausgaben um ein Bedeutendes übersteigen und jedes Jahr die Abführung eines beträchtlichen Nettogewinns an das Mutterland erzielt werden. Ein denkwürdiges Beispiel in dieser Beziehung liefert Holland. Die Finanzlage, die im Jahre 1840 so bedenklich gewesen war, daß hauptsächlich um ihretwillen König Wilhelm 1. abdankte, besserte sich seit der 1848 und 49 erfolgten liberalen Reorganisation des Handels, der Schifffahrt und der Colonien von Jahr zu Jahr mehr. Schon 1851 lieferten die ostindischen Colonien bedeutende Ueberschüsse ab, welche sich bereits 1856 auf über 20½ Millionen und 1863 auf über 40 Millionen Gulden gesteigert hatten. Man kann sagen, daß der große Nationalreichthum des Volks und die jetzige günstige Finanzlage des Landes hauptsächlich ein Verdienst der asiatischen Handels-, Pflanzungs- und Eroberungs-Colonien ist. Die Haupteinnahme-Quelle ist Java. „Ich erinnere mich nicht, sagt Werner, je eine europäische Colonie in einem so blühenden Zustande gesehen zu haben, wie Java, das ich auf meinen früheren Reisen von vielen verschiedenen Punkten kennen gelernt, aber überall gleich gefunden habe. Man macht den Holländern viele Vorwürfe, man nennt sie engherzig, starrköpfig, altväterisch, und behauptet, daß sie nicht mit der Zeit fortschreiten. Mag dies mit Recht oder Unrecht geschehen, so viel steht fest, daß sie das Colonisiren verstehen wie keine andere Nation." (Werner: a. a. O. II.

S. 289; Gustav Spieß: Die preußische Expedition nach Japan rc. Leipz. 1863. gr. 8. S. 409.)

Möge Preußen im Namen Deutschlands diesem rühmlichen Vorbilde nachstreben und Formosa, das die Holländer zu ihrer zweitwichtigsten Colonie bestimmt hatten, zu einem preußischen Java, zu dem Kern eines Deutsch=Indiens machen. Die Lage und die Erzeugnisse der Insel ermöglichen dies. Ohne in Utopien zu verfallen, wird man annehmen können, daß bei richtiger Anlegung und Leitung preußische Ansiedelungen mittlerer Größe auf der Insel schon nach 5 Jahren keine Zuschüsse aus Staatsmitteln von der Heimath her mehr bedürfen, sondern die Unterhaltungskosten selbst decken, nach spätestens 10 Jahren schon Ueberschüsse abwerfen, und daß in nicht zu ferner Zeit aus den Einkünften Deutsch=Indiens das Colonialheer aus preußischen und eingebornen Truppen, sowie die Kriegsflotte unterhalten, außerdem aber noch ein Reingewinnst erzielt werden kann. Vermehrt sich mit dem Aufblühen der Colonie der Wohlstand des Mutterlandes, wie dies nach der wirthschaftlichen Lage Beider nicht anders denkbar ist, so wird die Colonial=Bilanz sich mit jedem Jahr für Mutter= und Tochterland vortheilhafter gestalten.

Große Beachtung seitens der Finanzmänner verdient endlich noch der Umstand, daß durch das Colonial=wesen auch der Wohlstand des Mutterlandes, mithin dessen Steuerkraft beständig vermehrt wird.

——— — —

6. Der volkswirthschaftliche Gesichtspunkt.

A. Im Allgemeinen.

Gegen die Anlegung deutscher Colonieen erheben vom volks=wirthschaftlichen Gesichtspunkt die Anhänger des laissez-aller den bequemen Einwand der sogenannten internationalen Arbeitstheilung, der aber, wie u. A. Friedrich List, Carey und Dühring zur Evidenz nachgewiesen haben, bei rechtem Licht besehen, nur ein großartiger Humbug ist, den die Manchestermänner für den continentalen Export erfunden haben und unsere doctrinären

Principienreiter getreulich nachläuen, da ihnen nach ächt deutscher
Art natürlich deutsche Deconomik „nicht weit genug her" erscheint, und sie sich besonders berufen fühlen, auf den Rednerbühnen
zum Ergötzen des großen Haufens cosmopolitische Seifenblasen
steigen zu lassen. Da sollen denn also die Engländer und Holländer mit ihren großen Colonieen für die ganze übrige Welt die
Rolle der Colonialwirthe spielen, und wehe dem armen Deutschen,
der da meint, es könne einmal im Lauf der Zeiten auch auf deutschem Colonialboden ebenso gut ein Pfund Kaffee oder Pfeffer
gewonnen werden! Diese Doctrinäre bezeichnen die Anlegung
deutscher Colonieen als einen wirthschaftlichen Anachronismus. —
Recht aus der Seele Altenglands gesprochen! Natürlich, John
Bull, auf seine Insularsuprematie bedacht, gönnt und wünscht keinem Andern Colonieen, als sich selbst; deßhalb ist er auf die
Holländer, deren Colonialwesen er gern als altväterisch bespöttelt,
im Grunde außerordentlich eifersüchtig; deßhalb braucht, außer
ihm, auch Niemand eine Flotte. Seine genügt für den Ocean,
deßhalb drohte er 1849 den deutschen Orlogswimpel als Piratenflagge zu behandeln, suchte auch bis 1864 der preußischen Kriegsmarine, wie er konnte, Hindernisse zu bereiten. Und richtig! jene
deutschen Feinde deutscher Colonieen beten ihm auch hier gedan-
kenlos nach; auch sie sind geschworne Feinde des preußisch-deutschen
Kriegsflottenwesens. Sie nennen dasselbe: „höchst überflüssig" oder
„eine nutzlose Spielerei", oder „eine phantastische, abenteuerliche,
aus den Rumpelkammern der Geschichte hervorgesuchte Idee" u. s. f.;
in neuester Zeit jedoch, seitdem diese Herren wittern, daß bei der
großen Vorliebe des deutschen Volks für die Flottensache Opposition dagegen gefährlich ist, treten sie vorsichtiger auf, suchen die
Marinefrage möglichst todt zu schweigen, während sie ihre Galle
um so giftiger gegen die deutsche Colonisation ausspritzen. Wenn
Eifersucht, Neid und Feindschaft unter den Nationen bereits verbannt und jedem Volk bereits das ihm zukommende Maaß von
Reichthum, Macht und Größe wäre; kurz, wenn die sämmtlichen
Stämme unseres Erdballs zur Inauguration der ewigen Friedens-
Aera bereits das Calumet mit einander geraucht hätten, dann möch-
ten jene Doctrinäre vielleicht recht haben, allein so lange auf Erden
vom Individuum noch Privatwirthschaft und von den Nationen

statt Cosmopolitismus noch Volkswirthschaft betrieben wird, so
lange werden jene Herren im glimpflichsten Falle mit dem Titel
unpractischer philanthropischer Träumer vorlieb nehmen und der
großen deutschen Handels = und Manufactur = Nation das ihr zu=
kommende Theil an den Handels = und Pflanzungscolonieen der
Erde unweigerlich gönnen müssen.

Deutschland hat sich im Laufe des letzten Menschenalters durch
den Zollverein aus einem Agricultur = zu einem Manufactur=Lande
emporgeschwungen, das in manchen Zweigen, z. B. der Wollen=
waaren = und in gewissen Zweigen der Maschinen=Fabrication, mit
England ohne Schutzzoll im Inlande und ohne Ausfuhrprämie im
Auslande erfolgreich zu concurriren vermag. Sobald aber ein
Küstenstaat diesen Standpunkt erreicht hat, werden ihm Colonieen
ein Lebensbedürfniß. Er muß neue Märkte haben, auf denen er
seine Manufacte absetzt, und directe Bezugsquellen, aus denen er
die nöthigen Rohstoffe ebenso billig oder wo möglich noch billiger
als seine Nebenbuhler bezieht. In beider Beziehung dienen ihm
aber nicht Ackerbaucolonieen, die in ähnlichem Clima belegen, nur
dieselben Erzeugnisse, wie er, liefern und selbst Manufacturen in
Schwung zu bringen streben, sondern lediglich tropische Handels=
und Pflanzungscolonieen.

Der Tausch der Colonial = gegen Manufacturwaaren kommt
den productiven Kräften des Mutterlandes vielfältig zu Statten.
Diese Waaren dienen entweder, wie z. B. Zucker, Kaffee, Thee,
Tabak, Cacao, theils als Reizmittel zur Agricultur = und Manu=
factur=Production, theils als Nahrungsmittel; die Production der
zur Bezahlung der Colonialwaaren erforderlichen Manufacturwaa=
ren beschäftigt eine größere Anzahl von Handwerkern; die Fabriken
und Manufacturgeschäfte können nach einem viel größeren Maß=
stab, also vortheilhafter betrieben werden; dieser Handel beschäftigt
eine große Zahl von Schiffen, von Seeleuten und Kaufleuten;
und durch einen so mannigfaltigen Zuwachs der Bevölkerung wird
hinwiederum die Nachfrage nach einheimischen Agriculturproducten
außerordentlich gehoben. In Folge der Wechselwirkung, in welcher
die Manufacturproduction mit der Production der heißen Zone
steht, consumiren die Engländer im Durchschnitt zwei = bis dreimal
mehr Colonialwaaren, als die Franzosen, drei = bis viermal mehr

als die Deutschen, fünf- bis zehnmal mehr als die Polen. Nach
List, dessen nationalem System der politischen Oeconomie*) diese
Angaben entlehnt sind, und dem als Mitbegründer des deutschen
Zollvereins ein großer Antheil an der jetzigen Culturblüthe Deutsch=
lands gebührt, erfordern sämmtliche gegenwärtig in den großen
Handel kommenden Colonialartikel nicht mehr als 8 bis 10 Mil=
lionen Acker (zu 40,000 Geviertfuß) Oberfläche, d. h. etwa $\frac{1}{50}$
des zu derartiger Production geeigneten, in den Tropen befind=
lichen Bodens. Von der Möglichkeit, diese Productionen in außer=
ordentlicher Weise zu vermehren, liefern die Engländer in Ceylon
und Singapore, die Franzosen in Martinique und Reunion, die
Holländer auf Java und Madura in der Gegenwart staunens=
würdige Beweise. Wie rasch hat während der letzten fünfjährigen
Baumwollencrisis nicht England seinen Baumwollenbedarf aus
Ostindien vermehrt, und schon vor 20 Jahren behaupteten die
englischen Kauflente mit Gewißheit, es werde England, zumal
wenn es in Besitz des alten Handelsweges nach Ostindien käme,
dereinst alle seine Bedürfnisse an Colonialwaaren aus Ostindien
beziehen können, eine Hoffnung, die List (a. a. O. S. 372) nicht
übertrieben findet, wenn man die unermeßliche Ausdehnung des
englisch=ostindischen Territoriums, seine Fruchtbarkeit und die wohl=
feilen Arbeitslöhne jener Länder in Erwägung zieht.

Daß nun jene Production von Colonialien noch nicht im
Entferntesten dem vorhandenen Bedürfnisse entspricht und daß da=
her deutsche Pflanzungscolonieen noch enorme Massen von Colo=
nialwaaren auf nicht abzusehende Zeiten hin produciren könnten,
ohne eine Ueberfüllung des Marktes befürchten zu müssen, das
lehrt der noch immer enorm hohe Preis derselben. Fassen wir
nur eine Waare, den Kaffee, ins Auge: Jede Hausfrau wird uns
sagen können, wie ungleich billiger derselbe noch vor 20 Jahren
war; was ist nun an dem Preisaufschlag schuld? Nicht die Un=
ruhen im tropischen Amerika und das allmälige Ausarten des
Kaffeebaumes auf Java, nicht die Steuer (die früher ohnehin be=

*) I. (und einziger) Band: Der internationale Handel, die Handels=
politik und der deutsche Zollverein. 2. Aufl. Stuttg. u. Tüb. 1842. gr. 8.
S. 370 bis 372.

deutender war) erklären diese merkwürdige Erscheinung, sondern hauptsächlich der Umstand, daß zu wenig neue Kaffeepflanzungen angelegt werden, daß mit der vermehrten Nachfrage auch nicht annähernd das Angebot Schritt hält. Wer seine Umgebung aufmerksam beobachtet, dem wird die Erklärung weniger schwer fallen. Selbst in Bürgerfamilien aß man vor 20 Jahren noch eine Mehlsuppe am Morgen, jetzt trinkt jeder Bauer Kaffee, ja selbst der Tagelöhner verlangt wenigstens an Sonn= und Festtagen nach dem Genusse desselben. Aehnlich ist es mit dem Taback und Thee. Bei dem steigenden Durchschnittswohlstande in Deutschland verlangt der Mann nach einem feineren Blatte des nicotianischen Krauts, die Hausfrau nach einem aromatischeren Thee. Chocolade, sonst im Kleinbürgerstande etwas Unerhörtes, wird von Jahr zu Jahr mehr begehrt; und ähnlich ist es mit den übrigen Colonialwaaren, Rohproducten wie Halbfabricaten. Es läßt sich daher für die Gegenwart das wirthschaftliche Gesetz im Großen und Ganzen aufstellen, daß in Bezug auf die Producte der warmen Zonen das Angebot etwa im arithmetischen, die Nachfrage etwa im geometrischen Verhältniß wächst. Hierin liegt ein so deutlicher Hinweis auf tropische Handels= und Pflanzungs=Colonisation für Preußen und Deutschland, daß man meinen sollte, ein Verkennen desselben sei nicht länger möglich. Wohlthätig würden derartige Unternehmungen in volkswirthschaftlicher Beziehung auch negativ, nämlich dadurch wirken, daß das deutsche Volk durch directen Bezug der Colonialien aus seinen eigenen überseeischen Besitzungen die enormen Zwischentransport= und Zwischenhandelsspesen erspart, die bei dem bisherigen Bezuge der Colonialien via London und via Amsterdam an die englischen und niederländischen Rheder, Kaufleute und Zollämter zu zahlen sind, also für Deutschland, abgesehen von dem damit zugleich verbundenen Zeit= und Arbeits= verlust eine sehr erhebliche wirthschaftliche Capitalseinbuße bewirken.

In innigster Wechselbeziehung miteinander stehen Colonisation und Handel, indem dieser jene zunächst hervorruft, welche ihn dagegen beträchtlich erweitert. Welchen gewaltigen Umfang unser Handel, namentlich im Orient hat, ist bekannt, mithin werden wir nicht blos für, sondern recht eigentlich durch den Handel unsere Colonieen unterhalten und erweitern. Gegenwärtig concentrirt sich der überseeische Handel besonders im Indischen und Stillen Ocean. „Den Begriff des Welthandels kann man," schreibt Werner über diesen Punkt (a. a. O. S. 214) sehr richtig, „überhaupt nur in China und Ostindien kennen lernen. Hier nur lernt man verstehen, daß dasjenige Volk, welches ihn in seinen Händen hat, auch das mächtigste Volk der Erde sein muß, und daß Millionen Soldaten eines Militairstaates nicht im Stande sind, ein Land auf die Dauer zu unterjochen, das sich auf die gewaltige moralische Macht stützt, die ihm eine hervorragende Stelle im Welthandel verschafft. Darin beruht das ganze Geheimniß von Englands Stärke, von der Energie, der Ausdauer und dem Selbstvertrauen seines Volkes, es stützt sich auf die moralische Macht, die ihm sein großartiger Handel in der ganzen Welt und namentlich in Indien und China giebt. — Wir Deutsche haben es in der Hand, wenn nicht England diese Stellung zu entreißen, so doch mit ihm darum zu ringen."

Um dies zu bewerkstelligen, bedarf man außer einer Kriegsmarine der Anlegung preußisch-deutscher Handels- und Pflanzungscolonieen, und sind diese, wie ein erfahrener amerikanischer Schriftsteller bemerkt, eben für handelstreibende Nationen gerade so nothwendig, als die Schiffe, welche die Waaren, in deren Austausch der Handel besteht, von einem zum andern Lande führen. (Vgl. List: a. a. O. Cap. 22: die Manufacturkraft und die Schifffahrt, die Seemacht und die Colonisation. S. 374 fg. — Merivale: Lectures on Colonization and Colonies. 2 Vol. London 1841/42; Vol. I. p. 183 squ. — Eugen Dühring: Kritische Grundlegung der Volkswirthschaftslehre. Berlin 1866. S. 458 fg., insbef. den XI. Abschnitt: das System im Verh. zur Geschichte und wirthschaftlichen Geographie. S. 465 fg. — Roscher: Colonieen, Colonialpolitik und Auswanderung. 2. Aufl. 1856. S. 12 bis 22, S. 27 bis 32.)

B. Im Speciellen.

a. Production der Colonie und Consumtion des Mutter- und Auslandes.

Unter diesem Gesichtspunkte betrachten wir, was die preußischen Colonieen im Indischen und Stillen Ocean, namentlich Formosa, an Rohproducten, Halbfabrikaten, Fabrikaten und Manufacten erzeugen und das Mutterland, sowie die übrigen Länder davon verbrauchen würden. Wir haben hier nicht blos die Producte zu betrachten, welche die Insel Formosa bereits hervorgebracht, sondern auch diejenigen, welche sie bei einer colonialen Bewirthschaftung seitens deutscher Pflanzer in Zukunft hervorbringen wird. In Bezug auf die ersteren bemerkt Dr. Maron: „Die Bevölkerung ist noch nicht so weit gestiegen, daß ein Ueberschuß über die im Ackerbau nothwendige Arbeitskraft hervorgetreten wäre, der zur Fabrication der Rohproducte verwendet werden könnte. Alle ländlichen Producte, die einer weiteren Fabrication unterworfen werden müssen, gehen daher als Rohproducte nach China, und dieses sendet den nöthigen Bedarf in Fabrikaten zurück. Gespinnst und Farbepflanzen, namentlich Indigo, Zucker und Reis bilden allerdings eine sehr werthvolle Ausfuhr. Das sonst gänzliche Fehlen aller Fabricationszweige in einem Lande und das auffallende Ueberwiegen der rein landwirthschaftlichen Thätigkeit gewährt für denjenigen, der sich für solche Verhältnisse interessirt, ein außerordentlich interessantes Bild, das er selten mehr auf der Erde, in Europa gewiß nicht, wieder finden wird. Und auch hier wird es nach dem natürlichen Verlaufe der Dinge nicht lange mehr dauern. Es ist eine Uebergangsstufe in der Culturgeschichte eines Volks." Diese Nachricht, sowie die Behauptung desselben Verfassers, daß die Tauschproducte der freien nicht chinesischen Formosaner nichts Verlockendes und Characteristisches hätten, ist als antiquirt zu betrachten, da wir aus neuester Zeit die officiellen Ausfuhrlisten sowohl des chinesischen wie nichtchinesischen Inseltheils aus der Hand des englischen Consuls Swinhoe besitzen, welcher sich seit vielen Jahren auf der Insel aufhält, ein sorgsamer Beobachter ist und die Erweiterung der schon jetzt nicht unbedeutenden englischen Handelsbeziehungen zu Formosa bringend empfiehlt.

1. Acker-, Garten- und Plantagenbau; Forstwesen.

Die erstgenannten drei Culturarten sind nach dem übereinstimmenden Gutachten aller Reisenden, sowohl im chinesischen, wie in dem unabhängigen Inseltheil in einem Flor, der seines Gleichen auf der Erde sucht und wie er nur bei so ungewöhnlich günstigen climatischen Verhältnissen möglich ist. Die Berichterstatter bis in die neueste Zeit überbieten sich in romantischen Schilderungen der Reize einer formosanischen Landschaft. „Die Ebene ist herrlich angebaut," berichtet Groom, „nicht ein Zollbreit nutzbaren Landes liegt brach. Reis, süße Erdäpfel, Erbsen wachsen hier im Ueberfluß. — In der 2. Woche des Novembers nahm die Reisernte ihren Anfang und während eines Spaziergangs über Land vergaß ich beinahe, daß wir Gefangene auf Formosa seien, so sehr erinnerte mich die Geschäftigkeit der Leute rings um mich her an unsere eigenen schönen Ernten in Alt-England; ich mußte mich oft verwundert fragen, wie es noch im 19. Jahrhundert möglich sei, daß ein so fruchtbares Land so lange unbekannt bleiben konnte." — „Unser Weg führte," berichtet Maron, „ohne Unterbrechung durch die reichste Culturebene, die ich bisher gesehen und die in einer Weise benützt wird, die zwar von dem Auge jedes Reisenden, welchem Fache und welcher Wissenschaft er auch angehören mag, als vortrefflich empfunden werden muß, die aber in ihrem vollen Werthe erst von einem landwirthschaftlichen Auge gewürdigt werden kann. Das üppige Zuckerrohr mit dem tropischen Character, die zierliche Indigostaude, die schlanke Sesam mit den weißen becherförmigen Blüthen, Erdnüsse mit zarten grünen Blättchen, die fast bedeckt sind von einem gelben Blüthenmeere, Reis, Coronilla (eine hochwachsende akazienartige Pflanze, die zur Gründüngung benützt wird), und ab und zu das Lieblichste und Prächtigste, was man in der Pflanzencultur sehen kann — ein unter Wasser gehaltenes Feld mit Lotus; wenn der Wind die großen runden Blätter, die träumerisch träge mit ihrer ganzen Rückenfläche auf dem Wasser ruhen, erweckt und hebt, wenn sich der rothe, sanft schimmernde Blumenkelch verwundert aufrichtet und an den weißen

Reiher lehnt, der spähend in seinem Jagdreviere steht, so meint man ein Bild aus einem Märchen zu sehen. Märchenhaft war mir der ganze Weg und ich hatte nur das eine Bedauern, daß er viel zu flüchtig zurückgelegt wurde. — Es war die beste und höchste Cultur, die ich in China gesehen hatte. Wie denn Formosa nach Allem, was ich davon gesehen und in der kurzen Zeit in Erfahrung bringen konnte, als einer der reichsten Ackerbaustaaten betrachtet werden muß." (Maron: Japan und China. 2. Bd. S. 27 u. 58.)*)

Besondere Erwähnung verdienen unter dieser Rubrik folgende Producte:

Weizen und Gerste. Sie wachsen während der Wintermonate. Das Weizenmehl ist weißer und feiner, als das von demselben Korn im südlichen China gewonnene. Die Formosaner verstehen die Weizencultur besser als die Chinesen.

Hafer und Roggen auf den höher liegenden Ländereien. — Mehrere Arten Hirse (Sorghum), die vortrefflich gedeihen. — Taro (Arum), eine Sumpfpflanze mit großen Knollen, erreicht eine enorme Größe und bildet ein Hauptnahrungsmittel der Formosaner. (Ritter: a. a. O. S. 871.)

Reis (Paddy) wird in so ungeheuren Mengen gewonnen und verschifft, daß man Formosa sprichwörtlich die Kornkammer von China nennt. Bei der Zollfreiheit desselben in China und bei der ungeheuren Nachfrage würde der Bau in der deutschen Colonie gewiß sehr lohnend sein. Eine erhebliche Anzahl von Chinesen gecharterter deutscher Schiffe wird schon jetzt, wo die Verhältnisse Formosa's noch in der Kindheit liegen, mit Reis befrachtet.

---

*) Dans les 4 saisons de l'année, ce qui est rare dans l'Inde, les fruits et les productions ne manquent pas; le riz est en quantité et les autres grains, en un mot, tout ce qui est nécessaire à la vie; mentionnons le sucre, le raisin, qu'on a trouvés dans les endroits écartés, bien que les natifs n'en aient pas connaissance et n'en tirent pas parti. Bull. de la Soc. de Géogr. IV. Série. Tome 16. 1858. p. 391. — Vgl. über den von den Wilden bewohnten unabhängigen Inseltheil auch noch: Proceedings of the R. Geogr. Soc. vol. 8. 1864. p. 23 und Ritter: a. a. O. S. 871.

Kartoffeln und Bataten, rothe und weiße, werden
namentlich von den östlichen Wilden gebaut und könnten mit Vortheil nach Honglong ausgeführt werden.

Mais wäre namentlich für gewisse Ländereien im Nordosten
und Süden geeignet.

Mehrere Sorten Erbsen, Bohnen, Linsen und Wicken
werden gezogen.

Möhren, Wasserrüben, Rettiche von erstaunlicher Größe,
Kürbisse, Gurken, Melonen, Warzenkürbisse, Eier-
pflanzen, Zwiebeln, Lauch, Fenchel, Sesam, Pilze und
Schwämme, namentlich Trüffeln, Ananas, eine Unzahl von
prächtigen Blumen, sowie die verschiedensten anderen Gemüse und
Gartenfrüchte kommen theils cultivirt, theils wild vor. Die
Preise derselben sind bei den unterworfenen, wie freien Insulanern
zur Zeit noch erstaunlich wohlfeil.

Gras, Grassamen, Schilf, Binsen, Rohr, mehrere
Kleearten, als trifolium procumbens und medicago lupu-
lina, sowie andere Futterkräuter auf den Gebirgstriften und
Berglehnen, sowie in den Thälern.

Arzneipflanzen und Droguen verschiedener Art, als Aloe,
Ingwer, Indigo, Ricinus ꝛc.

Ebenso fruchtbar und mannigfaltig ist Formosa in Obst.
Alle Agrumi (Orangenarten), der wärmeren Zone, Granat-
äpfel, Bananen, ächte Kastanien, Permisonpflaumen,
Pfirsiche, Aprikosen, Aepfel, Birnen, Feigen, Weintrauben ꝛc. kommen vor.

Gewebe und Gespinnste. Jute (Corchorius olito-
rius L.), wird nach den gegenüberliegenden chinesischen Häfen zur
Anfertigung von Seilen, Tauen und Stricken ausgeführt.

Grasleinen (Urtica Nivea - Boehmeria Hooke et
Arn.), aus einer Hanfart verfertigt. Es wird für den Handel in große Strähnen (Docken) von verschiedener Qualität
gedreht, und in China unter das sogen. summer-grass-cloth
verwoben. Grasleinen und andere Stoffe werden nach Formosa gesandt, um mit dem frischen formosanischen Indigo gefärbt zu werden, der wegen seiner glänzenden und haltbaren Tin-
ten berühmt ist. Viele von diesen Tüchern werden auch in einer

Löfung von grobem Zucker und Alaun schwarz, wieder andere mit aufgelöftem Gelbwurz= (Cucurma=) Pulver gelb gefärbt.

Reispapier; im botanischen Theil ift dies wichtige formo= fanifche Ausfuhrerzeugniß bereits ausführlich abgehandelt.

Baumwolle. Wir müffen diefem Exportproduct, deffen Wichtigkeit von Jahr zu Jahr fteigt, befondere Aufmerkfamkeit fchenken. 1864 betrug allein für England der Anfchlag beinahe 3 Millionen Ballen: wovon 150,000 von Nordamerika, 300,000 von Egypten, 250,000 von Brafilien, 1,500,000 von Oftindien, 100,000 von Weftindien und Peru, 100,000 aus der Türkei und bereits 500,000 aus China und Japan ftammten. Auch die for= mofanifche Baumwolle, die 2 Arten, eine derbe und eine zarte, liefert, ift hierin begriffen, und würde die Infel, namentlich der nichtchinefifche Theil, enorme Maffen hervorbringen können, wenn auf colonialem Wege diefelbe mit Europa in directe Beziehung gebracht würde.

Thee. In der Gefchäftswelt prophezeit man für das nächfte Menfchenalter einen in geometrifcher Progreffion zur Vermehrung der Bevölkerung fteigenden Theeverbrauch — nicht ohne Grund, da fich erft jetzt der Thee in die großen Volksmaffen von Frank= reich, Italien und Deutfchland allmälig einzubürgern beginnt, wie er dies in England, Rußland und Nordamerika fchon lange gethan hat. Der formofanifche Thee ift nicht von feinfter Qualität, Swinhoe ift aber durch Entfcheidung von 3 Theekoftern, denen er Proben fandte, belehrt worden, daß er leicht einen Markt in Aufra= lien, am Cap und in Singapore finden würde. Er gilt 10 Dol= lars der Picul (133 ℔ engl.) und wird viel durch chinefifche Händler in Amoy und Futfchau eingeführt zur Vermifchung mit den befferen Theearten, und die gemifchte Waare wird dann den fremden Kaufleuten als Congou, Souchong u. f. f. verkauft. Der Gefchmack des Thee's wird hoch gefchätzt und die Ausftellungen dagegen fchreibt Swinhoe lediglich der unvollkommenen Zuberei= tung und Verpackung der Blätter zu. Falls alfo deutfche Thee= pflanzungen angelegt werden, müßte man Chinefen aus den Thee= diftricten, welche die Behandlung der Pflanze gründlich verftehen, anwerben und anftellen.

Kaffee. Es ist bereits erwähnt, daß die Hauptveranlassung
des Aufschlags der gutschmeckenden Kaffee's in dem zunehmenden
Verbrauche liegt, welchem die Production nicht mehr gewachsen zu
sein scheint. (Preuß. Handelsarchiv 1862. Bd. I. S. 76.)
So betrug nämlich allein die Kaffeeausfuhr aus dem freien Ver=
kehr der Niederlande 1860 in den Zollverein (Hannover und
Oldenburg inbegriffen): 34,722,471 ℔, im Werth von 15,277,887
Gulden; nach Hannover: 3,286,711 ℔, im Werth von 1,446,153
Gulden; nach Hamburg: 2,044,100 ℔, im Werth von 899,404
Gulden. (a. a. O. S. 133.) — Auf Java beträgt die Ernte
ungefähr 56 bis 62 Mille Tons, wovon etwa ⁹/₁₀ der Regierung
geliefert und für deren Rechnung durch die niederländische Han=
dels = Maatschappy nach Holland exportirt werden; nur etwa ¹/₁₀
kommt von freien Anpflanzungen und wird auf Java verkauft.
Wohl zu bemerken ist: 1) daß fast nur von Juni bis November
ausgeführt wird und in den andern Monaten selbst Kleinigkeiten
oft nicht beschaffbar sind; 2) daß das Meiste für good average
quality verkauft und für gewaschenen Kaffee, sogenannte westin=
dische Bereitung, der besseren Qualität halber 2 bis 2½ Gulden
pro Picul mehr bezahlt wird. — Das 2. Hauptkaffeeland im öst=
lichen Asien ist Sumatra. Production und Ausfuhr ungefähr
10 bis 13 Mille Tons, sämmtlich durch die Regierung in der
Hauptstadt Padang in vierteljährlichen öffentlichen Versteigerungen
verkauft, woselbst der Picul von 22 Gulden 37 Cents 1853 bereits
1860 auf 34 Gulden 55 Cents gestiegen war. — Zu bemerken ist noch,
daß der Kaffeebaum auf Java aus climatischen Ursachen sich nicht
länger als eine bestimmte verhältnißmäßig geringe Anzahl von
Jahren fruchtbar zeigt und dann fortvegetirt, ohne einen Ertrag
zu liefern. Es ist dies ein Hauptgrund, welcher sich einer erheb=
lichen Vermehrung der Kaffeeproduction auf Java entgegensetzt.
(Vgl. Dr. S. Friedmann: Niederländisch Ost= und Westindien.
München 1860. S. 59 flg. und den lehrreichen Aufsatz des
Commercienraths Fr. Wolff: Handelsverhältnisse Java's, im Preuß.
Handelsarchiv, 1862. Bd. 1. S. 163 flg.) — Der Exportzoll
nach Holland beträgt 6,30 %, nach andern Ländern 12,60 % ad
valorem. Der Käufer muß selbst für Emballage sorgen. Auf
Formosa kommt der Kaffee in den Berghöhen von 500 bis

2500 Fuß gut fort, wird jedoch erst wenig angebaut und wohl gar nicht exportirt. Ebenso würden die bergigen Theile der herrenlosen Nicobaren und Carolinen, sowie Neu-Britannien und Neu-Irland sich zur Kaffeecultur eignen, welche durch Capitalisten in Schwung gebracht, den Flor der deutsch-indischen Colonieen bald herbeiführen würden. Es müßte jedoch, um die Concurrenz mit dem Javakaffee zu bestehen, der deutsch-indische Kaffee nach westindischer Art unter Benutzung der billigen indigenen Arbeitskraft sorgfältig verlesen und gereinigt und auf Kosten des Verkäufers emballirt werden. Der Einfuhrzoll nach Deutschland dürfte nur 5% vom Werth betragen. — Interessant ist die Culturart auf Java. Von 2 Morgen Land werden von den Eingebornen 5 Picul (zu 120 Zollpfund) Kaffee verlangt und jeder Picul von der Regierung mit 4 Thl. bezahlt. Diese 2 Morgen Land können aber mindestens 10 Picul hervorbringen, so daß der fleißige Eingeborne wenigstens die Hälfte sein Eigenthum nennen kann. Den Ueberfluß des Ertrags nimmt ebenfalls die Regierung, bezahlt ihn aber mit dem gangbaren Preise und zu dem wirklichen Werthe von 28 Gulden pro Picul, und zwar an Ort und Stelle, so daß dem Producenten keine weiteren Kosten für Transport und dgl. erwachsen. Dabei kann der Bauer so viel Land wie er will pachten. (Werner: a. a. O. Bd. II. S. 292.) Aehnlich wird auf Formosa bei den Ländereien der ersten Culturclasse (vergl. Abschnitt 4) zu verfahren sein.

Zucker. Der Formosa-Zucker geht bis Peking und erfreut sich eines guten Rufes. An der Westküste, namentlich im Süden derselben, gedeiht das Rohr am besten. Auch hier werden die javanischen Verhältnisse wieder zu berücksichtigen sein. Die Cultur erfordert, um im Export gewinnbringend zu sein, viel menschliche Arbeitskräfte, wie sie auf Formosa billig zu beschaffen wären, und gute Maschinen. Die Anpflanzung geschieht unter unmittelbarer Aufsicht der Regierung auf der Basis von gewissen Verträgen, welche dieselbe zu dem Zwecke im Laufe der Zeit eingegangen ist. Je nach der Zeit, wo solche Contracte geschlossen, sind die Bedingungen verschieden. Einige Pflanzer haben ihre ganze Ernte, andere nur einen gewissen Theil an die Regierung abzuliefern, und endlich andere können über ihr ganzes Product frei disponiren.

Ebenso verschieden sind die Preisbestimmungen für Dasjenige, welches die verschiedenen Pflanzer an die Regierung abzuliefern haben. — Aehnlich würden sich in den preußisch-deutschen Pflanzungscolonieen die Verhältnisse in der 1. und 2. Culturclasse gestalten. Der ganze nicht unbeträchtliche Bedarf Deutschlands an indischem Zucker (neben dem Rübenzucker) könnte von hier gedeckt werden. Feine Sorten würden in Rußland, mittlere in Frankreich, gewöhnliche in Amerika Absatz finden.

Zimmt. Der Bedarf an Cassia fistula und lignea, den sogen. unächten Zimmtsorten, welche Formosa ebenfalls erzeugt, steigt jährlich bedeutend, und die Cultur dieser Pflanze würde in den deutschen Plantagencolonieen sicherlich gewinnbringend sein. Der ächte ceylanische Zimmt läßt sich auf den Nicobaren, Borneo und Neuguinea cultiviren. (Dr. F. Jagor: Singapore — Malakka — Java. Reiseskizzen. Berlin 1866. S. 195.)

Pfeffer wird auf Formosa, sowie auf den übrigen für eine preußische Colonie vor der Hand in Aussicht genommenen, im Indischen und Großen Ocean belegenen Inseln gewonnen. Der Exportzoll des ostindischen Pfeffers nach Holland beträgt 1⁵/₁₀₀ Glb., nach andern Ländern 2¹⁰/₁₀₀ Glb. für schwarzen, und 50 % mehr für weißen, und findet die Verpackung zu Lasten des Käufers statt. ·In Deutschindien müßte die Verpackung zu Lasten des Verkäufers geschehen, und ein geringerer, als der holländische, Eingangszoll nach Deutschland festgesetzt werden.

Indigo. 1860 wurden aus den Niederlanden 201,070 ℔, 1,206,420 Glb. werth, in den Zollverein eingeführt. Auch diese Pflanze artet auf Java aus, während der formosanische Indigo seinen alten Ruf bewahrt und in gehöriger Menge gewonnen, bald den javanischen auf den europäischen Märkten einholen würde.

Taback. Es würde sich leicht ein dem Manillataback ähnliches Kraut in Masse erzeugen lassen; ob eine große Ausdehnung der Tabackscultur bei der mit ihr verbundenen Bodenerschöpfung rathsam, wird erst nach Versuchen an Ort und Stelle festzustellen sein. Ueber die bereits vorhandenen Sorten ist schon berichtet.

Kampfer. Die Gewinnung dieses äußerst wichtigen formosanischen Products ist einige Jahre von dem Tautai (Gouverneur)

der chinesischen Colonie monopolisirt gewesen, und der Kleinhandel
an begüterte Eingeborne verpachtet worden. In früheren Jahren
wurde ein beträchtlicher Theil dieser Drogue heimlich producirt und
in China eingeschmuggelt, wo er von fremden Speculanten stark
angekauft und nach Hongkong zur Verschiffung für Calcutta ge=
schafft wurde, wo der beste Markt ist, da die Hindus den Kampfer
zu Salben und anderen Zwecken massenhaft verwenden. Aber jetzt
ist das Monopol so streng überwacht, daß beinah der ganze be=
treffende Umsatz dem glücklichen Individuum zufällt, dessen chine=
sische Agenten ihm das Monopol sichern können. Hierdurch ist der
Preis des Artikels in Hongkong beträchtlich gestiegen und der
glückliche Monopolist fast unglaublich bereichert worden. Die Kosten
der Drogue beträgt am Gewinnungsort auf Formosa nach Swinhoe
nur 6 Dollars der Picul. Der Monopolist kauft ihn zu 16 Dol=
lars von den Mandarinen und verkauft ihn in Hongkong zu
18 Dollars. Der gigantische Laurus camphora, welcher das
Material liefert, bedeckt die ganze Kette des Hochgebirges, die sich
von Norden nach Süden durch die Insel zieht. Auf welche Weise
man sich die Bäume von den Wilden beschafft, ist schon berichtet.
Der beste Theil des Baumes wird zu Zimmerholz bestimmt, der
Rest in Spähne zerschnitten. Die Spähne werden in eisernen
Töpfen, die einer über den andern gesetzt sind, gesotten und der
Dampf condensirt. Der Kampfer wird dann in Karren von roher
Construction geschafft und in große Kufen verstaut, aus deren
Spundlöchern ein Oel sickert, welches unter dem Namen Kampferöl
von den chinesischen Heilkünstlern gegen rheumatische Leiden ange=
wendet wird. Schließlich wird der Kampfer in Säcke verpackt
und so versandt. (Swinhoe in: Journal of the R. Geogr.
Soc. Bd. 34. 1864. p. 17; Description of Canton; 2.
edition; Canton 1839, gr. 8. p. 147.) Der meiste in Europa
und Amerika verwendete Kampfer stammt aus Formosa, und es
leuchtet ein, welche großen Vortheile aus dem Handel mit diesem
Product unseren Colonisten erwachsen würden, umsomehr, als die
vorzüglichsten Kampferwälder an der Ostküste und überhaupt in
dem nichtchinesischen Inseltheil liegen, so daß von der preußischen
Colonie aus auch der chinesische Markt bald vollständig beherrscht

werden würde. Eine schon beträchtliche preußische Han=
delsfactorei an der Südwestküste Formosa's würde sich
allein aus dem Kampferhandel erhalten können.

Stuhlrohr (Rattans), von grober Art, wird überall auf
Formosa gefunden. Ein kleiner Handel darin wird an der chine=
sischen Küste gemacht, wo der geringe Preis des Materials diesem
einen leichteren Markt verschafft, als den schöneren, aber auch
theureren Sorten des Südens.

Arrac, destillirt aus Zuckermelassen und Reis, würde einen
werthvollen Ausfuhrartikel liefern, wobei es wegen der großen Me=
lassenproduction Formosa's nie an dem nöthigen Rohstoff mangeln
könnte.

Einen höchst schätzbaren Export versprechen die in den gewal=
tigen Urwäldern Formosa's vorhandenen Bau= und Nutzhölzer.
Des Kampferbaumes, dessen Holz zum Schiffs= und Hausbau viel
verwendet wird, ist gedacht. Vortreffliche Cypressen= und Fichten=
arten kommen namentlich im südlichen, nichtchinesischen Gebiet vor.
Auf einem Zimmerplatz zu Taiwanfu sammelte Robert Swinhoe
nicht weniger als 65 verschiedene formosanische Holzarten, die auf
der Weltausstellung zu London zu sehen waren und von Herrn
Swinhoe letzthin dem Kew=Museum daselbst geschenkt worden sind.
Bei der großen Holzarmuth auf dem Festlande und dem sehr be=
deutenden Bedarf der europäischen Schiffe in den benachbarten
Häfen würde eine ordentliche forstmäßige Nutzung der Wälder eine
Wohlstandsquelle für unsere Colonisten geben.

Der Ackerbau wird auf eine sehr primitive Art von den un=
terworfenen und freien Eingebornen mit Hülfe eines unvollkom=
menen Pfluges betrieben. Auf plumpen Kampferholzkarren wird
die Ernte in die Scheuer befördert, nachdem der Reis mit einem
nur wenig gekrümmten, aber als unsere Sicheln breiteren Messer
mühsam Handvoll für Handvoll abgeschnitten worden ist. Die
Vicinalwege sind sehr schlecht. Dennoch liefert schon jetzt der Acker=
bau bedeutende Exporte und steht demselben unter Leitung erfah=
rener Landwirthe nach Verbesserung der Communication und der
Geräthschaften eine glänzende Zukunft bevor, zumal Formosa das
südlichste Land in Asien ist, wo noch Agricultur in unserem Sinne
vorkommt. Zugleich erhellt, daß Formosa nicht blos Handels='

Eroberungs- und Pflanzungs-, sondern sogar in gewissen Grenzen Ackerbau-Colonieen gestattet; ein seltenes Beispiel des Zusammentref- fens aller vier Ansiedelungsarten.

Die Chinesen betreiben auf der Insel mehr Garten- und Plantagen-, als Ackerbau.

Wenn Dr. Maron, der unter dem frischen Eindruck der Dinge an Ort und Stelle eine Colonisation der Insel seitens Preußens als in vieler Beziehung für beide Theile gleich vortheilhaft erklärte, (a. a. O. Bd. II. S. 27), in einem späteren polemischen Zei- tungsartikel, sich die Frage aufwirft, weßhalb die Chinesen nicht den übrigen Theil Formosa's in Besitz nehmen, und behauptet, daß derselbe zu armselig sei, um sie dazu zu verlocken, so wider- spricht Dem schon das, was Swinhoe, der beste Kenner der Insel, über die Kampferdistricte, welche in Händen der Wilden sind, mit- theilt. Es geht den Chinesen, die vergeblich zur Vertilgung der muthigen und tapferen Eingebornen Tiger ausgesetzt haben, wie jenem Fuchs, dem die Trauben zu hoch hingen. Sie sind den Eingebornen, von denen sie fast in jedem Treffen geschlagen wer- den, nicht gewachsen, deßhalb können sie nicht weiter vordringen. Wohl liegt aber hinter und zwischen den Bergen im Lande der Wilden noch viel reiches Ackerland, welches so gut bewirthschaftet wird, daß dies nach Behauptung der Chinesen nur aus der Mit- hülfe ihrer von den Formosanern zu Kriegsgefangenen gemachten Landsleute zu erklären ist. Endlich übersieht Herr Maron voll- ständig, daß, wo die Chinesen auswandern, sie fast nirgend Acker- baucolonieen anlegen, deßhalb auch ihre Weiber zu Hause lassen,*) sondern daß sie nur Handel, Gewerbe oder Bergbau treiben, so in Australien, Californien, Calcutta, Borneo, Java, Sumatra, Sin- gapore, Bangkok u. s. f. . Aus diesem Grunde ist der Ackerbau auf Formosa vorwiegend in Händen der Eingebornen, und tragen die chinesischen Ansiedler gar kein Verlangen nach dem Ackerlande der freien Insulaner.

---

*) Auch auf Formosa sind die Chinesen selten verheirathet, sie legen sich höchstens zeitweise Beischläferinnen aus der eingeborenen Bevölkerung zu, während ihre Weiber in China zurückbleiben.

2. Viehzucht.

Rinder und Büffel. Die Chinesen beschäftigen sich fast gar nicht mit der Züchtung dieser Thiere; destomehr die Einge= bornen, welche so vortreffliches Rindvieh besitzen, daß dies na= mentlich bei den Stämmen der Süd= und Südostküste den vor= züglichsten Bestandtheil ihres Eigenthums ausmacht. Erwägt man nun die exorbitanten Preise der Rinder in Honkong, Canton, Schanghai und anderen Orten, sowie das Bedürfniß der unzähli= gen Kriegs= und Handelsschiffe nach frischem und gesalzenen Rind= fleisch, endlich auch die großen Schwierigkeiten und Kosten eines Transports vom Cap oder von Madagascar her beschafften Schlacht= viehs, so muß man in dem ausgedehnten Rinderstand des nicht= chinesischen Inseltheils eine Nahrungs= und Handelsquelle erblicken, deren Ausbeutung durch deutsche Speculanten, welche Schlachthäuser, Pökelanstalten, Fleischmagazine, Talgsiedereien u. s. f. anlegen, auch Haare, Hörner, Fett, Knochen und Häute gehörig ausnutzen, eine Quelle des Reichthums für die Colonie zu werden verspricht.

Die Büffel werden von den Insulanern mehr als Arbeits= thiere benutzt. Das Fleisch ist grob; die sehr starke Haut und das kräftige Horn bilden einen in China begehrten Handelsartikel.

Schweine. Die gewöhnliche mittelchinesische Race, sehr breitrückig und fett. Die Lieblingsspeise der Chinesen. Wegen der vorzüglichen Pflege, welche die Schweine erhalten, sind sie von Finnen und Trichinen frei und eine gesunde Speise, die von den Chinesen selbst in Siam, Malacca und Singapore, also nahe dem Aequator, ohne Nachtheil genossen wird. (Heine: a. a. O. Theil I. S. 199.)

Pferde, ausdauernd, aber unansehnlich. Die Race müßte durch Kreuzung verbessert werden.

Ziegen gedeihen im Tafchan vortrefflich.

Schaafe, namentlich auf der Insel Lamay an der Südwest= küste gezüchtet. Das Bließ taugt nichts, dagegen sind die Hammel als Schlachtvieh gut und würden in Hongkong, woselbst die Eng= länder der nationalen Leidenschaft für mutton steak und joint nachhängen, einen guten Markt finden.

Bienenzucht ist auf Formosa unter den Eingebornen sehr

im Schwunge. Das Wachs steht dem besten Timorwachs nicht nach).

Seidenraupenzucht seitens der Chinesen betrieben. Die meisten Seidenstoffe werden jedoch vom chinesischen Festlande eingeführt, da die formosanische Fabrication nicht den eigenen Bedarf deckt. Bei dem gleichmäßigen Clima würde die Raupe überall gezüchtet und namentlich mit Grains, Cocons und Rohseide Ausfuhrhandel getrieben werden können.

3. Fischerei und Jagd.

Seefischerei wird von den Chinesen, Süßwasserfischerei von den Eingebornen betrieben. Die Seefische sind sehr mannigfaltig, da sich in den verschiedenen Meeresströmungen, je nach der Wärme derselben verschiedene Fischarten aufhalten. Besonders lohnend ist die Tripangfischerei, indem die im indischen und den benachbarten Theilen des Großen Oceans aufgefundene Holothuria tripang (Tripang edulis) eine geschätzte Speise der Japaner, Koreaner, Mandschu und Chinesen ist. Seitens der Colonisten würde außerdem der Süßwasserfischerei, die bei dem großen Fischreichthum der Bäche, Teiche, Flüsse und Seen auf Formosa äußerst ergiebig ist, besondere Sorgfalt zuzuwenden sein.

Die mannigfachen Producte der Jagd sind im zoologischen Theil berührt.

4. Rhederei und Handel.

Bis jetzt ist trotz des großen Reichthums der formosanischen Wälder an Schiffszimmerholz der Schiffsbau und die Rhederei auf der Insel sehr schwach, und der Handel nur Binnen- und Küstenhandel. Die Schiffe, welche formosanische Erzeugnisse, als Reis, Thee, Baumwolle, Zucker, Kampfer, Holz, Kohle, Gemüse, Früchte, ausführen, sind meist nicht formosanischen, sondern chinesischen oder deutschen (preußischen, mecklenburgischen oder oldenburgischen) Ursprungs. Ab und zu versuchen einzelne Schiffer auf gut Glück mit den Wilden der Ostküste Tauschhandel zu treiben. Obwohl formosanische Producte bis nach Peking, Korea und Japan, ja bis Europa und Amerika gehen, so machen sie doch erst

die Reise nach einem festländischen Hafen China's (meist Amoy
oder Futschau), von wo sie weiter verschifft werden.

Von Takau (mittlere Westküste) berichtet Maron, daß schon
einige Jahre vor der officiell 1859 erfolgten Eröffnung dieses
Hafens Engländer mit der ihnen eigenen Ungenirtheit den Hafen
sich privatim erschlossen hatten. So liefen 2 Schiffe, den Häusern
Dent & Co. und Jardines Matheson & Co. gehörig, gutbewaffnet
ein und verkauften nach Bestechung der Mandarine den verbotenen
Opium. Dann abgetakelt, haben sie den Hafen nicht mehr verlassen und sind schwimmende Wohnhäuser und Waarenlager geworden.

Von Tamsui (Nordwesten), jetzt dem Mittelpunkt des eng-
lischen und amerikanischen Verkehrs, sind die Hauptexportartikel:
Reis, Indigo, Rohzucker, Jute, Grundnuß-Kuchen, Kampfer, Kohle,
Graslinnen, Holz, Rohr, Thee, Reispapiermark, eingemachte
Früchte, Hülsenfrüchte, Gerste, Weizen und Schwefel.

Von Kilung (Norden) mit Coal-harbour und Junk-
town sind die Hauptausfuhrgegenstände: Kohle, Petroleum, Fleisch,
sweet-meat, Reis, Kampfer, Brachidenöl (huile de pistaches
de terre), jetzt namentlich in Frankreich vielfach als Surrogat
des Olivenöls gebraucht (Jagor: a. a. O. S. 137); von Mangla,
mehrere Meilen südlich von Kilung nahe dem Gebiet der Wilden:
Kohle, Oel, Schwefel, Kampferholz; von Suau-Bay und dem
benachbarten Territorium der Wilden: Ochsen, Schweine,
Ziegen, Geflügel, Gemüse und Obst. (Bull. de la Soc. de
Géogr. IV. Série. 1859, p. 17; Swinhoe: a. a. O. S. 17.)
Wie dieser Handel auf die preußischen Colonien auszudehnen und
in directe Ein- und Ausfuhr zu verwandeln ist, wird weiterhin
unter c. gezeigt.

5. Handwerk und Fabrication.

Die Chinesen, nächst den Japanern offenbar die geschicktesten
Arbeiter Asiens, haben auch auf Formosa, wie in allen Colonien
des südöstlichen Asiens, den kleinen Handwerksbetrieb an sich
gebracht. Wegen ihrer ungewöhnlichen Nachahmungsgabe, Ausdauer, Geschicklichkeit, Bedürfnißlosigkeit und Sparsamkeit arbeiten

sie billiger, als jeder Europäer, liefern aber auch die für die Colonialregierung erforderlichen öffentlichen handwerksmäßigen Arbeiten zu so wohlfeilen Preisen, daß sie überall gern von den Statt-
haltern gesehen werden.

Die Fabrication beschränkt sich in Formosa zur Zeit auf
Färberei, Grasleinenweberei, Anfertigung von Reispapier, worin
die Formosaner eine unübertroffene Geschicklichkeit besitzen, Oel-
fabrication, Zucker- und Theebereitung, Kampferdestillation ec.

Da die Pflanzungscolonieen überhaupt vorwiegend zur Rohproduction bestimmt sind, so wird die Herstellung von Fabrikaten
und Manufacten in ihnen stets nur eine secundäre Bedeutung behalten. Dennoch werden z. B. Droguen-, Taback- und Schieß-
pulver-Fabriken mit Vortheil auf Formosa angelegt werden können.
In dem Haupthafen der Colonie empfiehlt sich die Anlegung von
Trockendocks, nebst allen nöthigen Anstalten und Vorrichtungen
zum Auf- und Abrüsten, Ein- und Ausladen, Kalfatern, Aus-
bessern, Verproviantiren ec. der Schiffe, als Schiffszimmerplätze,
Block- und Taubrechereien, Maschinenbau-Anstalten, in denen die
nöthigsten Maschinentheile, namentlich für Schiffe, sowie ganze
Dampfmaschinen hergestellt und ausgebessert werden, Export-Bäcke-
reien und Schlächtereien, Pökelanstalten u. s. f.

3. Bergbau.

Während bis jetzt Schaaren deutscher Bergleute nach den Colonieen aller Völker ausgewandert sind, ohne etwas Anderes, als
ein Leben voller Mühseligkeiten und Gefahren, und einen kärg-
lichen Lohn statt des erwarteten auskömmlichen Verdienstes zu finden, werden ihnen die überreichen Mineralschätze Formosa's, als
Kohle, Petroleum, Kupfer, Gold, Silber, Quecksilber, Zinnober,
Schwefel, Salz, und das Vorhandensein deutscher Colonieen unter
preußischem Schutz in Zukunft ungleich bessere Garantien bieten.
Während ferner z. B. in den südamerikanischen Bergwerken den
Deutschen gewöhnlich die gröbste und härteste Arbeit aufgebürdet
wird, geschieht dieselbe in den formosanischen Bergwerken von Ku-
lis, und die Deutschen werden vorwiegend als Steiger, Aufseher,
Werkmeister u. s. f. verwendet werden. Zur Ausbeutung nament-

lich der Kohlen- und Schwefelminen müßte sich, wie Perry vorschlägt, eine große Bergbau-Gesellschaft, nach Art ähnlicher westphälischer, schlesischer oder belgischer Unternehmungen bilden.

b. Production des Mutterlandes und Consumtion der Colonie.

Hierbei ist Rücksicht zu nehmen nicht blos auf die gegenwärtige Bevölkerung und Beschaffenheit Formosa's, sondern auch auf die wirthschaftliche Lage der Insel, wenn sie bereits preußischerseits colonisirt worden ist und neben der eingeborenen und chinesischen, bereits eine europäische Bevölkerung enthält.

Die Importe werden, wie in allen Pflanzungscolonieen, vorwiegend in Fabrikaten und Manufacten, dagegen weniger in Rohproducten und Halbfabrikaten bestehen.

Ueber den gegenwärtigen Import berichtet Swinhoe (a. a. O. p. 18): „Die Einfuhrartikel bestehen hauptsächlich aus chinesischen Waaren von den Häfen Ningpo, Futschau, Tschinschu und Amoy; und durch denselben Canal haben fremde Güter ihren Weg gefunden, doch ist die Nachfrage gering. Der Hauptimport in die chinesische Colonie ist Opium; und um die 3 Millionen chinesischer Colonisten von Formosa mit diesem fast unentbehrlich gewordenen Lebensbedarf zu versehen, ist ein starker Zufluß nothwendig. Viele der Eingebornen haben, wie man mir sagt, auch das Opiumrauchen versucht; aber selten länger, als um diesem Genuß ein- für allemal wieder zu entsagen.*) Unglücklicherweise brach bald nach der Eröffnung des Handels in Tamsuy eine Empörung aus, welcher mehrere der ersten Beamten der Insel zum Opfer fielen; dies versetzte zuerst die neuangekommenen Fremden in eine kritische Lage; das Schlimmste liegt jedoch, wie ich zuversichtlich glaube, hinter uns. Seit meiner Abreise sind bereits wieder neue Kaufleute nach Tamsuy gezogen, und die ausländische Zollverwaltung hat den Hafen unter Obhut genommen."

Die Anlegung der preußischen Colonieen auf Formosa wird deutschen Manufacten und Fabrikaten nicht blos in der Colonie

---

*) Auch eine vortheilhafte Empfehlung der Eingebornen, was man nicht übersehen wolle.

unter den Eingebornen und den einwandernden Chinesen, sondern
auch unter den Bewohnern des chinesischen Inseltheils, sowie des
benachbarten Festlandes Eingang verschaffen. Um dies zu bewirken, ist aber darauf zu sehen:

1) daß streng reell verfahren wird. Wird der schwer zu täu-
schende Chinese einmal hintergangen, so verliert er das Vertrauen
für immer. Früher hat nach Werner (a. a. O. Bd. II. S. 311)
Mangel an Solidität dem deutschen Handel sehr geschadet. Beim
überseeischen Exporthandel verschmähen selbst die freisinnigsten Völker,
wie die Nordamerikaner, nicht eine scharfe obrigkeitliche Controlle.
„Nirgends in der Welt nämlich bestehen," sagt Roscher (a. a. O.
S. 111), „so viele obrigkeitliche Schauanstalten und Han-
delsreglements, wie eben hier, im classischen Lande des Self-
government. Wir Deutschen haben von dieser Einrichtung eigent-
lich nur noch die Linnenleggen beibehalten. In den Vereinigten
Staaten aber giebt es eine ähnliche Schau und Stempelung bei
Pökelfleisch, Taback, Mehl, Theer, Pottasche, Butter, Leinsamen,
Holz ꝛc. Mit äußerster Strenge wird darauf gehalten, daß die
Verpackung nur in bestimmten Quantitäten erfolgt; ebenso wird die
Qualität geprüft und durch eine Brandmarke äußerlich angezeigt,
das schlechtbefundene Product bald zerstört, bald mit der Inschrift
„Condemned" bezeichnet. In Newyork dürfen die Beamten jedes
Schiff nach ungeprüftem Mehle durchsuchen, und die defraudirte
Waare verfällt dem Fiscus." Wollten unsere Gewerbetreibenden
ohne Staatszwang dieselbe Strenge gegen sich üben, sie würde
wahrlich nicht zu ihrem Schaden ausschlagen.

2) müssen die deutschen Kaufleute nicht ihrem, sondern genau
dem Geschmack der Consumenten folgen. Diese Mahnung scheint
selbstverständlich, wer aber weiß, wie oft unsere Waaren auf den
asiatischen Märkten abfallen, weil das Fabrikat nicht genau dem
Vorurtheil der Käufer angepaßt ist, wird dieselbe im Gegentheil
für sehr dringlich halten. (Vgl. Preuß. Handelsarchiv 1861, Bd. I,
S. 207.) So berichtet Grube (a. a. O. 1862, Bd. II, S. 96)
über das Geschäft in türkischroth gefärbten Garnen nach Indien
und dem östlichen Asien: „Während früher die im Wupperthal gefärbten türkischrothen Garne auf den indischen Märkten am meisten
geschätzt und am höchsten bezahlt wurden, werden denselben jetzt

einige Glasgower Marken der schönen Farbe und besseren Packung
halber vorgezogen. Man klagt, daß die rheinische Waare
zu unegal gefärbt und zu lose gepackt war. Holländische
Garne haben deshalb auch sehr erfolgreich concurrirt." Für das
Importgeschäft mit Java ist deutsches Rothgarn, obwohl es, ebenso
wie anderes nichtholländisches, 25 %, holländisches aber nur 12½ %
zahlt, noch verlohnend, aber nur, weil die holländische Fabrication
noch nicht so weit, wie unsere, vorgeschritten ist. (a. a. O. 1861,
Bd. II, S. 267.)

„Vor 10 Jahren beschränkten sich," bemerkt der Associé eines
deutschen Handlungshauses in Schanghai (a. a. O. 1861, Bd. II,
S. 1 flg.), „die Abladungen von Hamburg — dem einzigen deutschen Hafen, von welchem überhaupt bis jetzt Schiffe nach China
expedirt worden — auf 2 bis 3 Ladungen (d. h. Theilladungen),
bestehend aus einigen wenigen Spanish Stripes, Flanellen, etwas
Zink, Blei, schwedischem Stahl, Fensterglas (ziemlich bedeutend),
Hohlglas; und im Falle das Schiff Schwergüter bedurfte, wurde
englisches Nageleisen, Stangeneisen und Schiffslupfer, Yellow-Me-
tall, zu niedriger Fracht als Ballast beigeladen. Spirituosen, als
Genever, Cognac, Sherry cordial, ferner gesalzene Provisionen,
russisches Tauwerk für Hongkong, complettirten die Ladungen. Der
Absatz von Spanish Stripes, Hohl- und Fensterglas ist durch
den enormen Aufschwung, den Schanghai in commercieller Beziehung
in den letzten 5 Jahren genommen hat, gegen 1849/50 verzehn-
facht, und wenn die deutschen Fabrikanten von ersterem Artikel,
der für deutsche Importe in China von größter, wenn nicht einziger Wichtigkeit ist, nur den Anforderungen der Chinesen genügen
wollen, steht zu erwarten, daß der Absatz dafür namentlich in Concurrenz mit russischen Fabrikaten eine gute Zukunft hat. Das ab
Hamburg exportirte Fensterglas wird daselbst von Belgien, das
Stahl von Schweden bezogen, (Englischer und Deutscher haben
Verluste gebracht)."

Aus vierjährigen Preiscouranten stellen wir im Folgenden die
Hauptimport-Artikel zusammen:

A. Stapel-Artitel.		Hankau. Verkauft.		Shanghai. Verkauft.		Hongkong. Freihafen.		Canton. Verkauft.	
		D. c.	— D. c.	D. c.	— D. c.	D. c.	— D. c.	D. c.	— D. c.
1) Baumwollengarn	per Picul	70 00	— 72 00	70 00	— 72 00	70 00	— 75 00	70 00	— 72 00
a. Nr. 16—24,	" "	85 00	— 92 00	85 00	— 92 00	90 50	— 90 80	85 00	— 92 00
b. Nr. 28—32,	" "	95 00	—105 00	95 00	—105 00	100 00	—102 00	95 00	—105 00
c. Nr. 38—42,		T.m.c.	— T.m.c.	T.m.c.	— T.m.c.				
2) Shirtings	per Stück	2 90	— 3 45	3 30	— 3 90	4 35	— 6 00	4 00	— 6 40
a. Grau, 7—10 lbs.,	" "	3 10	— 3 30	3 40	— 3 90	3 80	— 4 70	3 80	— 4 50
b. Weiß, 54—65 reeds, higher reeds,	" "	3 40	— 3 50	4 00	— 4 05	5 00	— 6 50	4 60	— 5 80
c. Bunt — Weiß,	" "	2 90	— 2 95	3 25	— 3 50	4 00	— 4 20	3 80	— 3 90
Gefärbt,	" "	3 40	— 3 50	3 50	— 4 00	5 00	— 5 15	4 20	— 5 20
3) T-Cloths, 6—7½ lbs.,	" "	2 05	— 2 10	2 50	— 2 60	3 25	— 3 35	3 20	— 3 70
36 in. 24 yards,	" "	2 80	— 2 90	2 90	— 3 10	4 25	— 4 35	4 20	— 4 50
4) Brocades, 40 yards 36 in., — Weiß,	" "	2 80	— 2 85	3 25	— 3 50	3 80	— 4 00	3 80	— 3 90
Gefärbt,	" "	4 70	— 4 50	4 25	— 4 50	5 00	— 5 45	4 50	— 5 50
5) Zis,	" "			2 00	— 2 25	3 00	— 3 45	3 80	— 4 20
6) Damast,	" "	6 60	— 6 90	7 00	— 7 50	8 00	— 9 00	6 80	— 8 50
7) Sammet u. Manchester, per Elle	0 18	— 0 26	0 17	— 0 26	0 30	— 0 75	0 22	— 0 30
8) Taschentücher, per Dutzend	0 75	— 1 00	0 80	— 0 95	1 05	— 1 25	1 20	— 1 30
9) American Goods,	per Stück								
a. Drills, 40 yards,	" "	5 20	— 5 40	5 80	— 6 00	7 00	— 7 15	6 10	— 6 90
b. Jeans, 30",	" "	3 60	— 3 80	4 80	— 5 00	5 00	— 5 25	4 50	— 5 50
c. Sheetings, 30 yards,	" "	4 50	— 4 80	3 80	— 4 20	4 50	— 5 00	2 40	— 2 70
10) Wollen,									
a. Spanish Stripes, Scarlet, pr. Elle Assorted, " "	0 68	— 0 75	0 65	— 0 75	0 87	— 0 90	0 70	— 1 00

*) 1 Tael (= 2 Thlr.) = 10 Meeß, = 100 Kandarins.

Stapel=Artikel.	Hantau. Bergzoll. T.m.c. — T.m.c.		Schanghai. Bergzoll. T.m.c. — T.m.c.		Hongkong. Freihafen. D. c. — D. c.		Canton. Bergzoll. D. c. — D. c.	
b. Long Ells, H. Scarlet, Assorted, „	6 40	6 50	6 60	6 80	8 40	8 50	8 50	8 60
HH. Scarlet, Assorted, „	6 80	7 00	7 20	7 30	8 40	8 80	5 00	7 00
„ „	7 00	7 00	6 80	7 00	8 50	8 60	8 90	9 00
„ „	7 00	7 15	7 50	7 60	8 50	8 50	7 50	8 50
c. Camelot, englisch S.,	16 00	16 50	16 00	16 25	21 00	22 00	21 00	23 00
SS.,	15 00	17 50	15 75	15 95	19 50	20 00	20 00	19 50
SSS.,	14 00	15 50	15 00	15 75	17 50	18 00	19 00	19 50
B.,	17 00	17 00	17 00	17 50	22 00	23 00	23 00	24 00
BB.,	17 50	16 50	17 00	17 50	21 00	22 00	22 00	23 00
BBB.,	17 50	19 50	18 50	19 00	22 00	23 00	22 00	23 00
d. Lastings,	14 00	15 00	13 00	13 50	16 25	17 00	16 00	17 40
e. Habit Cloths, Assorted, per Elle	1 35	1 50	1 35	1 50	1 10	1 50	1 25	1 30
f. Medium Cloths, Assorted, „ „	1 89	1 90	1 89	1 90	2 50	3 00	1 60	2 00
11) Metalle, per Picul								
a. Eisen, Barren, „	2 00	2 60	2 00	2 60	2 40	2 50	2 50	2 75
b. Nageleisen, „	2 00	2 30	2 00	2 30	2 48	2 50	2 60	2 90
c. Eisenreifen, „	3 00	3 00	3 00	3 00	3 00	3 50	3 15	3 50
d. Blei, „	6 00	6 10	5 50	6 00	5 85	6 70	7 15	7 70
e. Zinn, „	23 00	25 50	26 00	27 00	24 00	31 00	20 00	32 00
f. Zinnplatten, „ Kiste	5 50	6 80	5 50	5 80	6 50	7 00	7 50	7 80
g. Spelter (Zink), per Picul	8 00	11 00	5 00	5 5	5 50	5 75	6 50	6 80
h. Quecksilber, „					72 00	74 00	75 00	77 50
12) Kohlen,								
a. englisch, Dampf, per Tonne			8 00	9 80	9 50	10 50		
b. amerikanisch, Anthracit, „			13 00	14 00	15 00	15 50		
c. Sidney (australisch), „					10 00	10 50		
d. japan. u. einheim. (Formosa) „			5 50	5 80	8 00			
13) Fensterglas, per Kiste	3 00	3 20	3 00	3 60	3 15	3 25	3 20	3 60

11

Diese Importlisten gelten für das mittlere und südliche China; bei der großen commerciellen Wichtigkeit, die aber Nordchina zu erhalten anfängt, lassen wir eine Preiscourantliste aus Tientsin folgen. Hier spielen auch, da das Klima bereits die Erzeugung eigentlicher Colonialwaaren verhindert, die letzteren unter den Importen eine Hauptrolle, weshalb sie aufgeführt sind:

B. Stapel-Artikel.	Tientsin. Verzollt.
	T. m. c. — T. m. c.
1) **Shirtings**,	
a. Grau, 5¼—4½ catties per Stück	2 8 5 — 3 0 0
„ 6¼—6¾ „ „ „	3 0 5 — 3 5 5
„ 7 —7½ „ „ „	3 2 0 — 3 5 5
b. Weiß, 54 reed, „ „ „	3 0 0 — 3 2 0
„ 60 „ „ „ „	3 1 0 — 3 1 5
„ 65 „ „ „ „	3 2 0 — 3 3 0
2) **T.-Cloths**,	
4½—5 catties, „ „	2 1 3 — 2 5 0
5 —6 „ „	2 3 5 — 2 9 0
3) **Spotted Shirtings**,	
a. Plain, „ „	3 6 0 — 3 7 5
b. Colored, „ „	3 3 0 — 3 5 5
c. Blue, „ „	3 4 0 — 3 6 0
4) **Zip**,	
a. Gentian, „ „	2 0 0 — 2 5 0
b. Various, Patterns, „ „	1 9 5 — 2 1 0
5) **Brocades**,	
a. White, „ „	2 8 8 — 3 3 3
b. Dyed, „ „	4 1 0 — 5 0 0
c. Blue, „ „	4 1 0 — 5 0 0
6) **Damast**,	
a. Assorted, „ „	6 4 6 — 6 9 0
b. Gentian, „ „	7 0 0 — 7 1 0
7) **Dimitles**, White, „ „	1 6 0 — 2 0 0
8) **American Drills**, 40 yards, „ „	4 9 6 — 5 3 0
9) **Jeans**, 30 yards, „ „	5 1 0 — 5 5 0
10) **Sheetings**, 40 yards, „ „	4 6 0 — 5 5 0
11) **Lawns, Flowered**, „ „	1 4 0 — 1 9 0
12) **Red Shirtings**, „ „	2 8 0 — 3 0 0
13) **Blue** „ „	3 3 5 — 3 5 0
14) **Camelot**,	
a. S. Scarlet Assorted, „ „	16 5 0 —18 0 0
b. SS. „ „ „	16 0 0 —18 0 0
c. SSS. „ „ „	18 0 0 —19 0 0
d. BBB. „ „ „	19 5 0 —20 0 0
15) **Lastings**, per Stück	12 5 0 —13 5 0
16) **Spanish Stripes**, „ Elle	0 7 0 — 0 7 5

Stapel-Artikel.			Tientsin. Verzollt.
			T. m. c. — T. m. c.
17) Long Ells,			
a. II. Red,	„	Stück	7 0 0 — 7 5 0
b. H. Assorted,	„	„	6 6 5 — 7 0 0
c. HH. Red,	„	„	7 0 0 — 7 5 0
d. HH. Assorted,	„	„	7 0 0 — 7 5 5
18) Velveteens,	„	Elle	0 17 — 0 2 0
19) Velvets, Assorted,	„	„	0 2 5 — 0 5 0
20) Eisen,	„	Picul	3 0 0 — 3 1 0
21) Blei,	„	„	6 0 0 — 6 5 0
22) Zinn,	„		15 0 0 — 24 0 0
23) Zinn-Platten,	„	Kiste	6 0 0 — 6 4 0
24) Fensterglas,	„	„	3 5 0 — 4 1 0
25) Rattans (Straits),	„	Picul	4 5 0 — 5 0 0
26) Sandelholz,	„	„	5 5 0 — 9 0 0
27) Sapanholz,	„	„	3 0 0 — 4 0 0
28) Mangelbaumrinde,	„	„	2 9 0 — 3 0 0
29) Pfeffer, a. Schwarzer,	„	„	6 0 0 — 7 0 0
b. Weißer,	„	„	10 0 0 — 11 0 0
30) Zucker, Formosa,			
a. White,	„	„	7 5 0 — 9 0 0
b. Brown,	„	„	5 0 0 — 7 0 0
c. Candy, White,	„	„	7 0 0 — 9 0 0
			D. c.
31) Indigo, a. Canton,	„	„	15 00
b. Formosa Nr. 1	„	„	7 00
c. „ „ 2	„	„	6 00
32) Firniß,	„	„	40 00
33) Flintensteine,	„	„	1 00
34) Long-Gans,	„	„	14 00
a. King Paw,	„	„	
b. Ching Paw,	„	„	9 00
35) Tabak,			
Chung Tau Suey yeu, Green,	„	„	40 00
Wang Jan Suey yeu, Yellow,	„	„	39 00
36) Lychees,	per 2 Kisten		7 50
37) Baumwolle,	per 120 catties		23 50
38) Erbsen, Gelbe	„	„	2 30
Großegrüne	„	„	2 55
Kleine,	„ 140	„	3 25
			T. m. c. — T. m. c.
39) Pilze,	per Picul		18 0 0 — 24 0 0
40) Galläpfel,	„	„	8 3 0 — 9 5 0
41) Kuttelfisch (Mollusken),	„	„	5 4 0 — 6 4 0
42) Seetang, Lang,	„	„	3 9 0 — 4 1 5
Geschnitten,	„	„	5 4 0 — 6 0 0
43) Halsflschflossen,	„	„	23 0 0 — 24 5 0
44) Bêche de Mer, Tripang*),	„		. . . .
45) Getrocknete Seekrebse,	„	„	. . . .
46) Reis,	per 130 catties		11 2 0

*) L Qualität, die Tonne von 2250—2500 Francs.

11*

Als eines wichtigen Stapelproductes für China muß des Opiums gedacht werden, der als Benares (360—515 Doll.), Patna (360—525 Doll.) und Malwa (400—710 Doll.) in den Handel kommt, neben welchen indischen Sorten noch Turley (350—515 Doll.) und Native (chinesischer, wohlfeiler) geführt werden.

Bei der Nachbarschaft Japans wird auch auf die Importe in dies Land Rücksicht zu nehmen sein.

C. Stapel-Artikel.		Yokohama. D. c.	D. c.	Nagasaki. D. c.	D. c.
1) Shirtings,					
a. Grey, 5½ catties	per Stück	4 80	4 90	3 20	4 50
b. „ G „	„ „	4 90	5 00	3 70	4 80
c. „ 6½ „	„ „	4 05	5 25	4 00	5 00
d. White,	„ „	4 50	5 50	4 50	5 00
e. White Spots,	„ „	5 00	5 25	3 80	4 00
f. Dyed Spots,	„ „	5 75	5 80	4 75	5 50
g. Turkey Red,	„ „	4 00	4 25	3 75	4 00
2) T.-Cloths,	„ „	3 20	3 50	3 25	3 50
3) Brocades,					
a. White,	„ „	5 00	5 25	4 00	5 00
b. Dyed,	„ „	5 00	5 80	5 00	5 75
c. Purple,	„ „	5 50	6 00	5 50	6 00
4) Chintzes, Assorted,	„ „	2 40	4 00	2 10	3 00
5) Taschentücher,	per Dutzend	0 90	1 20	0 60	1 00
6) Sammet,					
a. Schwarz,	per Stück	10 50	12 50	12 00	13 00
b. Blau,	„ „	14 50	15 00	14 25	15 00
c. Hellblau (fein),	„ „	16 50	17 00	16 00	17 25
7) Camelot,					
a. S,	„ „	21 00	22 50	— —	—
b. SS,	„ „	21 50	22 00	21 50	22 00
c. SSS,	„ „	19 50	20 00	— —	— —
d. BBB,	„ „	21 50	23 00	23 00	23 15
e. H oder X,	„ „	— —	— —	20 00	21 00
8) Damast,	„ „	7 00	8 00	7 00	8 00
9) Long Ells,					
12 lb,	„ „	7 25	8 75	9 25	9 30
Scarlet,	„ „	7 50	9 00	8 00	9 25
Black,	„ „	7 20	8 70	7 50	9 00
10) Lastings,	„ „	16 50	17 50	— —	— —
11) Spanisch Stripes,	per Elle	— —	— —	0 50	1 00
12) Lustres,	per Stück	10 00	12 00	10 00	12 00
13) Orleans,					
a. plain,	„ „	— —	— —	8 00	9 00
b. figured,	„ „	— —	— —	7 00	8 00
14) Spelter (Zink),	per Picul	5 00	7 20	7 00	7 50
15) Blei,	„ „	6 50	7 50	8 00	8 50
16) Zinn,					
a. Block best,	„ „	27 00	27 50	30 00	37 00
b. Plates,	per Kiste	8 75	9 50	7 00	9 00
17) Sheating Metal,	per Picul	24 00	27 00	24 50	28 00

Endlich ist wegen der Nachbarschaft und der in manchen Punkten ähnlichen wirthschaftlichen Verhältnisse noch die Importliste von Manilla zu berücksichtigen.

Es sind hier hervorzuheben: weiße und graue Shirtings; Grey Longcloths; Grey Twills; weiße Jacconet-Mousline; Victoria Lawns; White Cambrics; Türkischroth Cambrics, Grandrills, Taschentücher, Ginghams, Cambayas, Twist, Näh-Baumwolle; an Wollenstoffen: Black Orleans, Lastings, Inferior Black, Broad Cloth (sehr dünn), Black Cloth u. s. f. Metalle: Eisen (flat, round and square), Schwedisches Barreneisen, Kupfer, Zink, Messing, Tauwerk, Leinöl, gesalzenes Fleisch, Ale, Porter, Schirme, fertige Kleider u. s. f.

Das Feld der Einfuhr in die ostasiatischen Colonien ist hiernach schon ein bedeutendes, wenn man es mit dem vor 10 Jahren vergleicht, und wird bei den steigenden Bedürfnissen der Eingebornen, wie Europäer, noch fortwährend erheblicher werden. Unter Anderem kann Schlesien sich für Zink und Glas, die Mark und Rheinland, sowie Sachsen, sich für Wollenstoffe, Westphalen und Hannover sich für Leinwand einen guten Markt eröffnen. Im Allgemeinen wird übrigens in Deutschland noch viel zu wenig für den überseeischen Export gearbeitet, und doch könnten, namentlich in der Wollenmanufactur, die Deutschen, wenn sie sich ernstlich anstrengten, alle anderen Völker aus dem Felde schlagen, weil ihnen unbestritten das beste Rohmaterial zu Gebote steht. Bei der großen colonial-wirthschaftlichen Wichtigkeit der Wollenmanufactur weise ich auf einen Artikel von Dr. Weinland hin, welcher in der Zeitschrift „Der Thiergarten" (Stuttgart, 1864. Jahrg. 1. S. 28 flg. erschienen ist. „Die meisten Schafzüchter scheinen anzunehmen, bemerkt Herr Weinland, daß, um eine bestimmte Wolle zu produciren, es vor Allem und vielleicht einzig darauf ankomme, eine solche Race sich zu verschaffen, deren Wolle jene Eigenschaften besitzt; besitzen sie nun aber diese Race aus einer climatisch von der ihrigen ganz verschiedenen Gegend importirt, so werden sie früher oder später die unangenehme Erfahrung machen, daß die Wolle sich verändert. Selbst bei nur geringen Entfernungen einer Weide von der andern zeigen sich oft bald die Einflüsse des verschiedenen Clima's. Theyssier des Farges stellt in einem der Pariser Acclimatationsgesellschaft mitgetheilten Aufsatze (Bull. d'Acclim. X. p. 657 squ.) folgende Gesetze auf: Wo der Boden fruchtbar und gut gebaut ist, da ist es auch die Wolle, ist der Boden sandig und arm, so wird die Wolle brüchig und kurz. Von den Wollen von Seine und Marne weist er dies im Einzelnen nach, über die spanischen Wollen sagt er, daß sie sehr dick und stark seien, aber der Weichheit und Seidenhaftigkeit der deutschen Wolle ganz entbehren; einst so berühmt, könne man sie jetzt nur noch mit anderen Wollen gemischt verwenden, früher habe man in Spanien mehr Sorgfalt auf die Heerden verwendet und besonders eine bessere Auswahl bei der Zucht getroffen; ihre Lebensart sei zu rauh, jeder Witterung ausgesetzt u. s. f. — In Rußland, sagt derselbe Verfasser, leben die Merinoschafe den größten Theil des Jahres der Kälte wegen in den Ställen; sie verlieren dadurch die natürliche Kraft des Schafes der gemäßigten Zone, auch hat die Wärme keinen Einfluß mehr auf die Wolle, weil die Schur vor der eigentlich warmen Jahreszeit stattfindet. Die Folge davon sei eine zwar weiche Wolle, aber von grobem Korn. In der Krim, wo das Clima ein ganz anderes, sei die Wolle mager, hart und trocken. Die australische Wolle sei zart und ziemlich weich, sie habe einen guten Griff und sehe schön aus, habe aber weder Kraft noch Dauer. Die englische Merinowolle sei wenig entsprechend, weil England so feucht und gerade die Merinowolle die Feuchtigkeit zurückhalte, so daß das Thier darunter leide. Die deutsche Wolle und besonders die sächsische, welche heut zu Tage die erste der Welt sei in Bezug auf Schönheit, Feinheit und Seidenhaftigkeit, verdanke ihre Eigenschaften der sehr strengen Auswahl bei der Zucht, einer zweckmäßigen Behandlung, einer reichen Weide und einem gemäßigten, eher kalten als warmen Clima." Die wichtigsten Wollenartikel für den Colonialimport sind: Spanisch Stripes, eine 60" breite, leichte, den Uebergang von Flanell zu Tuch bildende, ganz wollene Waare, welche von ordinären Wollen gearbeitet wird. Die Länder von Ostindien bis hinauf nach dem Norden China's, sind die Consumenten dieses Artikels, dessen Fabrikation lange Zeit in eng-

lischer Hand war, der jetzt aber auch in Eupen (vorzüglichste Manufactur), in Burg bei Magdeburg, Grünberg und Böhringen in
Sachsen c. fabricirt wird. — Bombazettes: eine Imitation
der Camelots in Halbwolle (Kette: Baumwolle, Schuß: Wolle).
— Camelots: Beide Artikel, besonders Camelots, sind ächt
deutsche Artikel und gehören leider zu den vielen anderen, deren
Fabrikation sich Deutschland unbegreiflicher und bedauerlicher Weise
von England hat aus der Hand nehmen lassen, seitdem der Consum
in Deutschland selbst nachgelassen hat.*) — Long-Ells: ein
geköperter, ganz wollener, friesartiger Stoff in Stücken von
24 Yards und 30 bis 31 Zoll englisch, meist in Scarlet; werden
in Deutschland noch viel zu wenig fabricirt. — Blankets:
(wollene Decken) ein vorzüglicher Importstoff für das ganze östliche Asien, dessen Fabrikation ebenfalls bei uns noch lange nicht
genug ausgebeutet wird. — Flanells: viel sächsische Waare nach
Ostasien exportirt. Der Consum nur auf die Europäer beschränkt.
Gut verkäuflich die sogen. Domets, d. h. halbwollene Flanelle
in verschiedenen Breiten und Güten. — Lastings: Der Consum
im Zollverein kann trotz des Schutzzolls noch nicht einmal gedeckt
werden! Die Engländer arbeiten Lasting in reiner Wolle, da
der mit baumwollener Kette in China nicht zu verwerthen ist. —
Orleans, Lustres, Merinos: Wollenartikel, in denen der
Zollverein mit England zur Zeit noch nicht recht concurrirt. —
Bunting: wollenes Flaggentuch; deutsches Fabrikat, sehr beliebt.
(Vgl. über alle diese Import-Waaren den sehr eingehenden Artikel
im Preuß. Handels-Archiv 1861, Bd. I. S. 180 flg.)

In anderen Branchen haben sich, wie rühmend hervorgehoben
werden muß, einzelne deutsche Fabrikanten bereits zu solchem Ansehen emporgeschwungen, daß sie selbst die Briten und Amerikaner
überflügeln. So werden z. B. die Sarongs und Salondongs
(nationale Kleidungsstücke der Malayen), welche Mürch in Hof
anfertigt, am Meisten geschätzt und gekauft.

Aus den Importlisten erhellt zugleich, welchen enormen Aufschwung unsere heimischen Manufacturen und Fabriken durch die

---

*) Möchten dies doch jene doctrinären Freihändler beherzigen, welche
womöglich auch die aufkeimende deutsche Baumwollenindustrie schutzlos der
Insularsuprematie Englands preiszugeben bereit sind.

preußisch-deutschen Handels-, Pflanzungs- und Eroberungs-Colonien im indischen und großen Ocean erhalten werden und ein wie großer volkswirthschaftlicher Aufschwung ganz Deutschlands mit dem Colonialwesen auf das Innigste verknüpft ist.

c. Circulation zwischen Colonie, Mutter- und Ausland.

Die volkswirthschaftliche Circulation zwischen der Production und Consumtion sowohl der Colonie als des Mutterlandes und der übrigen Staaten wird durch die Schifffahrt nnd den Handel vermittelt. Vermöge der Blutsverwandtschaft, des gemeinsamen Idioms und des nationalen Gefühls und Vertrauens, der Solidarität des Credits und der materiellen Interessen, welche zwischen der Bevölkerung der Colonie und Heimath besteht, wird die erstere von selbst darauf hingewiesen, ihre wirthschaftlichen Bedürfnisse von der letztern zu entnehmen. Hierdurch wird die heimische Rhederei und Schifffahrt ungemein befördert. Zahlreiche neue Schiffe werden gebaut, die Seeleute und die Zahl aller der verschiedenen Personen, die mit der Rhederei, dem Schiffsbau, dem Handel in mittel- oder unmittelbarer Verbindung stehen, werden erheblich vermehrt, Capital und Arbeit wachsen in allen Schichten des Volks, die geschäftliche Perspective erweitert sich, und an die Stelle des Binnenkrämerthums werden die Fundamente des Welthandels gelegt. Rhyno Quehl, J. J. Sturz, Friedrich List, Wilhelm Roscher und andre verdiente Männer, haben längst darauf hingewiesen und mit statistischen Nachweisen belegt, wie sehr ein solcher wirthschaftlicher Aufschwung unserem norddeutschen Handel, namentlich dem des Zollvereins noch fehlt. Quehl (Das preußische und deutsche Consularwesen. 1863. S. 11flg.) äußert sich in Bezug auf Preußen nach dieser Richtung hin, wie folgt: „Daß wir z. B. Baumwolle und Colonialwaaren aus den Productionsländern selbst bezögen, gehört zu den seltensten Ausnahmen. Allerdings sind im Jahre 1861 102 beladene und 72 unbeladene preußische Schiffe mit 28,765 und 19,388 Normallasten in transatlantischen Häfen gewesen und 33 Schiffe mit 7813 Normallasten in Ostindien und China, aber direct aus Preußen sind nach der Nordküste von Afrika und nach der Westküste von Südamerika nur je 2 Schiffe gegangen, während kein einziges nach

den übrigen Theilen der Erde. Großbritannien vermittelt wesent=
lich unfern Antheil an der Weltschifffahrt und am Welthandel.
Mit Hamburg, Bremen und Lübeck fallen noch die Städte hin=
weg, die für den directen Handel Deutschlands mit andern Erd=
theilen die meiste Bedeutung haben. Daher herrscht in jenen
Städten auch noch zumeist ein wirklich kaufmännischer Geist, ein
Geist von einer Thatkraft und Elasticität, daß selbst schwere Krisen
und Verluste nur den Handel und die öffentliche Wohlfahrt wie
einen Phönix aus der Asche hervorgehen ließen. — Und wo sind
unsere Ostindien=, China= oder Grönlandsfahrer, da doch selbst
Städte, wie Flensburg, Eckernförde, Rönne auf Bornholm u. f. w.*)
dergleichen und zwar nicht nur in fremdem Frachtdienste aufzu=
weisen haben."

Ist durch das Colonialwesen eine solche Erweiterung der
Handelsmarine eingetreten, so werden wir auch directe Frachten
nach andern Colonien und überseeischen Ländern mehr, als früher
möglich war, uns verschaffen, gerade, sowie die übrigen Colonial=
mächte nicht blos mit ihren Colonien, sondern mit sämmtlichen
Küstenstaaten der Erde ein mehr oder weniger lebhaftes Fracht=
geschäft unterhalten. Nach der natürlichen Entwickelung des Ver=
kehrs pflegt zuerst die Schifffahrt dem Handel den Weg zu bahnen,
d. h. anfangs vermiethen die Rheder ihre Schiffe im Dienste des
Auslandes zur Waarenbeförderung (Transporthandel); so=
bald aber die Schifffahrt hierdurch in Schwung kommt, vertrauen
die heimischen Kaufleute den Schiffen erst versuchsweise, dann im
Fall des Gelingens regelmäßig ein Cargo an, so diese nicht blos
mit Ballast, sondern auch mit Waaren hinausfahren. Dieser
Waarenhandel wird durch die Anlegung der Colonien unge=
mein befördert und erweitert, indem zugleich von selbst ein inter=
nationaler Verkehr hinzuwächst, da natürlich auch die Kaufleute
der Colonien sich neue Märkte für die Colonialproducte außer in
der Heimath auf der ganzen Erde zu verschaffen suchen. So
reichen sich Rheder, Schiffer, Handel und Colonisation die Hand,
fördern und dienen einander und bringen durch eine großartige
Transport= und Güter=Circulation Colonie und Mutterland in

---

*) Ebenso Altona, Apenrade. Anm. des Verf.

Flor*) Dies sind Verhältnisse, welche den Bevölkerungen der Colonialstaaten längst in Fleisch und Blut übergegangen sind, die man in Deutschland aber leider kaum von Hörensagen kennt. Die Statistik giebt ein redendes Beispiel hierfür. Während das ehemalige Königreich Hannover bei fast 700 Quadratmeilen und fast 2 Mill. Menschen 1864 854 Schiffe mit 171,000 Tonnen und 4400 Seeleuten zählte, besaß Holland, das etwa 600 Quadratmeilen und etwa 3¹/₂ Mill. Menschen zählt, 3108 Schiffe mit 523,700 Tonnen und 14,900 Seeleuten und das damalige Preußen bei 5094 Quadratmeilen und 19¹/₄ Mill. Menschen nur 1649 Schiffe mit 373,000 Tonnen und 11,900 Seeleuten. Dieser Aufschwung des niederländischen Schifffahrts- und Handels-Wesens ist mit dem des Colonialwesens Hand in Hand gegangen. Denn 1831 zu einer Zeit, wo die niederländischen Colonien noch wenig entwickelt waren, wurden in den Niederlanden mit Ladung einklarirt: 1995 Schiffe mit 229,463 Tonnen, ausklarirt: 1091 mit 140,269 Tonnen, dagegen 1861: 3831 Schiffe mit 670,908 Tonnen und 2451 Schiffe mit 489,305,**), während 1862 die gesammte niederländische Kauffahrteiflotte 2332 Schiffe mit 286,217 Tonnen zählte. So betrug ferner in den Niederlanden:

		A. Die allgemeine Einfuhr. Gulden	B. Die Einfuhr zum Verbrauch. Gulden
I. aus dem Zollverein (excl. Hannover u. Oldenburg:	1856: 1860:	79,719,702 99,981,946	50,405,043 55,509,724
II. aus Hannover und Oldenburg:	1856: 1860:	4,472,798 5,481,058	4,151,488 4,617,959

*) Pradier Fodéré (Vattel: Droit des gens éd. par Pr.-F. Paris 1863. t. I. p. 252, note) sagt über diesen Punkt: „Dans un excellent article intitulé: La Marine et l'Agriculture, M. F. Vidalin examine la part afférente à la production agricole dans les transports par mer. Il constate qu'en beaucoup de pays l'agriculture imprime un grand élan d'activité à la marine marchande. Ainsi la culture du coton valait pour la marine américaine toutes les mines, et toutes les manufactures de l'Angleterre. La production du thé a fait à la Chine le centre d'importantes affaires commerciales. L'Australie alimente une navigation active par ses laines. Les navires d'autres pays trouvent de grandes ressources dans les produits du sol, dans le tabac, la soie, le sucre, le café. Il existe donc un lien sympathique entre l'agriculture et la marine. L'intérêt les unit étroitement. L'abondante production de l'une fait le profit de l'autre. L'auteur appelle l'attention des gouvernements sur les rapports de ces deux grandes manifestations de l'activité de l'homme. (Revue des Deux Mondes, année 1859, t. XIX. p. 881.)"

**) Schifffahrtsbewegung der Niederlande von 1831—1861. Preuß. Handelsarchiv. 1862. Bd. I. S. 230.

C. Die allgemeine Ausfuhr.		D. Die Ausfuhr aus dem freien Verkehr.	
	Gulden		Gulden
I. nach dem Zollverein (excl.	1856: 129,061,332	1856:	62,459,307
Hannover und Oldenburg	1860: 135,200,981	1860:	69,809,108
II. nach Hannover u. Olden-	1856: 6,341,658	1856:	5,141,329
burg	1860: 4,335,020	1860:	3,157,294

(Vgl. Handel und Schifffahrt der Niederlande im Jahre 1860, Preuß. Handels-Archiv. 1862. Bd. II. S. 131 flg.)

Diese überaus glänzenden volkswirthschaftlichen Resultate verdanken die Niederländer lediglich ihren trefflichen Handels- und Pflanzungs-Colonien.

Untersuchen wir nun, wie weit die Circulation zwischen Deutschland und dem Terrain, auf welchem unsere Ansiedlungen entstehen sollen, bereits gediehen ist. In der von dem chinesischen Mandarin Juen verfaßten Geschichte Cantons heißt es: „Die Oesterreicher (Manjing, das Reich des Doppeladlers) fuhren zum erstenmal durch die Bocca tigris im 45. Jahre Kienlongs (1781), und heißen Taschen oder Deutsche. Sie haben die Religion des Herrn des Himmels angenommen. In Sitten und Gewohnheiten sind sie von den Portugiesen nicht verschieden: sie sind die Brüder der Preußen (Tanjing, das Reich) des einfachen Adlers) und helfen sich gegenseitig (?). Die Preußen fuhren zum ersten Male durch die Bocca tigris im 52. Jahre Kienlongs (1788). Sie wohnen nordwestlich von den Oesterreichern und gleichen ihnen vollkommen in Sitten und Gewohnheiten."*) — Wie haben sich die Verhältnisse seit 1788, wo der gute Juen das erste preußische Schiff anstaunte, geändert! Schon 1857 waren unter 1440 Handelsschiffen in den, dem fremden Handel geöffneten Häfen China's 180 Deutsche, also 12½ Procent. (Vgl. J. J. Sturz: Der Nord- und Ostsee-Kanal. Berlin 1864. S. 20.) Die nachfolgenden beiden Tabellen zeigen die deutsche und auswärtige Schiffsbewegung vom Jahre 1863 im Hafen von Victoria auf Hongkong, welcher gewählt worden ist, da er Formosa nahe liegt und fast alle in den chinesischen Gewässern befindlichen Schiffe dort einzulaufen pflegen.

---

*) Karl Friedrich Neumann: Die Ereignisse in Ostasien und die Nothwendigkeit deutscher Handelsverträge mit Siam, China und Japan. Augsb. 1859. S. 20.

A. Nationalität der zu Victoria (Hongkong) 1863 eingelaufenen Schiffe.

		Mit Cargo.			In Ballast.			Zusammen.	
		Schiffe.	Tonnen.	Mannschaft.	Schiffe.	Tonnen.	Mannschaft.	Schiffe.	Tonnen.	Mannschaft.
	1. England	676	402,579	10,864	140	69,546	2462	816	472,125	13,326
	2. Amerika	152	109,593	2,624	59	40,911	1274	211	150,501	3898
	3. Siam	95	39,072	3236	5	2125	140	100	41,197	3376
	4. Spanien	55	15,536	968	2	903	23	57	16,439	991
	5. Niederlande . .	53	20,838	626	12	4766	208	65	25,605	834
	6. Frankreich . .	48	31,397	1315	2	536	24	50	31,933	1339
I. Nichtdeutsche.	7. Dänemark . .	36	8717	325	10	2595	171	46	11,312	496
	8. Schweden . .	18	5151	195	8	2906	80	26	8057	275
	9. Norwegen . .	8	2795	82	1	480	10	9	3275	92
	10. Portugal . .	8	2565	99	—	—	—	8	2565	99
	11. Rußland . .	4	1017	39	4	1825	36	8	2852	75
	12. Belgien . .	3	893	31	1	294	11	4	1187	42
	13. Oesterreich .	2	1247	30	1	763	14	3	2010	44
	14. Hawaii . .	—	—	—	—	—	—	—	—	—
	15. Chili . .	1	315	12	1	299	10	2	614	22
	16. Peru . .	1	1134	24	2	2409	46	3	3543	70
	17. Hamburg . .	139	39,231	1305	54	12869	628	193	52,100	1933
	18. Schleswig-Holstein	60	16,121	725	30	8411	321	90	24,332	1046
	19. Bremen . .	53	16,140	525	16	5776	158	69	21,916	683
II. Deutsche.	20. Preußen . .	23	11,295	506	2	1345	28	25	12,640	534
	21. Hannover . .	13	3795	140	6	1641	63	19	5436	203
	22. Oldenburg . .	8	2147	80	6	1669	60	14	3816	140
	23. Mecklenburg .	1	302	10	1	302	11	2	604	21
	24. Lübeck . .	2	662	22	—	—	—	2	662	22
	Zusammen:	1459	732,543	23,783	363	162,381	5778	1822	894,924	29,561

B. Zu Victoria (Hongkong) 1863 ausgelaufene Schiffe.

		Mit Cargo.			In Ballast.			Zusammen.		
		Schiffe.	Tonnen.	Mannschaft.	Schiffe.	Tonnen.	Mannschaft.	Schiffe.	Tonnen.	Mannschaft.
I. Außerdeutsche.	1. England	594	352,701	9624	246	119,248	4034	840	471,949	13,958
	2. Amerika	98	86,453	1766	108	76,452	2034	206	162,905	3800
	3. Siam	60	30,700	1886	33	13,651	922	93	44,351	2802
	4. Spanien	24	7397	520	31	8639	690	55	16,036	1210
	5. Niederlande	33	12,665	420	28	11,063	432	61	23,728	852
	6. Frankreich	41	26,665	1218	9	3116	100	50	29,781	1318
	7. Dänemark	33	7950	299	10	2595	171	43	10,545	470
	8. Schweden	20	5021	215	10	3141	106	30	8162	321
	9. Norwegen	5	1658	54	4	1524	46	9	3182	100
	10. Portugal	1	261	14	8	3061	82	9	3322	96
	11. Rußland	7	2075	69	1	237	10	8	2312	79
	12. Belgien	2	508	20	2	697	26	4	1205	46
	13. Oesterreich	1	763	18	2	1246	30 .	3	2009	48
	14. Hawaii	1	455	14	—	—	—	1	455	14
	15. Chili	1	299	11	1	299	11	2	598	22
	16. Peru	1	895	16	4	4280	90	5	5175	106
II. Deutsche.	17. Hamburg	142	40,286	1484	62	17,157	798	204	57,443	2282
	18. Schleswig-Holstein	60	17,176	725	30	8075	351	90	25,251	1296
	19. Bremen	33	10,104	326	31	9012	402	64	19,116	728
	20. Preußen	8	8138	236	8	5151	112	16	13,290	348
	21. Hannover	14	3696	134	7	2029	84	21	5725	218
	22. Oldenburg	15	3736	146	1	480	20	17	4216	166
	23. Mecklenburg	1	208	12	—	—	—	1	208	12
	24. Lübeck	—	—	—	3	993	32	3	993	32
	Zusammen:	1195	619,810	19521	640	292,147	10,563	1836	911,957	30,084

Diese Uebersicht zeigt die Bedeutung der norddeutschen Schifffahrt, unter der gegenwärtig die durch Schleswig-Holstein und Hannover vermehrte preußische eine Achtung gebietende Stellung einnimmt, und beweist, wie nicht blos für, sondern durch unsern Handel das deutsche Colonialwesen begründet werden wird. Am Meisten directen Verkehr zwischen Europa und Asien treiben unter den deutschen Rhedern die schleswiger, denen die übrigen norddeutschen nacheifern sollten. Schon 1864 veranschlagte Sturz die Zahl der deutschen Schiffe in den ostasiatischen Meeren auf nahezu 300, jetzt (1867) beträgt ihre Zahl schon erheblich mehr und die in die Hände deutscher Rheder alljährlich zurückkommende Geldsumme wohl über 3 Millionen Thaler oder 50 pCt. des Schiffswerths. „Leider bleibt, wie Sturz (a. a. O. S. 20 u. 21) bemerkt, jedes dieser Schiffe — von den schleswig-holsteinischen, hamburger und bremer abgesehen — fast immer in jenen Seen, bis es unbrauchbar geworden ist, oder verloren geht, und ebenso verhält es sich mit den Matrosen, die sich dort selten etwas sparen, aber ihre Gesundheit einbüßen und meistens in jenen fremden Meeren ihr Grab finden. Kämen die Schiffe von Zeit zu Zeit einmal nach Hause, so würde dem Mutterlande ein Vortheil erwachsen durch die nöthigen Reparaturen, durch die Neutakelung, sowie durch die Rückkehr so erfahrener Seeleute, die überdies ihren Verdienst zu Hause verzehren oder anlegen würden. So aber bleiben Schiff und Mannschaft im Auslande und nützen Deutschland nichts, vermehren nicht einmal seinen Absatz. Nur einzelne Geldmänner gewinnen dabei sehr hohe Interessen, aber auf Kosten der Moral und des Lebens der durch den steten Aufenthalt in dem heißen Clima physisch und moralisch verdorbenen und vorzeitig ins Grab gestürzten deutschen Seeleute.“ Es leuchtet ein, daß alle diese Uebelstände durch die Anlegung von Handelsfactoreien und sonstigen Colonialetablissements theils bedeutend gemindert, theils ganz beseitigt werden würden.

Gegenwärtig bildet die Küstenschifffahrt von Ort zu Ort im östlichen Asien für die deutschen Schiffer das einträglichste Geschäft. China's Bedürfnisse an europäischen Erzeugnissen, insbesondere Baumwollenwaaren, Wollenwaaren und Metallen wurden noch bis 1849 fast ausschließlich von England aus mittels englischer

Fahrzeuge befriedigt. Der bedeutendste Handelsplatz China's war damals Canton, Schanghai unbedeutend, Futschau und Amoy ebenso. Der Handelsverkehr Deutschlands nach China beschränkte sich zu jener Zeit auf einige wenige Schiffe, die in Hamburg für Honglong und Wampoa via Singapore expedirt wurden, weil Güter nicht in genügender Quantität vorhanden waren, um solche Schiffe direct von Honglong und Wampoa (Hafen von Canton) aufzufüllen. Aus diesem indirecten Verkehr entwickelte sich eine ausgedehnte deutsche Küstenschifffahrt, die bis nach Japan hinaufreicht. So lange der Chinese ein deutsches Schiff erhalten kann, beschäftigt er kein englisches oder amerikanisches Fahrzeug, weil der deutsche Capitain sorgsamer mit seinen Waaren umgeht und die chinesischen Superkargos und Passagiere menschenfreundlicher behandelt. Dies Verhältniß hat der Neid der Amerikaner, der es z. B. höchst wahr= scheinlich durch Intriguen bewirkt hat, daß die Japaner nur mit Preußen, nicht wie die Chinesen und Siamesen, mit allen Zoll= vereinsstaaten Handelsverträge geschlossen haben, nicht zu ändern vermocht, vielmehr wurde z. B. gleich nach dem letzten Friedens= schluß in China eine große Menge deutscher Schiffe von chine= sischen Kaufleuten in Schanghai und andern Orten für Tientsin und den Norden zum Monatspreis von 1000 Dollars gechartert, wobei es den Capitainen noch freistand, sogen. Cajütengüter an Bord zu nehmen. (Vgl. Preuß. Handels=Archiv 1861, Bd. II, S. 1. u. flg. u. 1862, Bd. I., S. 183 flg. u. S. 226; Werner: a. a. O. Thl. II., S. 213.) Die passendsten Schiffe für die chinesische (auch formosanische) Küste sind Fahrzeuge von 100 bis 200 Lasten, möglichst kleinen Tiefgangs und möglichst wenig Ballast erfordernd, im Hafen, wenn thunlich, leerstehend. Gute Segler sind nothwendig, da der Monsun entweder nach S.=W. oder N.=O. das ganze Jahr hindurch steht. (Preuß. Handels=Archiv 1861, Bd. II, S. 3.) „Die großen Seedschonken, welche früher den chinesischen Küstenhandel vermittelten, luden 5—6000 Pikul, nach unserer Rechnung 250—300 Lasten, und die chinesischen Kaufleute haben sich seit undenklicher Zeit so an diese Maaße gewöhnt, daß sie nur Schiffe mit der erwähnten Tragfähigkeit befrachten. Euro= päische Fahrzeuge von dieser Tonnenfracht finden stets Beschäf= tigung, wenn ihr Tiefgang nicht 10 bis 11 Fuß übersteigt, um

in alle kleinen Hafenplätze einlaufen zu können. Briggs oder drei=
mastige Schooner sind für diese Küsten die bequemsten und vor=
theilhaftesten Schiffe und bezahlen sich am Besten. Ein solches
Fahrzeug von 200 bis 300 Tonnen Gehalt, das ein Anlagecapital
von 25= bis 30,000 Thlrn. mit voller Ausrüstung für 2 Jahr
erfordert, kann im Durchschnitt stets auf eine jährliche Fracht von
12= bis 15,000 Dollars oder 18= bis 22,000 Thlr. rechnen.
Fast alle deutschen Schiffe in China fahren in Monats=Charter,
und zwar zum großen Theile für chinesische Kaufleute das ganze
Jahr hindurch. Dieselbe beträgt im Durchschnitt für Schiffe von
300 Tonnen 1300 Dollars oder 2000 Thlr. Die jährlichen
Unterhaltungskosten, einschließlich Assecuranz=, Hafen= und Lootsen=
Gelder ꝛc. belaufen sich auf 10—12,000 Thlr., so daß auf 12= bis
15,000 Thlr. reinen Ueberschuß, also auf 50 pCt. des Anlage=
capitals gerechnet werden darf. Ich habe hierbei nur die gewöhn=
lichen Frachten in Betracht gezogen und das Maximum der Un=
kosten angenommen, um zu zeigen, worauf Rheder, die hier Schiffe
herausschicken, mit Bestimmtheit rechnen können; es kommen jedoch
auch Zeiten, und die letzten 3 Jahre waren fast durchgängig solche,
wo Schiffe von 300 Tonnen sich in einem Jahre frei verdient
und 25= bis 30,000 Dollars Fracht gemacht haben." (Werner:
a. a. O. Bd. II. S. 218.)

Das wäre der Antheil, den wir Deutsche uns in dem ost=
asiatischen Transport= und Waaren=Handel bereits erworben haben,
welcher letztere zwischen Europa einer= und Indien und China
andererseits gegenwärtig auf wenigstens 400 Millionen Pfund
Sterling geschätzt werden muß und in Folge der preußischen
Colonisationen bald eine noch beträchtlich höhere Ziffer erreichen
würde.

Zur Hebung dieser Circulation gehört vor Allem, daß unsere
norddeutschen Kaufleute den Hamburgern und Schleswig=Holstei=
nern in thatkräftiger Initiative nachstreben, daß unsere deutschen
Industriellen auch in Süddeutschland hinter ihren Landsleuten, die
im östlichen Asien bereits mit den Briten und Amerikanern zu con=
curriren anfangen, an Unternehmungsgeist und Ausdauer nicht
zurückstehen und daß namentlich unsere einheimischen Fabrikanten
sich mehr auf den überseeischen Export werfen, um ihre Absatz=

quellen hauptsächlich auf den ostasiatischen Märkten zu erweitern. Verschiedene seefahrende Nationen unterhalten ferner Dampfschiff- verbindungen mit dem östlichen Asien, unter ihnen die Franzosen und Spanier, ja selbst die Siamesen, deren Interessen in China und Japan weit geringer, als unsere sind. Während es den Fran- zosen unter den Auspicien ihres scharffichtigen Kaisers gelungen ist, durch eine zweckdienliche, billige und pünktliche Dampfschiff- fahrt einen großen Theil des Brief-, Post-, Personen- und Fracht- verkehrs auf der Ueberlandroute von Marseille bis Schanghai an sich zu bringen, ist bisher auf ähnlichem Gebiete deutscherseits Nichts geschehen, und wären nicht die bremer und hamburger transatlantischen Linien, so würde das große seefahrende Deutsch- land zu seiner Beschämung von dem großen internationalen über- seeischen Dampfschiffsverkehr sich gänzlich ausgeschlossen sehen. Eine deutsche Dampfschiffsverbindung, welche zunächst nur die chine- sischen Häfen von Canton bis Tientsin, so wie Formosa berührte, wäre bei der großen Beliebtheit deutscher Capitaine und Schiffe sicherlich ein lohnendes Unternehmen, welches sich nach Anlegung des preußischen Freihafens auf Formosa leicht auf diesen, auf etwanige andere Colonien und schließlich auf die ganze Route zwischen Singapore und Yokuhama ausdehnen ließe, bis schließlich daran directe Verbindungen mit Europa, Afrika, Australien und Amerika angeknüpft würden.

Weiter sollten unsere großen Firmen, wo immer möglich, nach dem Vorgange der amerikanischen und britischen Häuser im östlichen Asien, namentlich in China Commanditen errichten, um den directen Austausch deutscher Fabrikate und Manufacte gegen coloniale Roh- producte und Halbfabrikate zu befördern. Ein erfreuliches Zeichen eines erwachenden nationalkaufmännischen Geistes und eines allge- meinen handelspolitischen Bewußtseins in allen Ständen des Volks beweisen die Anstrengungen, welche Kaufleute, Capitalisten, große Grundbesitzer, Notabilitäten der Wissenschaft und des Beamten- standes in den letzten Jahren zur Belebung des Fischfanges auf hoher See, namentlich im baltischen Meere, zur Durchlegung des Nordostsee-Canals, zur Herstellung von Docks und Schiffsbau- anlagen u. dgl. m. gemacht haben und zu machen im Begriff sind. Es berechtigt uns dies zu der Hoffnung, daß endlich auch eine deutsche Colonisationsgesellschaft aus patriotischen Mitgliedern aller Stände und politischen Fractionen gebildet werden wird, welche den Grundstein zur Gründung eines allgemeinen deutschen Colonial= wesens durch Stiftung einer Handels= und Pflanzungs-Nieder= lassung im östlichen Asien legt.

Hand in Hand mit diesen Unternehmungen muß indessen eine möglichst energische Förderung der preußischen Kriegsmarine gehen. „Will und kann Deutschland auf eine gesicherte von der Protection anderer Mächte unabhängige Theilnahme am Welthandel verzichten oder nicht? Entscheidet man sich, beantwortet Quehl die von ihm aufgeworfene Alternative, für das „Nein", so hat man sich auch für eine Flotte entschieden, und dann ergeben sich die weiteren Con= sequenzen von selbst." Capitain Werner analysirt diesen Punkt in so treffender Weise (a. a. O. Bd. II., S. 225 flg.), daß wir uns nicht versagen dürfen, seine Worte anzuführen: „Was giebt Eng= ländern und Franzosen im Auslande das große Selbstvertrauen und den von uns beneideten Nationalstolz anders, als das Bewußt= sein: „Dir darf kein Unrecht geschehen, und du hast dein Land hinter Dir!" Laßt die Deutschen dies Bewußtsein haben, und wir werden bald sehen, daß sie ihre Köpfe ebenso hoch tragen, wie die Engländer. Dazu gehört aber eine Flotte und in China speciell eine permanente Station von Kriegsschiffen. Die Unter= haltung eines ausreichenden Geschwaders erfordert jährlich kaum 250,000 Thlr., da Preußen Steinkohlen aus Japan entnehmen darf. Was sind aber 250,000 Thlr. gegen die vielen Millionen deutschen Capitals, die jetzt unbeschützt in den chinesischen Meeren umherschwimmen? Wie verschwindend erscheinen sie gegen den Nutzen, den sie indirect stiften, wenn unser Handel sich hier unge= stört entwickeln könnte? Würde es nicht Hunderte von Millionen aufwiegen, wenn Deutschland im Laufe der Jahre die erste Han= delsmacht in Ostasien wird — wie sich nicht bezweifeln läßt, wenn die Sache richtig gehandhabt und namentlich von den heimischen Regierungen gefördert wird? Ohne Marine gebe man alle Ge= danken an Großmacht und Theilnahme am Welthandel auf. In China wird uns eine Marine dazu verhelfen, die erste Rolle zu spielen, und dann sind ihre Kosten ein angelegtes Capital, das unerhörte Zinsen abwirft." — Die vorstehend normirten Kosten

werden sich bedeutend verringern, wenn Formosa einen preußischen
Hafen besitzt, in welchem unsere Orlogsfahrer eine Heimstätte finden,
wo jede Reparatur dem Mutterlande oder der Colonie zu Gute
kommt und unsere Kriegsschiffe sich zu allen Expeditionen unge-
stört und unbemerkt vorbereiten können.

Seitens der preußischen Regierung werden wir zur Vermehrung der wirthschaftlichen Circulation mit Rücksicht auf das Colonialwesen schließlich außer der eben erwähnten Gewährung des Schutzes
durch Kriegsschiffe erwarten dürfen, daß dieselbe die erwachende
Agitation für preußisch-deutsche Colonisation, die durch Art. VI.
des Bundesreformvorschlages vom 10. Juni 1866 und Art. 4
der Bundesverfassung von 1867 feierlich und förmlich legalisirt
worden ist, auf alle Weise fördert und belebt.*) Die wesentlichsten
hierbei maßgebenden Gesichtspunkte sollen im folgenden Abschnitt
hervorgehoben werden.

7. Der technische Gesichtspunkt.

A. Im Allgemeinen.

Nachdem unter Nr. 1 bis 6 die theoretischen Gesichtspunkte,
welche bei der preußisch-deutschen Handels-, Pflanzungs- und Er-
oberungs-Colonisation ins Gewicht fallen, erwogen wurden, sind
im 7. Abschnitt die Mittel und Wege zur practischen Ausführung
ins Auge zu fassen, unter Würdigung der zu überwindenden örtlichen Schwierigkeiten und der Preußen zu Gebote stehenden Hülfsmittel. Hier vor Allem freilich heißt es: Probiren geht über
Studiren! Dennoch werden sich entsprechende Vorschläge ent-
werfen und gewisse leitende Gesichtspunkte aufstellen lassen, welche
nicht blos dem nächsten Bedürfniß genügen, sondern selbst die
Ueberwindung unvorhergesehener Schwierigkeiten ermöglichen werden.
Bei diesem Abschnitt habe ich mich vorzüglich verlassen und gestützt auf den Rath und die Anleitung solcher Fachmänner, die bei
der Colonisation practisch mit zu wirken haben, und betone ich, daß
unter den Mitgliedern des preußischen Heeres und der Marine, unter
den Naturforschern, Aerzten und Technikern, welche in dieser Be-

*) Vgl. Art. VI. des Bundes-Verf.-Entwurfs vom 10. Juni 1866 und
die preuß.-deutsche Colonialfrage. 5. Aufl. in der Norbb. Allg. Z., März
1867, vom Verf. dieses Buches.

12*

ziehung mich gütigst unterstützt, mehre in China lange Zeit Amts
oder Berufs halber verweilt haben, einige sogar die Insel Formosa
aus eigener Anschauung kennen. Außer diesen Gewährsmännern
sind die practischen colonialen Erfahrungen der Niederländer, Engländer, Spanier, Dänen, Portugiesen und Franzosen gewissenhaft
berücksichtigt.

Als Muster einer Handelscolonie dient Singapore, als
Muster einer Pflanzungscolonie Java.

Die 15½ Geviertmeilen große Insel Singapore zählte 1819,
wo sie von England übernommen wurde, nur einige 100 Ein=
wohner: Gesindel aller Art, Seeräuber und elende Fischer; 1820
bereits 5000, 1822: 10,000, 1827: 30,000, 1844: 40,000,
1854: 55,000, 1860: 90,000, 1866: etwa 100,000 Einwohner,
wovon 80,000 in der Stadt Singapore. Diese Colonie ist recht
eigentlich die Erfindung und das Werk eines genialen Staats=
mannes, Sir Stamford Raffles. Our object, sagte er, is not
territory, but trade: a great commercial emporium, and
a fulcrum, whence we may extend our influence politi-
cally. By taking immediate possession, we put a nega-
tive to the Dutch claim of exclusion, and revived the
drooping confidence of our allies and friends. One free-
port in these seas must eventually destroy the spell of
the Dutch monopoly. Diese Absicht ist vollständig erreicht.
Der Kern des Ganzen ist ein vortrefflicher Hafen, dessen Güte
der Staat durch seine Erklärung zum Freihafen noch mehr ge=
hoben hat. Er beherrscht die Straße von Malakka, d. h. also
den kürzesten Weg von Hindustan nach China; während die Holländer die Sundastraße inne haben, den kürzesten Weg vom Kap
nach Hinterasien. Singapore liegt den chinesischen und hinterindi=
schen Schiffen näher, als Batavia, vor welchem es ohnehin den
besseren Hafen und die gesündere Lage voraus hat. (Roscher:
a. a. O. S. 14 flg.) Dabei ist die Fruchtbarkeit der Insel nur
mäßig; dennoch ist Singapore eine der wichtigsten sämmtlicher eng=
lischen Colonien geworden. (Jagor: a. a. O. S. 81 flg.) Inter=
poliren wir in jenem Citat für Dutch das Wort British, so
haben wir einen Haupttheil des Programms, welches uns bei
Anlegung des Freihafens auf Formosa leiten muß.

Ein ebenso glänzendes Beispiel bietet Java als Pflanzungs=
colonie. 2336 Geviertmeilen groß (worunter viel Sumpf= und
Felsboden), zählte es 1780: 2,029,915; 1824: 6,368,000; 1838:
8,103,080; 1850: 9,570,023; 1856: 11,290,450; 1867 mit
Madura etwa 14 Millionen Einwohner, worunter etwa 35,000
Europäer, — ein Beweis, eine wie geringe Zahl von Männern
nothwendig wäre, blühende Pflanzungscolonien mit vielen Millionen
Einwohnern unter preußischer Oberhoheit zu erhalten.

B. Im Speciellen.

Die Entwicklung der preußischen Colonisation ist stufenweis,
wie folgt, denkbar.

I. Gründung der Colonie.

Der Grund zu der preußischen Colonisation im
indischen und stillen Ocean kann durch die Errichtung
einer kleinen, mit einer Mission und einem Militair=
posten versehenen, Factorei auf der Insel Formosa ge=
legt werden. „Fast alle größeren, unmittelbaren Handelscolo=
nien, sind, bemerkt Roscher, aus Handelsfactoreien hervorgegangen.
Welche Bedeutung haben nun solche Factoreien? Es ist eine be=
kannte Erfahrung, daß hochkultivirte Völker, Völker also mit nie=
brigem Zinsfuße, immer mehr geneigt sind, für weniger cultivirte
Capital vorzuschießen. In der Regel erfolgt dies auf die Weise,
daß sie mit langem Credite die Handelsgeschäfte der letzteren wahr=
nehmen, wozu sie ohnehin durch ihre besseren Kenntnisse, Verbin=
dungen, Transportmittel vorzüglich berufen sind. Wird ein solcher
Handel in sehr großer Ferne und mit einem rohen Volke betrie=
ben, so kann der Unternehmer häufig nicht umhin, mit seinem
Capitale auch seine Person dahin überzusiedeln. Ohne dergleichen
Haltpunkte würde es in der That allzu gefährlich sein, mit einer
bedeutenden Ladung auf einem fernen, unbekannten und unvorbe=
reiteten Markte anzukommen. Ich erinnere an die zahllosen eng=
lischen Handelshäuser in der Levante und allen Theilen Amerika's,
an die indischen Banianen in Arabien 2c. Je fremdartiger, un=
heimlicher die Sitten ihres neuen Wohnortes sind, desto mehr
natürlich werden diese Kaufleute unter sich zusammen halten.
Solche Factoreien, irgend höher entwickelt, werden nun Handels=

colonien." (a. a. D. S. 15 flg.) Diese vermitteln nicht nur den Import europäischer, sondern den Export der Colonial-Waaren, dienen also einem doppelten Zweck. „Hier finden außerdem, führt Roscher weiter an, die Schiffe des Mutterlandes einen Ruhepunkt, wo sie Ausbesserungen vornehmen, ihre Kranken absetzen, ihre Wasser-, Lebensmittel-, Kohlen-Vorräthe erneuern können. Hier mag unter Umständen für Leuchtthürme, Lootsen ꝛc. gesorgt werden. Handelsfreunde werden sich daneben etabliren, um mit ihrer Orts-kenntniß und ihrem Credite auszuhelfen. Handelsgerichte ersetzen bei Streitigkeiten die allzuferne Autorität des Mutterlandes; es treten überhaupt alle Vortheile eines natürlichen Stapels ein. Nun gar in Kriegszeiten, wo die Relaiscolonien zum Schutze der eigenen Schifffahrt und zum Trutze der fremden unberechen-bar mitwirken können." —

Das nächste preußische Kriegsschiff, welches die ostasiatischen Gewässer berührt, kann den Act der Be-sitzergreifung durch Einpflanzen eines Flaggenstocks und Aufheißen der preußischen Flagge leicht bewirken. Als Ort für die Factorei wird eine jener von mir nachgewiesenen, auf dem nicht chinesischen Theile der Südwestlüste zwischen 21 Gr. 53' 30." und 22 Gr. 15' N. Br. belegenen geräumigen Buchten gewählt, welche einen natürlichen, geschützten Hafen, guten, nicht zu tiefen Ackergrund und in der Nähe auf dem Lande Trinkwasser, Bauholz, Weide-, Garten- und Acker-Land, sowie Raum zur Anlage einer Stadt darbieten. Auf besondere, anderweitige Ver-anlassung haben wir bezüglich Formosa's noch einmal den medi-cinischen Gesichtspunkt bei Fachmännern angeregt und selbst darauf hingewiesen, wie in der Colonie Hongkong lange Zeit über den schlechten Gesundheitszustand geklagt und sogar behauptet worden sei, die dort gebornen Kinder der Europäer würden nicht über 6 Jahr alt. Es ist uns jedoch betreffs Formosa's seitens eines erfahrenen Arztes, welcher nicht nur Hongkong, sondern Formosa aus eigener Anschauung kennt, die beruhigendste Versicherung ge-geben worden. Nur unverständige Wahl der Hauptstadt, Absper-rung der herrschenden Winde zur heißesten Jahreszeit, Sümpfe, schlechtregulirte Wasserläufe u. dgl. m., haben die Insalubrität Hongkongs in früheren Jahren erzeugt. Seitdem verständige Aerzte

diese Verkehrtheiten und Uebelstände zur öffentlichen Kenntniß ge=
bracht und die Engländer ihre Wohnungen auf geeignetere Plätze.
verlegt haben, ist die Mortalität von 11 auf 1¹/₁₂ pCt. herab=
gesunken und nur bei frischangekommenen, zu Excessen aller Art
geneigten Truppentheilen zeitweise wieder gestiegen. Der Mangel
an Milch ist hauptsächlich Schuld, weshalb europäische Kinder
in China geboren, nicht gedeihen. Chinesische Ammen können nicht
Europäer säugen. Kuhmilch ist aber selbst für schweres Geld
nicht zu beschaffen, da die Chinesen sie verabscheuen. Sie nennen sie
weißes Blut und ekeln sich davor, was sie aber nicht abhält,
die wenigen Kühe, welche Europäer in Ställen halten, heimlich
abzumelken und die Milch zu enormen Preisen anderweitig zu ver=
kaufen. Selbst wenn Formosa geologisch und climatisch so, wie
Hongkong beschaffen wäre, was es bekanntlich im Geringsten gar
nicht ist, so ließe sich dennoch, wie auf Hongkong, eine gesunde
Oertlichkeit leicht ausfindig machen, 6 bis 800 Fuß hoch belegen,
offen für die Monsune (N.=O. im Winter, S.=W. im Sommer),
geschützt gegen Landwinde, die über Sümpfe und Reisfelder streichen,
begünstigt von klarem Bergwasser u. s. f. Ein derartig unter
Leitung eines in den Ursachen der Morbilität und Mortalität der
Tropen erfahrenen Marinearztes oder eines draußen bereits an=
sässigen Arztes ausgewählter Ort hätte jede Chance, einer die
gewöhnlichen Schranken nicht überschreitenden Sterblichkeit. Gute
Luft und gutes Trinkwasser, reichlicher Chininvorrath, hoch auf
den Bergen angelegte Sanitarien und Lazarethe, Belehrung über die
Lebensweise in den Tropen, Zurückhalten aller Spirituosen durch
Importsteuern oder Verbot würden selbst einen an sich ungesunden
Landstrich colonisirbar machen. Eine, unserem Gewährsmann be=
kannte Familie in Hongkong, hielt sich nur für ihre Kinder Milch=
kühe, die freilich von den Chinesen oft diebischer Weise abgemelkt
wurden. Trotzdem gediehen die Kinder und würden es bei gleicher
Pflege alle europäischen Kinder thun. — Nun ist aber, wie wir
im allgemeinen Theil unseres Buchs aus den Schilderungen
Robert Swinhoe's und anderer Autoren nachgewiesen haben,
das Clima Formosa's auf das Vortheilhafteste von dem Hongkong's
verschieden, es ist so milde und gleichmäßig, daß es nicht blos
europäischen Constitutionen im Allgemeinen vorzüglich zusagt, sondern

selbst solchen Personen, welche bereits an anderen Orten von tropischen Krankheiten befallen wurden, als Kurort empfohlen werden kann.

Es werden für die Seeleute und Soldaten einige auf Pfählen und in den Fundamenten etwas über dem Erdboden stehende, haupt= sächlich aus Bambus verfertigte Bungalos errichtet und mit hölzernen Palisaden, sowie mit einem Verhau aus Dornbambus (Bambus spinosa), den die Chinesen zu ihren Befestigungen auf Formosa verwenden, umgeben. Dergleichen Blockhäuser nach malayischer Art werden von den Holländern und Spaniern in ihren ostasiatischen Colonien mit bestem Erfolge verwendet; sie sind leicht und wohlfeil zu erbauen und widerstehen dem Clima, den Stürmen, Ueberschwemmungen und Erdbeben besser als stei= nerne Häuser, sind auch, da der Bambus bekanntlich sehr viel Kieselerde enthält, schwer verbrennbar.

Als militairische Besatzung der Handelsfactorei genügen vor der Hand: 1 Unter=Lieutenant, 1 Sergeant, 2 Unterofficiere, 1 Spielmann, 20 Gemeine; 2 leichte Bootsgeschütze sind er= wünscht. Zur Bedienung, sowie für die schwersten Arbeiten sind 25 Kulis zu engagiren. Soll im zweiten Jahre eine Erweiterung der Colonie eintreten, in welche möglichst bald 2 bis 6 deutsche Missionäre zu senden wären, so würde eine Besatzung von 1 Ober= Lieutenant, 1 Feldwebel, 1 Sergeanten, 5 Unterofficieren, 2 Spiel= leuten, 50 Gemeinen, 1 Arzt erforderlich; im 3. Jahre: 1 Haupt= mann, 1 Compagnie (120 Mann), 2 Aerzte, einige Beamte u.s.f. Später würden einige Cavalleristen, sowie etwa 100 eingeborne Policisten und eine Landwehr oder Miliz hinzutreten. Am Besten ist es, bei Ablösung der ersten Occupationstruppen, welche sich auf ein Verweilen von 18 Monaten gefaßt zu machen haben, einen Aufruf von Freiwilligen in ganz Deutschland zu erlassen. Ein Kanonenboot erster, ein dergleichen zweiter Klasse, welche auch die flachsten Häfen des chinesischen Inseltheils besuchen können, sowie eine Compagnie jährlich abzulösender durchweg preußischer Truppen würden für lange Zeit genügen. Im Uebrigen könnte man zur Noth 1000 deutsche Freiwillige aufbieten, welche geeigneten Falls, nach dem Vorgange der Capcolonie auf den Bergen als Grenzer mit Familie angesiedelt werden und stets 500 Mann schlagfertig halten müssen. Diesen Truppen, welche mit Gebirgskanonen zu versehen sind, liegt die allmählige weitere Unterwerfung der Insel ob, wobei ihnen, abweichend von dem holländischen Colonialsysteme auf Java, Missionäre als Verbreiter des Christenthums und der Künste des Friedens zur Seite stehen *).

Wegen der Colonie braucht unser Heer also nicht um einen Mann, unsere Flotte nicht um ein Schiff vermehrt zu werden, vielmehr genügen die 1867 bereits vorhandenen Materialien- und Mannschaften-Bestände (Seeleute, Officiere, Soldaten, Aerzte, Intendanturbeamten 2c.) vollkommen. Auch Mehrkosten erwachsen nach dieser Richtung hin nicht, denn preußische Geschwader oder einzelne Schiffe sind bereits früher in Ostasien stationirt gewesen, wo sie den Handel sichern, der Seeräuberei steuern, unser politisches Ansehen vermehren, sowie den Seeleuten und Soldaten eine treffliche Uebungsschule und daneben der Colonie Schutz gewähren. Die wenigen Occupationsmannschaften, sowie alle Bekleidungsgegenstände, Waffen, Munition 2c. können für 2 Jahr ausreichend mitgenommen werden. Defecte an diesen Sachen werden, wenn in Ostasien (Singapore oder Hongkong) ersetzt, allerdings theurer als in Europa zu stehen kommen, indessen ist zu berücksichtigen, daß tuchene Uniformen, die am theuersten sein würden, des Clima's halber ungleich weniger, als in Preußen getragen werden, daß man leichte halbwollene und baumwollene Stoffe auf den ostasiatischen Märkten billig kauft, daß man nicht selten z. B. fertige englische Wäsche (als Shirtinghemden) wohlfeiler, wie in England selbst erhält, daß der Arbeitslohn, da die chinesischen Schneider und Schuster billiger, als die europäischen sind, geringer, als in Preußen sein würde, daß endlich die Lebensmittel auf Formosa derartig wohlfeiler sind, daß man für dasselbe Geld hier einem Soldaten eine mannigfaltigere, reichere, kräftigere und und gesündere Kost, als in Preußen verabreichen kann. Es kosten nämlich nach einem Preiscourant des Capitän Richard, Befehlshaber J. M. Schooner „Saracen", in Talancon, demjenigen Hafen an Formosa's Westküste, der nur wenige Meilen von der preußischen Westküste entfernt sein würde, und dessen Erwerb, wie

---

*) Ueber Verpflegung, Equipirung, Kasernirung u. s. f. von dergleichen Truppen vergl. Charles Alexander Gordon, M. D.: China from a medical point of view. London. 1863. gr. 8. p. 302—329.

nochmals absichtlich betont wird, für uns von der größten Wichtigkeit ist: junges Rindvieh 4—6 Dollars das Stück, Schweine 1—5 Doll., Geflügel 1—1³/₄ Doll. das Dutzend, 5 Schock Eier 1 Doll., Reis, der Picul (= 136 Pfd. englisch) 1¹/₄—1³/₄ Doll., formosanischer Rohrzucker, der Picul 1¹/₄—2¹/₂ Doll. Fische, Gemüse, Obst sind hier außerordentlich wohlfeil. Vorzügliches Trinkwasser ist vorhanden. Von der Naivetät des Handels mit Lebensmitteln selbst in dem besuchten nördlichen Hafen Kilung erzählt Rev. G. Jones merkwürdige Beispiele. Für je einen blanken Knopf kauften er und seine Begleiter je ein Huhn; 2 große Uniformknöpfe wurden als 1¹/₄ Dollar, 4 kleine als 1 Dollar genommen u. s. f. Höchst wahrscheinlich würden die Eingebornen und Chinesen der Umgegend sehr bald Rindvieh, Ziegen, Schweine, Geflügel, Korn, Gemüse, Obst, Holz u. s. f. nach der Factorei zum Verkauf bringen. Im Grunde ist es also, was den Kostenpunkt betrifft, gleichgültig, ob ein paar Dutzend Blaujacken und Marinesoldaten in Danzig an der Motlau oder in Formosa am Julien=Canal Posten stehen, der Nutzen aber an letzterem Orte für Preußen und Deutschland tausendfach größer, als an ersterem.

Bei der Fixirung des Colonialbudgets wird ferner darauf zu rücksichtigen sein, daß zunächst die Entwickelung von Capital und Arbeit in der Niederlassung möglichst zu begünstigen, folgeweise der Colonist, wie der Eingeborne von Steuern und Abgaben in der ersten Zeit möglichst zu verschonen ist. Ueberhaupt ist das Budget zunächst auf die bescheidensten Anfänge einer kleinen Handelsfactorei und Missionsstation mit einem Militair= und Marine= Posten zu berechnen; dennoch werden sich schon vom 3. Verwaltungsjahre an vielleicht Ueberschüsse an die Generalstaatskasse abführen lassen; da aber das Mutterland ohnehin schon mannigfaltigen Gewinn aus der Colonie zieht, auch mit dessen vermehrtem Wohlstande die Steuerkraft zum Vortheile der Generalstaatskasse steigt, so wird es zweckdienlicher sein, die Ueberschüsse, so lange sie noch unbedeutend sind, vor der Hand für die Colonie selbst zu verwenden. Sollten durch Krieg oder Naturereignisse zufällig einmal die Ausgaben der Colonialverwaltung ungewöhnlich vermehrt oder die Einnahmen ungewöhnlich vermindert werden bis zum Entstehen eines Deficits, so wird auch dies keine Besorgniß erregen,

da für die Schuld der unschätzbare coloniale Grund und Boden
haftet, deffen Minerallager und vegetabilische Producte so reich
und werthvoll find, daß ein fettes fieben magere Jahre erfetzen kann.
Ein genauer Kenner der örtlichen und sonstigen Verhältniffe
theilt mir über die Occupation folgende Ansicht brieflich mit:

„Nachdem auf der Südwestspitze der preußische Flaggenstock
errichtet und eine kleine Besatzung zurückgelaffen ist, geht das preu=
ßische Kriegsschiff nach Canton (nicht nach Hongkong) und macht
dem Consul dort von dem Ergreifungsact Anzeige; dann mag
John Bull in Hongkong sich unzufrieden zeigen, so viel er will,
ändern kann er das fait accompli nicht mehr. Der Consul läßt
sofort alle Schutzbefohlenen versammeln, legt ihnen die Colonisa=
tion und die Pläne der Regierung an's Herz; er schlägt die Er=
richtung von Entrepots, Commanditen u. s. f. vor, sucht auch die
Einleitung einer Dampfschiffsverbindung mit der Factorei, so wie
eine gründliche Unterfuchung der mineralischen und sonstigen Natur=
schätze Formosa's sofort ins Werk zu setzen. Coloniften kommen
dann aus den Küstenplätzen von selbst hinüber, und in einem
Jahre kann erforderlichen Falls Militär von Europa zum weiteren
Schutze eintreffen, den bis dahin das anwefende Kriegsschiff ge=
währt. Die Hauptsache scheint mir die möglichst baldige Produc=
tivität der Ansiedlung, damit sie sich auch ohne staatliche Sub=
vention erhalten kann. Ich möchte daher hervorheben, daß einer
Viehzucht und Ackerbau treibenden Coloniften=Gemeinde ein außer=
ordentlicher Vortheil durch die Nähe Hongkong's, Canton's, Amoy's
und Macao's als Marktplätze für Schlachtvieh, Reis, Korn,
Gemüse u. dgl. von vornherein gewährt wird. Die starke, coloffale
Rinderrace von Kapstadt müßte auf Formosa prächtig gedeihen.
Butter= und Käsefabrication werden schon nach einer Landwirth=
schaft von wenigen Monaten befriedigende Ergebniffe liefern. Nach
Hongkong geht ein schneller Dampfer in 40 Stunden, und beef
und mutton sind, neben Kartoffeln, die auf Formosa ebenfalls
gedeihen, ein gesuchter und gut bezahlter Artikel bei den Europäern
sowohl in Victoria, wie in den übrigen chinesischen Häfen. Der
Consum von diesen Lebensmitteln ist bei den zahlreichen ansässigen
europäischen Kaufleuten und Beamten, bei den fortwährend an=
langenden Seeleuten und Truppen sehr bedeutend und wird

unfehlbar in die Hände der deutschen Formosa=Colonisten gerathen. Holt man doch gegenwärtig Ochsen aus Singapore, Hammel aus Australien, Kartoffeln aus Japan und Californien nach Hongkong, um sie dort zu verkaufen. Auch Swatau, Tschongtschau, Futschau, Ningpo, Hangtschau und Schanghai werden für den Export for= mosanischer Naturalien, wie ich die Sachen aus persönlicher Er= fahrung beurtheilen muß, höchst ergiebige Absatzquellen gewähren."

II. Erweiterung der Colonie.

Nach vollständiger Einrichtung der Factorei wird die Erwei= terung der Colonie durch allmähliges Entstehen einer Stadt in der Nähe des Hafens ganz von selbst von statten gehen. Einzelne Handlungen werden dort behufs Einkaufs der formosanischen Roh= producte und Verkaufs europäischer Waaren sich niederlassen, ein= zelne Techniker, Fabrikanten, Bergleute, Pflanzer u. s. w. sich ihnen anschließen und so im Verein mit den Beamten, Aerzten, Mis= sionären, Officieren, Seeleuten und Soldaten den Stamm der europäischen Bevölkerung bilden, an den sich zahlreiche Chinesen als Arbeiter und Handwerker anschließen, während eine passagere Bevölkerung durch die Mannschaften der einlaufenden Schiffe und der Eingebornen, welche die Erträge von Ackerbau und Viehzucht, Jagd und Fischfang feilbieten, hinzutritt.

Nunmehr wird zur Gründung von Actien= oder Commandit= Gesellschaften behufs Betreibung des Plantagenbaus im Großen, behufs fabrikmäßiger Herstellung von Kampfer, Zucker, Indigo u. s. w., sowie behufs Ausbeutung der Kohlen=, Petroleum=, Kupfer=, Schwefel= u. dgl. =Lager, zu schreiten sein. Desgleichen empfiehlt sich jetzt die Anlegung von Trockendocks, sowie aller zur Ausbesserung, Ausrüstung und Proviantirung von Schiffen erfor= derlichen Vorkehrungen; namentlich wird sich eine Maschinenbau= anstalt zur Anfertigung aller Arten von landwirthschaftlichen und sonstigen Maschinen und Maschinenutensilien gut rentiren. So hat ein unternehmender Aachener Geschäftsmann in Surabaya auf der Nordküste Java's eine große Fabrik von Maschinen, nament= lich für Melasse und Zucker) mit 500 Arbeitern angelegt, die sich einer guten Kundschaft erfreut. Es werden nur inländische Arbeiter genommen, die im Ganzen recht gut thun. Europäer sind nicht zu brauchen, da sie in Java (überhaupt in Ostasien) alle den großen Herrn spielen wollen. Der Tageslohn beträgt für Knaben 30—40 Cents, für die Mandore (Aufseher) 240 Cents (120 Cents == 1 Gulden Rhein.). Die Arbeitszeit ist von 6 bis 12 und von 12½ bis 4½ Uhr. Eine ähnliche Unternehmung auf Formosa, mit einer tüchtigen Schmiede- und Zimmeranstalt verbunden, würde sich bald eines regen Zuspruchs erfreuen. (Vgl. Jagor: a. a. O. S. 239.)

Endlich wird nunmehr die bereits erwähnte Einrichtung einer Dampfschiffsverbindung, zunächst zwischen den chinesischen und formosanischen Küstenplätzen in Angriff zu nehmen sein. Dergleichen gemeinnützige Unternehmungen können nöthigenfalls durch eine Colonial-Anleihe, für welche mit den Colonial-Domainen Hypothek zu bestellen ist, unterstützt werden. — Da in nicht ferner Zeit die chinesische Küste, einschließlich der Insel Hongkong, einerseits mit der russischen, andererseits mit der indischen Telegraphenlinie verbunden sein wird, ist die telegraphische Verbindung der preußischen Colonie auf Formosa mit Deutschland durch Einfügung einer nach Hongkong ohne Schwierigkeit zu legenden Drahtleitung zu ermöglichen.

III. Schutz der Colonie.

Commodore Perry verlangte für die auf Formosa anzulegende amerikanische Colonie seitens der Regierung keinen andern Schutz als denjenigen, den die gelegentliche Anwesenheit eines oder mehrerer Schiffe des chinesischen und japanischen Geschwaders zu bieten vermöchte. „Wenn eine Ansiedlung, bemerkt er, erst fest in Formosa begründet ist, so würde die sociale und politische Macht derselben die Grundfläche ihres Landbesitzes und demzufolge auch ihr Reichthum und Nutzen allmählich zunehmen. Keine der europäischen Regierungen könnte gegen ihre Fortschritte mit Recht etwas einwenden; es würde im Gegentheil ihrer Politik gemäß sein, diese Ansiedlung zu begünstigen und schützen, da sich diejenigen ihrer Unterthanen, welche im Osten Handel treiben, eines gleichen Genusses der Vortheile, welche für den allgemeinen Handel dieser Gewässer daraus entstehen könnten, ebenfalls erfreuen würden. Ich glaube, es läßt sich mit Gewißheit voraussagen, daß auch die

Chinesen die Ansiedlung mit günstigen Augen betrachten würden, weil ihnen durch die Gegenwart und Mitwirkung der kriegerischen Ansiedler bei der Vertheidigung des Hafens und seiner Umgebungen gegen die Plünderungen zahlloser Rebellen und Seeräuber, welcher die ganze Insel beunruhigen, ein namhafter Schutz zu Theil werden würde." (Heine: a. a. O. S. 349 flg.) Perry schlägt daher vor, den Hafen nur so weit als nothwendig ist, um Seeräuber und Wilde abzuwehren, zu befestigen, im Uebrigen, um den Platz der Gefahr einer Beschießung in Kriegszeiten zu entziehen, nicht mit Vertheidigungs- und Angriffs-Vorkehrungen auszurüsten. Dieser Rath, den auch Benjowski bereits gegeben hatte, wird preußischerseits zu beachten und außerdem nach dem Vorschlage desselben Autors der Sitz der Colonial-Regierung im Innern des Landes, wo er von Kriegsschiffen nicht überfallen werden kann, zu verlegen sein. Bei Formosa kommt außerdem der glückliche Umstand hinzu, daß die Ostküste wegen ihrer Felsen, die Westküste wegen ihrer Sandbänke unnahbar ist, bis auf einige wenige Punkte, wo eine Landung durch Geschützfeuer leicht verhindert wird. Bei der gebirgigen Beschaffenheit der Insel ist also eine Behauptung derselben selbst gegen eine Seemacht ersten Ranges nicht schwierig, und würde zur Noth selbst nach etwaiger Wegnahme der Küstenplätze die Garnison in dem schwer zugänglichen, nur ihr bekannten, übrigens gut verproviantirten Innern sich vertheidigen, den Feind fortwährend beunruhigen, schließlich überfallen und wieder hinauswerfen können. Endlich ist gegen den äußern Feind bereits die Streitkraft der preußischen Kriegsflotte nicht zu unterschätzen. Dieselbe zählt*): 2 Panzer-Schiffe (Arminius, 4 K., 300 Pf.-Kr., Prinz Adalbert, 3 K., 300 Pf.-Kr.); 5 gedeckte Corvetten (Hertha, Vineta, Arcona, Gazelle, Elisabeth; zu je 28 K. und 386 bis 400 Pf.-Kr.); 4 Glattdecks-Corvetten (Medusa, Nymphe, zu je 17 K. und 200 Pf.-Kr., Augusta, Victoria, zu je 14 K. und 400 Pf.-Kr.); 2 Aviso's (Preuß. Adler, 4 K. 300 Pf.-Kr., Loreley, 2 K., 120 Pf.-Kr.); 1 Kgl. Yacht (Grille, 2 K., 160 Pf.-Kr.); 2 Fahrzeuge zum Hafendienst (Greif, 50 Pf.-Kr., Royal-Victoria, 50 Pf.-Kr.); 8 Kanonenboote I. Klasse zu je 3 K. und 80 Pf.-Kr., 15 dgl. II. Klasse zu je 2 K. und 60 Pf.-

---

*) Nach der Königlichen Dienst-Liste von 1866.

Kr.; zusammen 40 Dampfschiffe mit 267 K. und 5992 Pf.-Kr.; hierzu treten 9 Segel-Fahrzeuge: 3 Fregatten (Gefion, 48 K., Thetis, 38 K., Niobe, 26 K.), 3 Briggs (Musquito 16 K., Rover, 16 K., Hela, 6 K.) und 3 Fahrzeuge zum Hafendienst (Babarossa, 9 K., Iltis, Leopard); endlich 36 Ruderfahrzeuge, nämlich 32 Kanonen-Schaluppen zu 2 K. und 4 Kanonen-Jollen zu 1 Kanone; macht in Summe 85 Fahrzeuge mit 594 Kanonen uad 5992 Pferdekraft. Dazu werden binnen kurzer Zeit noch mehrere neue Fahrzeuge, insbesondere 3 große Panzerschiffe und 4 schnelle Aviso's stoßen. Mit Hülfe einiger leichter, vorzüglich schneller Dampfer würde Preußen den Handel selbst der größten Seemacht vom Meere fortfegen können, gerade wie die Südstaaten von Nordamerika, welche kaum die Anfänge einer Kriegsflotte besaßen, dennoch aber die Handelsflotte der Union mit einigen wenigen Kapern auf das Furchtbarste verwüsteten. (Vgl. Auguste Laugel: Les corsaires confédérées, Revue des deux Mondes. vol. 52. 1864. p. 244—248.)

Im Innern der Insel genügen selbst gegen die wildesten Stämme ein paar kleine, mit einigen leichten Geschützen versehene Forts, nach Art derjenigen, mit welcher die Holländer ihre Herrschaft unter den Dajakern auf Borneo, den Stammverwandten der Formosaner, behaupten. Auf der Westküste von Borneo soll die Besatzung nach dem Beschlusse von 1833 aus nur 103 Mann mit 4 Officieren bestehen, in Wirklichkeit betrug sie nach Oscar von Kessel nur 80 Mann mit 3 Officieren. In Sambas, das nach Tobias 127,000 Einwohner zählt, wovon nach Francis 10,000 auf die Stadt gleichen Namens kommen, halten die Holländer factisch nur 40 Mann. (Vgl. P. J. Veth: Borneo's Wester-Afdeeling. Zaltbommel. 1854. Eerste Deel, p. 94, woselbst sich das 1823 erbaute Fort zu Sambas abgebildet und beschrieben findet.) Sobald als möglich wird man die allgemeine Wehrpflicht auf die Eingebornen ausdehnen und sie zur Vertheidigung der Colonie heranziehen, wie Letzteres die Niederländer bereits früher auf Formosa mit gutem Erfolge gethan hatten.

Der beste und unfehlbarste Schutz der Colonie im Innern wird aber ein freundliches, gerechtes und festes Auftreten gegen die Chinesen und Eingebornen sein. Unter den Formosanern geht

eine alte Sage, daß dereinst bewaffnete weiße Männer auf schwim=
menden Häusern kommen werden, um sie vom Joch der Chinesen zu
erlösen. Es wird nicht schwer sein, diese Sage auf die preußischen
Kriegsschiffe zu deuten und die friedlichen Eingebornen zu beleh=
ren, daß sie nunmehr unter dem mächtigen Schutz der Weißen
gegen die Habgier und Grausamkeiten der Mongolen vertheidigt
und einer glücklicheren, friedlicheren Zukunft entgegengeführt werden
sollen, wie ihre Priester und Weisen schon vor Jahrhunderten
prophezeit. Man engagire sofort einige des Chinesischen und For=
mosanischen mächtige Dollmetscher und lasse überall verkünden, daß
man zugleich auch gekommen sei, um Diejenigen, welche seit vielen
Jahren Raub und Mord an unglücklichen Schiffbrüchigen, Rei=
senden, Kaufleuten und Seeleuten begangen, zu strafen, und daß
man, um ein Unterpfand für die Zukunft zu haben, die Insel
occupiren und jede neue Gewaltthat, insbesondere aber jede Auf=
lehnung gegen die preußische Oberhoheit mit rücksichtsloser Strenge
ahnden werde. Daß jene Verheißungen, wie diese Warnungen
keine Phrasen seien, beweise man durch die That. Man behandele
die friedfertigen Eingebornen milde, führe namentlich bald unter
ihnen die Mundschaft ein und schütze sie vor den Ausschwei=
fungen der Truppen, Seeleute und Ansiedler. Diejenigen Stämme,
welche sich als unverbesserliche Räuber zeigen, unterwerfe man mit
Hülfe anderer, ihnen feindlicher Stämme und der Chinesen. Nach=
sichtig zeige man sich gegen die chinesischen Einwanderer und setze
sich mit den Colonisten auf dem benachbarten chinesischen Inseltheil
durch Verkehrserleichterungen, Bekämpfung der Seeräuber u. s. f.
in bestmögliches Einvernehmen. Gegen die Mandarine, die bei
der fast gänzlichen Unabhängigkeit der chinesischen Colonie ad
libitum in derselben schalten und uns mancherlei Vortheile ge=
währen können, sei man, ebenso wie gegen die Wildenhäuptlinge,
denen ihre Würden belassen werden können, mit Auszeichnungen
und Geschenken nicht knauserig. Ein geschickter Colonial=Gouver=
neur wird auf solche Art unsere Interessen besser, als durch Hun=
derte von Kanonen zu fördern vermögen.

Auch unsere Regierung daheim kann zur Anbahnung und
Förderung der Colonisation noch Mancherlei thun. Dazu gehört
die Einrichtung eines besoldeten Consulats zu Amoy, als dem

nächsten Hafen auf dem chinesischen Festlande, wo wir bereits einen Consularagenten haben. Außerdem richte man ein besoldetes Consulat zu Tamsuy ein und erneue einen Vice-Consul in Taiwanfu und Consularagenten in Kilung und Takaulon; letztere drei Beamte können, wenn man genöthigt ist, zu sparen, unbesoldete, dem Handelsstande angehörige Personen sein.

Sobald als möglich lasse man mehrere junge befähigte Männer, die zum Colonial-Dienst Lust haben, in den vorzüglichsten Handels- und Pflanzungs-Colonien practische Erfahrungen sammeln und schicke sie, um die verschiedenen Verwaltungs- und Cultursysteme kennen zu lernen, auf Staatskosten zunächst 6 Monate nach Ceylon, 3 Monate nach Singapore, 1 Jahr nach Java, 3 Monate nach Manilla und 6 Monate nach Honglong. — Da für den schwierigen und anstrengenden Colonialdienst ganz besonders Lust und Liebe erforderlich ist, so wähle man grundsätzlich zur Besetzung der Colonialämter nur freiwillige Bewerber; Persönlichkeiten, die mit offenem, oder, noch schlimmer, mit heimlichem Mißvergnügen in die Colonien gingen, würden mehr Schaden als Nutzen stiften. — Falls wieder eine Entdeckungsexpedition, sei es ganz oder theilweise auf Staatskosten ausgerüstet werden sollte, so richte man sie nach dem indischen und stillen Ocean und mache theoretische und practische Untersuchungen über das Colonialwesen zur Hauptaufgabe der Mitglieder.

Der um die Anbahnung eines deutschen Colonialwesens hochverdiente Prof. Wappaeus in Göttingen hat schon früher vorgeschlagen, eine auf spanische, portugiesische, britische, französische und niederländische Quellen gestützte Geschichte der modernen europäischen Colonisationen auf Staatskosten herauszugeben, da dergleichen, bei den uns mangelnden Erfahrungen auf diesem Wirthschaftsgebiet, zu großem Vortheil gereichen werde. Möge die preußische Regierung diese Idee zur Ausführung bringen und durch Preisaufgaben über einzelne Gegenstände der Colonial-Wissenschaft das Interesse auf diese Disciplin hinzulenken suchen, die bei der Lösung der socialen Frage in Deutschland im gegenwärtigen Jahrhundert noch eine der hervorragendsten Stellen einnehmen wird.*)

---

*) Ueber deutsche Auswanderung und Colonisation. Herausgeg. von J. E. Wappaeus. Leipzig. 1846. S. 111.

Ist eine deutsche Navigationsacte nicht mehr möglich, so suche man wenigstens, wie die Engländer und Franzosen, um von den übrigen Colonialmächten abzusehen, in neuester Zeit wieder gethan, durch einzelne wirthschaftliche Gesetze die Solidarität zwischen Mutterland und Colonie zu befestigen, unter Gewährung gewisser gegenseitiger Vorrechte. Ich erinnere hier nur an die französische Verordnung vom 6. October 1862, deren Art. I. bestimmt: „Mit Ausnahme von Zucker und Melasse, die nicht bestimmt sind, in Alkohol umgewandelt zu werden, von Confitüren und in Zucker eingemachten Früchten, von Kaffee und Cacao werden alle auf französischen Schiffen eingeführten Producte der französischen überseeischen Provinzen, ausschließlich Gorea, Senegal und Algerien zollfrei zugelassen." *) — Diese französische Navigations- und Handels-Acte befördert und begünstigt einmal die französische Schifffahrt vor allen Nationen und erleichtert den Colonisten die Concurrenz mit ihren nichtfranzösischen Rivalen, während sie doch zugleich die heimische blühende Runkelrübenzuckerfabrication durch einen Zoll auf die colonialen, als solche zu verwendenden Zucker und Melassen vor Vernichtung schützt. Noch weiter ging das Colonial-Gesetz Sir Robert Peel's vom Jahre 1841: ansehnliche Verminderung der Abgaben von Lebensmitteln und dagegen Einführung einer directen Einkommensteuer; sofortige Abschaffung eines jeden Einfuhrzolls auf Productionsmittel; strenge Reciprocität in der Behandlung der fremden Völker; endlich großartige Beförderung der Colonisation und völlige Verkehrsfreiheit zwischen Mutterland und Colonien, so daß beide zusammen ein großes Zollsystem bilden und sich wechselseitig vor allen tariffeindlichen Staaten auf das Wirksamste bevorzugen. (Roscher a. a. O. S. 294.) Diese und ähnliche Bestimmungen wird unsere preußische Gesetzgebung ins Auge fassen müssen, wobei es sich äußerst glücklich trifft, daß während bei den neuesten Handelsverträgen, z. B. dem mit England, das Rußland auch bezüglich seiner Colonien uns gegenüber engagirt ist, sich bezüglich etwaiger preußischer oder deutscher Colonien keine verbindliche Bestimmung aufgenommen findet, uns somit absolut freie Hand gelassen ist.

---

*) Die meisten Colonialmächte besitzen in Bezug auf ihre überseeischen Besitzungen noch gegenwärtig ein complicirtes Differentialzollsystem.

(Vgl. Art 3 und 7 des Großbrit. Handelsvertrages vom 30. Mai 1865 und bezüglich Algeriens Art. 30 des französischen Handels-vertrages vom 2. August 1862.)

IV. Vermehrung der Colonien.

Das nächste Ziel wird die möglichste Ausdehnung der preu-ßischen Colonie auf Formosa und die zu der Insel gehörigen klei-neren Eilande (Pescadores, Lambay, Groß- und Klein-Tabago und Samasima) sein. Sobald dieses Centrum der preußischen Handels- und Pflanzungs-Colonien im östlichen Asien gesichert ist, kann an die Anfügung neuer Colonien gedacht werden, die zugleich als Relais-Stationen angesehen werden dürfen, obwohl diese letz-teren in Bezug auf Formosa an sich durchaus nicht erforderlich sind. So besitzen die Dänen und Schweden Handelscolonien in Westindien, die in blühender Verfassung sind, jedoch jeder Relais-station entbehren.

Als derartige neue Anfügungen würden im Nordosten die Midjacosima-Gruppe, im Südosten gewisse Districte von Neu-Guinea, Neu-Britannien und Neu-Irland, sowie im Süd-Westen die Nikobarischen Inseln ins Auge zu fassen sein.

Die Midjacosima-Inseln, welche wegen des Handels mit Nordchina, Korea und Japan, sowie als Stationspunkte nach den Sandwichs-Inseln und Californien von großer Wichtigkeit sind, zahlen an die Liukiu-Inseln einen Tribut, sind aber im Uebrigen völlig unabhängig. Schlimmsten Falls könnte diese geringe Ab-gabe von Preußen übernommen oder durch ein Aversionalquantum abgelöst werden. Andernfalls genügt auch die Erwerbung des vortrefflichen, leicht zu vertheidigenden Habbington-Hafens, zu dessen Abtretung sich die überaus gutmüthigen und friedfertigen Bewohner Angesichts der großen sie erwartenden Vortheile einer europäischen Niederlassung gern bereit zeigen werden.

Von Neu-Guinea ist nur ein Theil der Nordwestküste in nominellem niederländischen Besitze, desgleichen besaßen die Hol-länder an der Südwestküste angeblich an der Tritonbay eine Nie-derlassung mit dem Fort Du-Bus; aber selbst wenn der holländische Gebietstheil wirklich sich über die 3210 Geviertmeilen, die er enthalten soll, erstreckte, so bleiben doch noch 7000 Quadratmeilen herrenlosen Landes übrig, wo sich preußische Handelsfactoreien und Plantagen mehrfach anlegen ließen und die Engländer kraft des Londoner Vertrages von 1824 niemals Fuß fassen dürfen. Das Clima ist wegen der Gebirge bei Weitem nicht so ungesund, wie z. B. in Nordnenholland. Mittlerer Thermometerstand 26 Gr. R.; das Thermometer steigt bis 31 und fällt nicht unter 24 Gr. R. Zur Zeit des Südost=Monsuns tritt die Regenzeit ein, und zwar vom April an, während der nordwestliche Passat der trockne ist, ein Umstand, der, wie Salomon Müller*) bemerkt, um so merk= würdiger erscheint, als es sonst in den westlichen Sundainseln gerade umgekehrt der Fall ist. Eine in 24 Stunden zwei Mal wiederkehrende Ebbe und Fluth mit 12 bis 16 Fuß durchschnitt= lichem Falle des Wassers. Die Flora stimmt mehr mit den Sunda= inseln, die Thierwelt mehr mit Australien überein. Eine üppige Vegetation bis in die höchsten Gebirge. Namentlich Areca= und Sagus=Palmen, welche den Eingebornen Nahrung liefern. Allein 17 Baumarten, die ein ausgezeichnetes, hartes Holz für feine Möbelarbeiten, zu Fourniren, für Mastbäume und den Schiffs= bau überhaupt liefern. Muskatnüsse und Sago sind schon jetzt Ausfuhrproducte, ebenso Bambus und Masoirinde. Bei ernster Cultur würde man mit Zuckerrohr, Reis und Baumwolle große kaufmännische Erfolge erzielen. Die Bewohner sind nach v. Baer: Papuas und Papuas=Alfuren, wild, jedoch gutmüthig und für das Christenthum, das von deutschen (rheinischen und sächsischen) Missionären in deutscher Sprache gepredigt wird, empfänglich. (Vgl. die Zeitschrift „Natur", 1865, Aufsatz von Henry Lange über Neu=Guinea; Nieuw-Guinea, ethnographisch en natuurkundig onderzocht en beschreven in 1858 door een nederlandsch-indische Commissie. 1862; Wappaeus a. a. O. S. 85, Note 11; Voyage of H. M. S. Sulphur, by Sir Edw. Belcher. Lond. 1843; vol. II., chapt. III., Dumont d'Urville, Voyage autour du monde, und das fleißige Sam=

---

*) Salomon Müller, ein deutscher Naturforscher, der Neu-Guinea bereist hat. Das Fort Du-Bus ist übrigens bei der Expedition des holländischen Kriegsdampfers „Etna" 1858 nicht mehr zu finden gewesen, auch de facto seitdem die ganze holländische Colonisation Neu-Guinea's aufgegeben.

melwerk von Otto Finſch: Neu-Guinea und ſeine Bewohner. Bremen. 1865 bei Ed. Müller.)

Ein weit gemäßigteres Clima beſitzen die ebenfalls zum Anbau tropiſcher Gewächſe ſehr geeigneten Schweſterinſeln: Neu-Britannien und Neu-Irland.

Ueber die Nikobaren ſchreibt Herr Franz Maurer, Mitredakteur der „Voſſiſchen Zeitung", Folgendes:

„Wenn ich es übernehme, über eine Inſelgruppe des Indiſchen Oceans, die ich ſelber nicht betreten habe, Ausſprüche zu thun, ſo bin ich mir vollkommen bewußt, durch dieſes Verfahren den ganzen Zorn der ſogenannten Sachkenner gegen mich wachzurufen. Dieſe Herren ſind nun einmal der Anſicht, daß nur Der mitſprechen dürfe, welcher mit eigenen Augen geſehen oder doch wenigſtens an Ort und Stelle geſchlafen, gegeſſen und getrunken hat, worauf das Sehen der Herren oftmals hinausläuft. Zum Glück giebt es aber noch wirkliche Sachkenner, welche der Meinung ſind, daß ein emſiger Forſcher, trotz ſeines „Stubenhockens", von einem fremden Lande dennoch oftmals mehr weiß, als ein Mann, der im Uebrigen ſich um Nichts kümmerte, aber in dem betreffenden Lande ſelbſt war. Meine Kenntniß der Nikobaren habe ich mir durch mühſame Verarbeitung aller über dieſelben in däniſcher, engliſcher und deutſcher Sprache erſchienenen Schriften erworben und hieraus mein Urtheil über die Coloniſation der Inſeln gebildet.

„Die Nikobaren bilden eine Gruppe von 9 größeren und 9 kleineren Inſeln, und erfreuen ſich größtentheils einer ungemein üppigen Fruchtbarkeit; ihr Clima iſt ſchwül, durchſchnittlich heißer, wie im ſüdlichen Indien, aber gleichmäßiger, nie ſo kühl und nie ſo ſengend heiß, wie zu Zeiten dort. Die Bewohner, eine harmloſe, faule, niedrigſtehende Race, können für Coloniſationszwecke kaum in Betracht kommen, denn ſie zählen höchſtens 5000 Köpfe. Die Inſeln, deren Geſammtfläche 35 bis 40 Quadratmeilen betragen mag, ſind deshalb nur an den Rändern ſporadiſch, im Innern gar nicht bewohnt; doch ſoll auf dem ſüdlichſten Eilande, Groß-Nikobar, eine, jedoch nur nach Hunderten zählende Urbevölkerung von niedrigſter Bildungsſtufe in den Wäldern des Innern hauſen. Die für Europäer gegenwärtig nutzbaren Producte der Nikobaren ſind in erſter Reihe Kokospalmen in maſſenhafter Zahl, nächſtdem werthvolle Hölzer und flechtbares Rohr (Rotang). Das Thierreich iſt arm an Arten, doch birgt das umgebende Meer in nächſter Nähe große Mengen Trepangs (Seegurken), einem auf den indiſch-chineſiſchen Märkten vielbegehrten Artikel, Fiſche und Schildkröten im Ueberfluß, während die Uferbänke von Auſtern verſchiedener Art und Größe ſtrotzen.

In den Wäldern, nahe dem Ufer, findet man eßbare Schwalbennester. Vierfüßler und Geflügel jeder Art gedeihen, wie frühere Colonisationsversuche bewiesen haben, nur Ziegen können den Aufenthalt auf den Inseln nicht vertragen. Was die Pflanzenwelt betrifft, so haben die Nikobaren alle die Gewächse, welche im benachbarten Südasien gedeihen — mehrere Arten Zuckerrohr, Pfeffer, Areka, Ananas ꝛc. wachsen wild, indischer Bergreis ging gut fort, ebenso Kaffee und Gewürzpflanzen. Ob das Mineralreich werthvolle Stoffe birgt, ist noch nicht genügend untersucht, doch hat man auf Groß-Nikobar Steinkohlen als Geröll gefunden; vielleicht entdeckt man dort Zinn. Baumaterial ist im Ueberfluß da: Kalk liefern die am Ufer aufgehäuften Korallenblöcke, Thon zu Backsteinen die Hügel; Wasser ist und überall vorhanden, Bau- und Brennholz, sowie Bambus in wucherndem Ueberfluß. — Die Plagen der Insel sind: große Massen von Ameisen, Baumratten, Erdkrabben: unter den Krankheiten, bösartige Fieber. Diese Plagen werden mit der Cultivirung der Nikobaren abnehmen und schließlich verschwinden — man denke nur an Pulo-Pinang sonst und jetzt. Die Ursache des Mißlingens der Colonisationsversuche waren: verkehrtes Beginnen, höchst unzureichende Mittel und unzeitiges Aufgeben der angestellten Versuche. Dies hoffe ich für vorurtheilsfreie Männer in einem umfangreichen Werke über die Colonisation der Nikobaren zu beweisen. Was mir die Inseln für deutsche Ansiedlungsversuche so besonders werthvoll und wichtig macht, sind folgende Umstände: das Thier- und Pflanzenreich wird die aufgewendete Mühe der Colonisten sicher und reichlich lohnen: die Inseln werden vermöge ihrer günstigen Lage für alle, die Sunda-Straße von Osten oder Westen passirenden Schiffe einen Anlaufpunkt, eine Station bilden; durch ihren Besitz würden wir — dies ist mir die Hauptsache — eine achtunggebietende Stellung in den asiatischen Gewässern erhalten, wie kaum eine andere Station; die Nikobaren würden der Angelpunkt unserer kriegerischen Thätigkeit in Asien werden, denn sie sind, wenn befestigt, uneinnehmbar. Jede Insel ist mit einem Korallenriff umgeben, dessen Brandung nur die Kanots der Wilden überwinden können; die einzigen Stellen, welche ein Dampfboot jederzeit anlaufen kann, wenn es einen kundigen Lootsen hat, sind: der Nanglovri-Hafen zwischen Kamorta und Nanglovri; der Canalo Falso, dicht dabei auf Kamorta; die Galathea-Bucht, an der Südspitze von Groß-Nikobar; der Gangeshafen an der Nordseite dieser Insel; die Bucht von Pulo-Mitú, an der Nordseite von Klein-Nikobar; bedingterweise, d. h. beim Nordost-Monsun, die Bucht von Sané, an der Nordseite von Kar-Nikobar, der nördlichsten Insel. Einen Hafen, wie den Nanglovry-Hafen giebt es weder im ganzen südlichen Asien, noch auf den Sunda-Inseln; seine allzu geschützte Lage ist hauptsächlich Schuld an seiner Ungesundheit; er mißt gegen 2 Meilen in der Länge und ³/₄ Meilen in der größten Breite seines „Westhafens" und seines „Kreuzhafens", seine Tiefe schwankt von 10 bis 23 Faden, die Tiefe der Einfahrten ist 8 bis 10 Faden bei einer Kabellänge Fahrwasser- und 2 bis 3 Kabellänge Wasserbreite. 4 Batterien können ihn hermetisch vor jeder Flotte verschließen und, wenn man die schmale lehmige Landzunge bei Mongl'ata durch-sticht, welche ihn von der ³/₄ Meilen langen Ulala (Canalo Falso) trennt, dann hat er drei Ausgänge und noch ein Bassin von 10 bis 12 Faden Tiefe, mit einer nur eine Kabellänge breiten Einfahrt. Welche Flotte gehörte dazu, diesen Hafen zu blokiren, da seine west-lichen Ausfahrten von der östlichen etwa 36 Seemeilen Weges (um Rangkowry herum) entfernt liegen? Diesem Hafen könnten wir die kostbarsten Militär- und Marine-Etablissements anvertrauen, ohne je ihre Wegnahme befürchten zu müssen; von ihm aus können ein halbes Dutzend Avisodampfer alle Handelsflotten der asiatischen Gewässer in Schrecken setzen, und in ihm fänden unsere beschädigten Schiffe alles zu ihrer Reparatur Erforderliche und völlige Sicherheit vor Natur- und Feindesgewalt."

In weiterer Linie würden sich als Objecte der Colonisation die Carolinen-Inseln, die nichtholländischen Theile von Borneo, endlich von der ostafrikanischen Küste das Djuba-Land und weiter im Innern Djagga, das Kilimandjaro-Land darbieten.

Die Carolinen sind von großer Wichtigkeit für den Verkehr mit Südamerika und Australien. Obwohl sie unter dem 10 Gr. N.-Br. liegen, ist ihr Clima durch die erfrischenden Seewinde ge-mildert und frisch und gesund. Die Vegetation ist außerordent-lich reichhaltig: Rinder, Schafe, Schweine, Hühner und Tauben finden sich in Menge. Die gutmüthigen Insulaner malayischer und oceanischer Race sind auf den Verkehr mit Fremden erpicht, ihre Häuptlinge würden sich zu Landabtretungen gern bereit zeigen.

Von Borneo ist die ganze Nord-, die Nordwest- und Nordost-Küste außer Botmäßigkeit der Niederländer. Räuberische muhamedanische Häuptlinge haben hier ihre Schlupfwinkel, von denen aus sie die vorüberziehenden Handelsschiffe überfallen. Eine Steuerung dieses Piratenunwesens wird auch endlich preußischer-seits geschehen müssen, da unter demselben der deutsche Handel schwer leidet. Am geeignetsten wäre die Colonisation Nordbor-neos, das an vegetabilischen und mineralischen Producten überreich

ift, nach niederländifchem Vorgange durch Errichtung einer bewaff=
neten Factorei einzuleiten. — Die nahe bei Borneo belegenen
Sulu=Infeln, deren Oberhoheit im Jahre 1866 dem Könige von
Preußen angeboten wurde, eignen fich wegen des überaus gefetz=
lofen Zuftandes der muhamedanifchen Bevölkerung, wie Herr Prof.
Koner fehr richtig hervorhebt, wenig für colonifatorifche Zwecke.
(Vgl. Prof. Koners Auffatz in der Zeitfchrift: „Der Gef. f. Erdk."
Bd. 2. Berlin 1867.)

Im Gebiete des Djubafluffes und des Kilimandjaro=
Gebirges find bekanntlich vor Kurzem durch den, dem deutfchen
Colonialwefen zu früh entriffenen Baron von der Decken ein=
gehende Forfchungen namentlich auch in Hinficht auf deutfche
Colonifation angeftellt worden. Dr. Kerften, Reifebegleiter des
Barons, theilte hierüber in der Sitzung der geographifchen Gefell=
fchaft zu Berlin am 3. Februar 1866 Folgendes mit. Aus
Jumar am Djuba, den 14. Auguft 1865, fchreibt v. d. Decken:
„Die Gegend ift eine prächtige, das Land außerordentlich frucht=
bar, dagegen wegen der Faulheit der Einwohner am linken Ufer
(Somalis) fehr wenig angebaut; am rechten Ufer gar nicht. Die
Temperatur ift bei Tage noch nicht über 25 Gr. R. geftiegen,
bei Nacht 17½—18 Gr. R.; das Waffer des Fluffes ift, wenn
auch etwas röthlich gefärbt, trinkbar. Hausvieh ift in großer
Anzahl vorhanden, und der Preis mäßig. Man zahlt den Somalis
für 1 großen Ochfen 5—6 Maria=Therefien=Thaler. Bei den
Gallas ftellt fich der Preis noch geringer, fo daß ich einen Ochfen
mit 2½ Thlr. in Baumwollenzeug bezahlt habe. Korn ift im
Verhältniß theurer. Wild, befonders Antilopen und Zebras, find
in großer Menge vorhanden; in der trockenen Jahreszeit kommt
auch größeres Wild, als Büffel, Giraffen, Elephanten, aus dem
Innern nach der Küfte." „Meiner Meinung nach, fügt Dr. Kerften
hinzu, könnte man keinen fchönern Punkt zu einer europäifchen
Anfiedelung finden. Die Barre ift freilich blos für Schiffe ge=
ringeren Tiefganges und blos während zweier Monate, October
und März, ohne Gefahr zu paffiren, dagegen bietet Kismayo
und Cap Viffel, 2 Stunden füdlicher, einen geficherten Anker=
platz. Das Clima ift kein entnervendes, Europäer wären voll=
kommen fähig, felbft den Boden zu bebauen. Der ziemlich

bedeutende Handel aus dem Innern, der mit Elfenbein, Häuten,
Copal und Sesamsaat getrieben wird, würde natürlich sich hierher
lenken, wo der Transport zu Wasser auf dem Djuba so viel
Kosten und Schwierigkeiten aufhebt. Das Land wäre umsonst zu
haben, die benachbarten Nationen wären durchaus nicht zu fürchten,
wenn man ihnen fest entgegenträte. — Von der Küste aus ist,
bei einigermaßen geregelter Anordnung, Djagga, das Kiliman-
djaro=Land, in 10—14 Tagen zu Fuß zu erreichen; nähme man
Kameele zu Hülfe, die sich schon wenige Grad weiter nördlich
finden, so würde sich diese Entfernung noch bedeutend abkürzen
lassen, ebenso, wenn man sich unabhängig machen könnte von den
Zwischenstationen für Einlauf von Lebensmitteln. Direct von
der Küste aus, steigt das Terrain derart, daß man sich schon nach
wenigen Tagemärschen in einer Höhe von 1500—2000 Fuß über
dem Meere befindet; einzelne 4000—6000 Fuß hohe Gebirgs-
züge erheben sich über der Hochebene; sie liefern reichliches Wasser,
und ihre Bewohner züchten Vieh und bauen Negerhirse, Erbsen,
Bohnen, Bananen, Mendor und treffliches Zuckerrohr. In dieser
Ebene ist ein sehr-gesundes Clima, wenigstens habe ich mich
3 Monate unter nicht ganz vortheilhaften Bedingungen darin
aufgehalten; wir machten täglich 8—10 Stunden lange Märsche
im vollsten Sonnenbrande, schliefen größtentheils unter offenem
Himmel und aßen täglich nur einmal, und in dieser ganzen Zeit
bin ich nicht einmal unwohl gewesen. Am Kilimandjaro kann
man sich jede beliebige Temperatur in den verschiedenen Höhen
aussuchen, man würde europäische Getreidearten und Früchte cultiviren können, das Klima ist herrlich, die Gegend para-
diesisch; die Einwohner sind sanften Characters und würden eine
Ansiedelung gern sehen; und, was die Hauptsache ist, hier herrscht
noch nicht der Muhammedanismus, in heißen Ländern der gefähr-
lichste, fast unüberwindliche Concurrent des Christenthums. Es
würde leicht sein, die dortigen Völker für die milde Lehre Christi
zu gewinnen, während an der Küste Mühe und Geld bis jetzt
seit 22 Jahren verschwendet geworden sind. Der Baron war so
durchdrungen von der Trefflichkeit dieser Gegend für eine Missions=
station, daß er sich erbot, wenn irgend eine deutsche, französische
oder englische Mission, protestantischen oder katholischen Bekennt-

nisses dort einen Versuch machen wollte, die Mission selbst dorthin zu begleiten und installiren zu helfen, obgleich er schon zwei-
mal in Djschappo war. — Der Kilimandjaro liegt ungefähr in
der Mitte zwischen der Seeküste und dem Ostufer des Victoria=
Nyanza; von Djagga aus könnte man sich also leicht mit dem
großen Binnensee in Verbindung setzen, und durch Schifffahrt
auf ihm an seinen weiteren Gestaden Gesittung und Geschmack
an der Arbeit verbreiten. Es ist in Gegenden, wo alle Waaren
auf den Küsten von Fußgängern transportirt werden, von großer
Wichtigkeit, Stationen zu besitzen, von denen man wieder Waaren
entnehmen kann, ohne an die Küste zurückkehren zu müssen, und
als solche würde Djagga von unschätzbarem Werthe sein; von
dort aus kann man wieder so viel weiter in das Innere dringen,
als der Kilimandjaro von der Küste liegt. Der Vorschlag Krapf's,
eine Kette von Missionsstationen quer durch Afrika hindurch zu
errichten, ist ein wohl zu beherzigender; nur durch solche Stationen wird es möglich sein, Inner=Afrika der Cultur zu er-
schließen. — Dazu kommt noch der indirecte Vortheil für unser
Vaterland, wenn diejenigen seiner Söhne, die sich nicht mit heimischen Institutionen befreunden können, einen Ort wissen, wo
sie dem Vaterlande und der Civilisation nützen können, wo der
Ueberfluß ihrer Kraft sich an einer mächtigen Natur erproben
kann, ohne, wie in unseren zahmen Verhältnissen überall anzu-
stoßen. Warum müssen die Tausende von fleißigen und rechtlichen Auswanderern aus Deutschland fremden Ländern und Co=
lonien zu Gute kommen, warum können sie nicht ebenso gut eine
eigene Niederlassung bilden mit heimischen Einrichtungen und
Sitten in fortwährendem Verkehr mit dem Mutterlande, ja immer
noch Bürger desselben?"*) Dr. Kersten fordert hiernächst, daß
aus öffentlichen und nationalen Mitteln das Entdeckungs= und
Colonisations=Werk von der Decken's fortgesetzt werde, welches
dieser in so uneigennütziger und hochherziger Weise auf eigene
Kosten und Gefahr unternahm. Bedenkt man, daß uns vom
Dschuba aus das Kilimandjaro=Land und von diesem aus die
neuen großen Seeländer Inner=Afrika's erschlossen werden, welche

*) Zeitschr. der Ges. für Erdkunde zu Berlin. I. Band. Berlin 1866.
S. 110 und 111.

vermöge ihrer großen Wassermassen Handel und Wandel ungemein erleichtern, bedenkt man ferner, daß nach von der Decken's
und Kersten's Schilderungen dieses Land, trotz seiner äquatorialen
Lage, auf den Hochgebirgsebenen deutsche Ackerbaucolonisation in
umfangreichem Maße gestatten soll, und erwägt man endlich, wie
nahe, nach der 1870 beendigten Canalisirung der Landenge von
Suez, diese Länder durch directe Wasserverbindung an Deutschland gerückt werden, so wird man dem Wunsche des Dr. Kersten
beipflichten müssen. (Vgl. Dr. Kersten's Aufs.: Die Colonisation
Ostafrikas mit Rücksicht auf Deutschland und Oesterreich. Inter-
nation. Revue. Bd. I. 1866. Heft 2.)

Wir beendigen hiermit unsere Arbeit mit dem nochmaligen
Hinweise darauf, daß der Eingangspunkt unserer colonialen
Unternehmungen am zweckmäßigsten Süd-Formosa sein wird,
welches deshalb auch so eingehend geschildert worden ist. In wie
weit die übrigen erwähnten Gegenden, insbesondere
die Nikobaren, Borneo, die Carolinen, Neu-Guinea,
Neu-Britannien, Neu-Irland, das Djuba- und Kilimandjaro-Land für preußisch-deutsche Ansiedlungs-
zwecke geeignet sind, müßte durch Colonialwirthe an
Ort und Stelle noch eingehender festgestellt werden.
Um dies zu erreichen, sollte auf Kosten der deutschen Regierungen
und Völker eine Expedition, ähnlich der ostasiatischen von 1861
bis 1863, ausgerüstet werden, die neben wissenschaftlichen auch
practische Zwecke für Deutschland verfolgte, eine Expedition,
deren Ergebnisse nicht wie gewöhnlich bisher, lediglich der englischen Regierung zu Gute kämen. Nach unserem unmaßgeblichen
Dafürhalten dürfte ein solches national-deutsches Werk vor der
fehlgeschlagenen deutschen Nordpolfahrt bei weitem den Vorzug
verdienen.

Am Schlusse dieses Buchs gereicht es uns zur besonderen
Freude, darauf hinweisen zu können, wie auf die Anfrage des
Abgeordneten Dr. Schleiden, in welcher Weise die Regierungen
den Ausdruck „Colonisation" in Nr. 1 des Art. IV. der Reichs-
verfassung verständen, der Bundescommissair v. Savigny in der
16. Reichstagssitzung vom 20. März 1867 bemerkte, daß zunächst
nur an Flottenstationen gedacht sei und daß die Bundes-

gesetzgebung sich später mit dieser Angelegenheit näher werde be=
schäftigen müssen. — Hiernach wird also das preußisch=deutsche
Colonialwesen genau auf die von uns an verschiedenen Orten
wiederholt vorgeschlagene Art angebahnt werden.

Anhang.

Benjowski's Entwurf einer Ansiedlung auf Formosa
vom Jahre 1771.

Bevor ich meinen Entwurf zur Anlage einer Colonie hierher
setze, wird es nöthig sein, erst einige Grundsätze vorauszuschicken.
1) Ehe man es unternimmt, eine Colonie zu stiften, muß vor=
läufig bedacht werden: ob sie auf einem militairischen oder mer=
cantilischen Fuße bestehen solle? und ob es am rathsamsten sei,
einen bloßen Tauschhandel zu treiben, oder mit den Landespro=
ducten und mit Manufacturen zu handeln? 2) Bei der Anlage
einer Colonie muß man sich nothwendig das Wohlwollen, das
Vertrauen und die Zuneigung der Landeseinwohner erwerben.
Hat man sich dies Alles verschafft, so wird der freie Wille der=
selben die Colonisten zu Herren des Landes machen; und in die=
sem Falle wird es leicht sein, die Verfassung festzusetzen, die man
einzuführen beschlossen hat, oder die gewählte Art von Handel
einzurichten. Dann kann die Verfassung auch mit sehr geringer
Macht aufrecht erhalten und das Land gegen fremde Anfälle ver=
theidigt werden. 3) Die Colonie muß nothwendig auf militairi=
schen Grundsätzen beruhen und von Ruhmbegierde beseelt werden;
denn in diesem Falle kann sie erobern und wird nie erobert werden.
4) Man muß gewiß sein, daß der Platz des Etablissements eine
gesunde Lage habe und keine Arbeit unterlassen, damit die Colonie
diesen der Menschheit so wichtigen Vortheil bekomme. 5) Man
muß sich den sichern Besitz guter Häfen, fruchtbarer Ländereien
und der vornehmsten Ströme in ihrem ganzen Laufe verschaffen,

um alle Zweige des Handels vereinigen, den Anbau bis auf den höchsten Grad treiben und durch beides die verschiedenen Theile der Industrie befördern zu können. 6) Bei einer erst entstehenden Colonie ist es rathsam, Festungswerke vom ersten Range zu vermeiden und den Hauptort im Innern des Landes anzulegen, wo er folglich nicht plötzlich überfallen werden kann. Wenn eine Colonie auf diese Art Herr vom Lande ist, so kann der erste Anfall eines Feindes und die Einnahme eines nahe an der Seeküste gelegenen Postens nicht über die ganze Besitzung entscheiden. 7) Die Anzahl der Raths-Collegien und der dabei angestellten Personen muß so sehr eingeschränkt werden, als die Angelegenheiten der Colonie es nur immer erlauben. 8) Der Luxus muß verbannt sein: doch ist es rathsam, äußere Zeichen anzuordnen, wodurch sich die Bürger, welche die neue Colonie ausmachen, nach ihrem verschiedenen Range unterscheiden, da durch dieses Mittel Wetteifer erweckt wird. 9) Die Industrie muß durch stufenweise Beförderung aus einer Classe der Bürger in die andre ermuntert und befördert werden, so wie auch dadurch, daß man den Colonisten Gelegenheit zum Verkaufe ihrer Waaren verschafft. Das Geld, das auf diese Art durch den Verlauf der Producte unter die Colonisten gebracht wird, kommt durch den gewöhnlichen Umlauf immer wieder in die Hände der Regierung. 10) Gewissenszwang muß ein= für allemal verbannt sein. Der ist glücklich, der Toleranz und den Glauben an einen einzigen Gott einführt. 11) Es muß ein Gesetzbuch in Ansehung der Sclaven gemacht und darin das Mittel angegeben werden, wie diese unglücklichen Leute durch ihre Arbeit und Industrie zu dem Range freier Bürger gelangen können. 12) Da die Bevölkerung der einzige wahre Grund der Nationalmacht ist, so muß die Regierung sie nothwendig durch Aufopferungen ermuntern und durch Gesetze befördern. Dies kann geschehen, wenn man Ausschweifungen strenge bestraft und den Ehepaaren, die eine gewisse Anzahl von Kindern gezeugt haben, Vorrechte und Gratificationen zugesteht.

Diesen Grundsätzen gemäß, wünschte ich, eine Colonie auf der Insel Formosa anzulegen, vorausgesetzt, daß eine europäische Macht meine Anerbietungen annähme. Dann würde ich 1) fordern, daß diese Macht sich mit der Oberlehnsherrschaft begnügte und dem zufolge nur den Vortheil zöge, der aus Subsidien und dem Handel mit ihren europäischen Unterthanen entspränge. 2) Diesem Plan gemäß würde ich drei bewaffnete Fahrzeuge, eins von 450, ein anderes von 250 und ein drittes von 150 Tonnen nebst Lebensmitteln auf achtzehn Monate verlangen. 3) Eben so Erlaubniß, etwa 1200 Handwerker mit den nöthigen Aufsehern, die ich selbst wählen würde, anzuwerben. 4) Ich müßte mit dem nöthigen Vorrathe von Waffen und Munition, desgleichen mit Handelsartikeln, 1,200,000 Livres an Werth, die ich selbst bestimmen würde, versehen werden. 5) Ich müßte drei Jahre lang Erlaubniß haben, jährlich vierhundert Recruten anzuwerben und zweihundert Findlinge beiderlei Geschlechts zu transportiren. 6) Allen Unterthanen der souverainen Macht müßte Erlaubniß ertheilt werden, mit der neuen Colonie zu handeln. 7) Ich müßte Magazine und Factoreien in ihren Colonien anlegen dürfen. — Wenn man diese Artikel bewilligte, so würde ich festsetzen: 1) Die neue Colonie soll der Macht, von der sie Schutz genossen hat, jährlich eine gewisse Summe als dankbare Erkenntlichkeit bezahlen. 2) Sie soll dieser Macht in jedem Kriege mit einer bestimmten Anzahl von Soldaten und Seeleuten beistehen. 3) Es sollten keine anderen Waaren oder Artikel des europäischen Luxus in die neue Colonie eingeführt werden, außer solchen, die in dem Gebiet der beschützenden Macht erzeugt oder gearbeitet sind. 4) Die ganze, der Colonie zur Ausrüstung und Bewaffnung der Schiffe, zu Ammunition und Handelswaaren vorgeschossene Summe sollte als Schuld in die öffentlichen Bücher eingetragen und in den ersten drei Jahren die Interessen, in dem vierten aber das Capital wieder bezahlt werden.

Druck von Ihring & Comp. in Berlin. Dresdener Str. 77.

Inhalts-Verzeichniß.

II

II